国家文化产业资金支持媒体融合重大项目

U0791929

省级教学团队

职业教育教学改革融合创新型教材·会计类

Shangpin Liutong Qiye Kuaiji Shiwu

商品流通企业会计实务

第五版

卢德湖 陈德洪 王辉 主编 张雯 副主编

行业特点突出 业务介绍典型 在线实训系统

东北财经大学出版社
Dongbei University of Finance & Economics Press
大连

图书在版编目（CIP）数据

商品流通企业会计实务 / 卢德湖，陈德洪，王辉主编．—5版．—大连：东北财经大学出版社，2024.2（2024.12重印）
（职业教育教学改革融合创新型教材·会计类）
ISBN 978-7-5654-5134-8

Ⅰ．商…　Ⅱ．①卢…②陈…③王…　Ⅲ．商业会计-高等职业教育-教材
Ⅳ．F715.51

中国国家版本馆CIP数据核字（2024）第023964号

东北财经大学出版社出版
（大连市黑石礁尖山街217号　邮政编码　116025）
网　　址：http://www.dufep.cn
读者信箱：dufep@dufe.edu.cn
大连天骄彩色印刷有限公司印刷　　东北财经大学出版社发行

幅面尺寸：185mm×260mm　字数：351千字　印张：14.75　插页：1
2024年2月第5版　　2024年12月第2次印刷

责任编辑：张旭凤　曲以欢　　责任校对：何　群
封面设计：原　皓　　版式设计：原　皓

定价：42.00元

教学支持　售后服务　　联系电话：（0411）84710309

如有印装质量问题，请联系营销部：（0411）84710711

富媒体智能型教材出版说明

“财经高等职业教育富媒体智能型教材开发系统工程”是“国家文化产业资金支持媒体融合重大项目”。项目以“融通”“融合”“共建”“共享”为特色，是东北财经大学出版社积极落实国家推动传统媒体与新媒体融合发展的重要举措之一。

“财济书院”智能教学互动平台是该工程项目建设成果之一。该平台通过系统、合理的架构设计，将教学资源与教学应用集成于一体，具有教学内容多元呈现、课堂教学实时交互、测试考评个性设置、用户学情高效分析等核心功能，是高校开展信息化教学的有力支撑和应用保障。

富媒体智能型教材是该工程项目建设成果之二。该类教材是我社供给侧结构性改革探索性策划的创新型产品，是一种新形态立体化教材。富媒体智能型教材秉持严谨的教学设计思想和先进的教材设计理念，为财经职业教育教与学、课程与教材的融通奠定了基础，较好地避免了传统教学模式和单一纸质教材容易出现的“两张皮”现象，有助于教学质量的提高和教学效果的提升。

从教材资源的呈现形式来说，富媒体智能型教材实现了传统纸质教材与数字技术的融合，通过二维码建立链接，将VR、微课、视频、动画、音频、图文和试题库等富媒体资源丰富呈现给用户；从教材内容的选取整合来说，其实现了职业教育与产业发展的融合，不仅注重专业教学内容与职业能力培养的有效对接，而且很好地解决了部分专业课程学与训、训与评的难题；从教材的教学使用过程来说，其实现了线下自主与线上互动的融合，学生可以在有网络支持的任何地方自主完成预习、巩固、复习等，教师可以在教学中灵活使用随堂点名、作业布置及批改、自测及组卷考试、成绩统计分析等平台辅助教学工具。

“重塑教学空间，回归教学本源！”“财济书院”平台不仅仅是出版社提供教学资源和服务的平台，更是出版社为作者和广大院校创设的一个自主选择和自主探究的教与学的空间，作者和广大院校师生既是这个空间的使用者和消费者，也是这个空间的创造者和建设者，在这里，出版社、作者、院校共建资源，共享回报，共创未来。

东北财经大学出版社

第五版前言

教材建设是铸魂育人的重要依托，是事关未来的战略工程、基础工程。党的二十大报告指出，教育、科技、人才是全面建设社会主义现代化国家的基础性、战略性支撑，并明确提出“加强教材建设和管理”。只有建设一批校企联合开发、产教特征明显、体现协同育人、彰显类型特色的现代职业教育优质教材，才能更好地满足战略性新兴产业、先进制造业、现代服务业、现代农业人才培养需求。

本书以商品流通企业的商品购进、存储、销售为主线，将商品流通企业的特点和会计实务贯穿其中，内容浅显易学，实例丰富完整，符合行业实际。同时，本书以最新实施的《企业会计准则》为指导，紧密结合商品流通企业会计工作实际，专门编写了用于学生巩固理论知识和提高实务操作能力的综合实训。此次修订，我们结合全面实行的减税降费惠民政策涉及的增值税、企业所得税等税法新规，紧跟我国税制改革的变化；增加了“素养目标”和“提质增素小案例”等小栏目，使学生在开拓视野、贴近实务的同时，培养和提高职业道德。

本书共九章，即总论、商品流转核算的一般原理、批发商品流转的核算、零售商品流转的核算、商品流转其他业务的核算、非商品存货的核算、商品流通费用和税费的核算、商品流通企业利润的核算、财务会计报告，最后一部分为综合实训。

本书的具体特点有：一是注重基础理论构建，突出高职特色，内容简要而系统，易于读者学习；二是体现商品流通企业的特点，实务、案例结合商品流通企业资金运动的全过程展开，全面、系统地介绍了批发商品流转、零售商品流转及商品流转其他各类型业务、相关税费及利润形成的核算方法；三是加强在线实训效果，综合实训中的业务紧扣当前商品流通企业的最新实务，并提供厦门网中网软件有限公司特殊行业（商品流通企业）会计实务在线实训数字资源。因此，本书不仅有利于教师仿真教学，还有利于学生自主学习。

本书附有完整的理论讲解、核算案例和综合实训，既可作为各类院校会计、税务、审计及相关管理类专业的教材，也可作为在职财务人员商品流通企业会计实务的培训和自学教材。

本书由闽西职业技术学院卢德湖、陈德洪和安徽工商职业学院王辉任主编，闽西职业技术学院张雯任副主编。卢德湖负责设计全书的总体结构及配套教学课件和数字资源的制作，陈德洪负责第五、六、七章的编写，王辉负责第四、八、九章的编写，张雯负责第一、二、三章和综合实训的编写。

为方便教学，本书配套了PPT电子教学课件及章后习题参考答案（部分扫码可见）。使用本教材的任课教师可登录东北财经大学出版社网站（www.dufep.cn）或“财济书院”（www.idufep.com）查询或下载网上教学资源，也可发邮件与本书的责任编辑联系，邮箱为：820274738@qq.com。

此次修订工作得到了使用该教材的广大教师和厦门网中网软件有限公司的大力支持，在此表示深深的谢意！限于作者的水平，书中难免存在疏漏和不足之处，诚挚地希望读者批评指正，以便今后进一步修改和完善。

编　者

2023年11月

目　录

第一章　总　论

学习目标

通过本章的学习，你应该达到以下目标：

知识目标：了解与熟悉商品流通企业会计的含义和特点。

能力目标：理解与掌握商品流通企业资金及其运动内容，运用所学的会计等式原理进行会计科目的分类。

素养目标：培养学生一步一个脚印地做事情，从实际出发，脚踏实地。

第一节 商品流通企业会计的含义与特点

一、商品流通企业会计的含义

商品流通企业会计是应用于商品流通企业的一门专业会计。它以货币计量为基本形式，运用专门的程序和方法对企业在组织商品购、销、调、存中发生的交易和事项进行会计核算、监督。其基本目标是向会计信息使用者提供与企业财务状况、经营成果和现金流量等有关的会计信息，反映企业管理层受托责任的履行情况，有助于他们作出经营决策。

二、商品流通企业会计的特点

商品流通企业会计虽属企业会计的一个分支，具有其他企业会计的共性，但由于其业务的特殊性，在核算和管理上与制造企业相比，必然有自己的特点：

1.商品流通企业会计以商品流通过程中的资金运动为对象进行核算和管理

（1）制造企业的资金运动形式：货币—原材料—产品—货币。

（2）商品流通企业的资金运动形式：货币—商品—货币。

2.商品流通企业会计的成本计算范围和方法有其特殊性

（1）制造企业成本计算范围：购进原材料的买价及运杂费、生产工人工资、制造费用等。

（2）商品流通企业成本计算范围：购进商品的进价作为成本，其他各项业务费用分别计入销售费用、管理费用、财务费用等，归入当期损益。

3.商品流通企业盈利的性质有别于制造企业

（1）制造企业的盈利是其员工为社会创造的高于制造成本的增值的那部分价值。

（2）商品流通企业的盈利是制造企业盈利让渡的一部分。

三、商品流通企业的种类

商品流通企业是以商品的购进、调拨、储存和销售等经济活动为主营业务，实现商品从流通领域向消费领域转移的经济组织，包括国有、集体、私营的商业、粮食、物资供销、对外贸易、医药、石油、烟草、图书发行等企业。

商品流通企业一方面从生产单位或其他企业购进商品，另一方面向消费者提供商品。同时，还要调剂市场供求，满足社会生产、人民生活的需要。商品流通企业按照在社会再生产过程中作用的不同，可以分为批发企业和零售企业。

（一）批发企业

批发企业具有以下5个特征：

第一，批发企业经营的商品主要来源于工农业生产部门或其他商业企业。此外，还有一部分进口商品。批发企业拿到商品后，再转卖给零售企业或其他批发企业，或作为生产资料供应给工农业生产部门。

第二，批发企业的商品经营活动一般是大宗商品买卖，交易虽然不像零售企业那样频繁，但是，每次商品购销额都比较大。

第三，批发企业商品储存数量大。为了合理地组织进货并保证销售，批发企业商品储存数量通常比较大，占用的资金也较多，有的批发企业还担负着一定的商品储备任务。

第四，批发企业的商品购销对象主要是企业单位，有同城的，也有异地的，有些批发企业异地交易占有较大的比重。

第五，为了保证有计划地组织商品流转，交易双方应当签订商品购销合同或协议，并应严格执行合同或协议的规定。

（二）零售企业

零售企业的经营活动具有以下特点：

第一，企业组织形式多样。零售企业的服务对象主要是城乡居民和集体消费者。为了促进商品流通事业的发展，零售企业采取了多种多样的组织形式。

第二，零售企业网点的设置比较分散，规模也比较小，业务人员分工不细。

第三，零售企业经营商品的范围广泛，品种、规格繁多。

第四，为了及时满足消费者多方位的需求，零售企业必须多渠道采购商品。

第五，零售企业直接面对消费者，销售频繁，数量零星。

第六，零售企业以商品购销为主要经营活动内容，没有长期储备商品的任务，只在营业柜组存放一定数量的商品，但要保持花色品种齐全，便于顾客挑选。

第二节 商品流通企业会计的内容

一、商品流通企业资金及其运动

商品流通企业会计的内容是商品流通企业能够用货币表现的经济活动，也就是商品流通企业的资金运动。

商品流通企业要开展经济活动获得利润，必须拥有一定数量、结构合理的商品及财产物资。这些商品及财产物资的价值表现叫作企业的经营资金，简称资金。这些资金随着商品购进过程、销售过程的不断进行，也在不断地循环和周转，其运动过程如图 1-1 所示。

$$\text{货币}\xrightarrow{(1)}\text{商品}\xrightarrow{(2)}\text{货币}$$

注：（1）表示商品的购进阶段；（2）表示商品的销售阶段。

图1-1 资金的运动过程

在商品流通企业的经营活动中，其资金主要以“货币—商品—货币”的形式不断运动，其中“货币—商品”即付出货币取得商品，是货币资金转化为商品资金的过程，称为商品购进过程；“商品—货币”即付出商品取得货币，是商品资金转化为货币资金的过程，称为商品销售过程。二者构成商品流通企业的全部经营过程。这种“货币—商品—货币”的一次资金形态变化叫作资金循环，资金的不断循环称为资金周转。

通过上述经济活动可以看出，商品流通企业的资金可表现为货币资金，材料物资、包装物、库存商品占用的资金，固定资产占用的资金，我们将这些资金项目统称为“资产”。商品流通企业的资金主要来自于两个方面：一是从债权人处取得；二是企业所有者投入。人们习惯上把前者称为“负债”，而把后者称为“所有者权益”。商品流通企业对外销售商品取得的货币资金，是企业运用资金取得的成果，即经营收入，称为“收入”；而商品流通企业为取得收入所耗费资产的货币数额，称为“费用”；收入与费用之间的差额，即商品流通企业运用资金而取得的收益，称为“利润”。上述资产、负债、所有者权益、收入、费用和利润就是会计要素。

二、会计要素

会计要素是确认、计量和报告企业财务状况，确定经营成果的基本单位，也是确定财务报表结构和内容的基础。《企业会计准则——基本准则》规定，会计要素按照其性质分为资产、负债、所有者权益、收入、费用和利润。

（一）反映财务状况的会计要素

财务状况是指企业一定时期的资产及权益情况，是资金运动相对静止状态时的表现。商品流通企业的财务状况可通过资产、负债和所有者权益三个会计要素得以反映。

1. 资产

资产是指企业过去的交易或者事项形成的、由企业拥有或者控制的、预期会给企业带来经济利益的资源。资产通常按流动性分为流动资产与非流动资产。一般在1年内或长于1年的一个营业周期内变现或耗用的资产称为流动资产，如货币资金、应收及预付款项、存货等。不符合上述条件的资产均为非流动资产，如长期股权投资、固定资产、在建工程、无形资产等。资产构成如图1-2所示。

2. 负债

负债是指企业过去的交易或者事项形成的、预期会导致经济利益流出企业的现时义务。按照流动性，负债可分为流动负债与非流动负债。一般将在1年内或长于1年的一个营业周期内偿还的债务称为流动负债，如短期借款、应付及预收款项等。偿还期长于1年或长于一个营业周期的债务属于非流动负债，如长期借款、应付债券以及长期应付款等。负债构成如图1-3所示。

3. 所有者权益

所有者权益是指企业资产扣除负债后，由所有者享有的剩余权益。所有者权益的来源包括所有者投入的资本、直接计入所有者权益的利得和损失、留存收益等。所有者权益构成如图1-4所示。

（二）反映经营成果的会计要素

经营成果是企业在一定时期内从事生产经营活动所取得的最终成果，是资金运动显著变动状态的主要体现。商品流通企业的经营成果可通过收入、费用和利润三个会计要素得以反映。

1. 收入

收入是指企业在日常活动中形成的、会导致所有者权益增加的、与所有者投入资本无关的经济利益的总流入。它一般包括销售商品收入、提供劳务收入和让渡资产使用权收入。

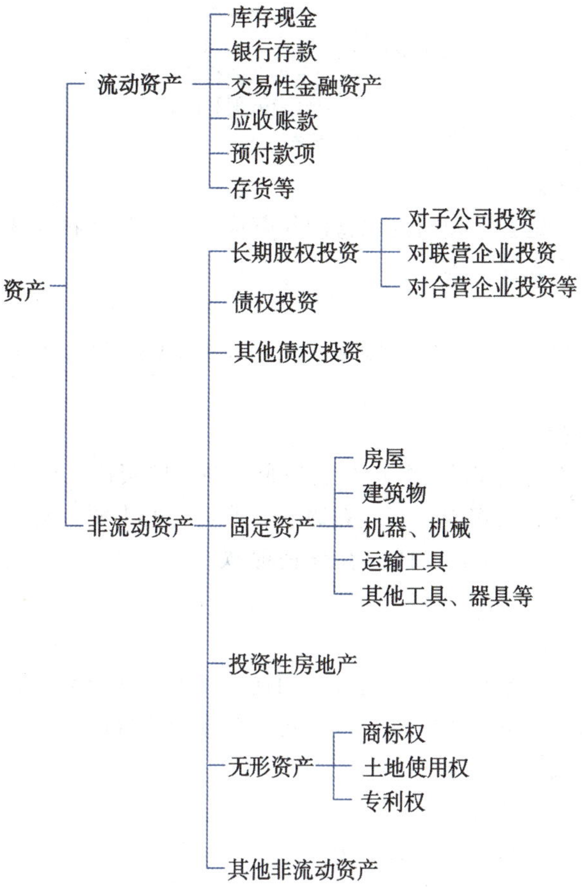

图 1-2　资产构成

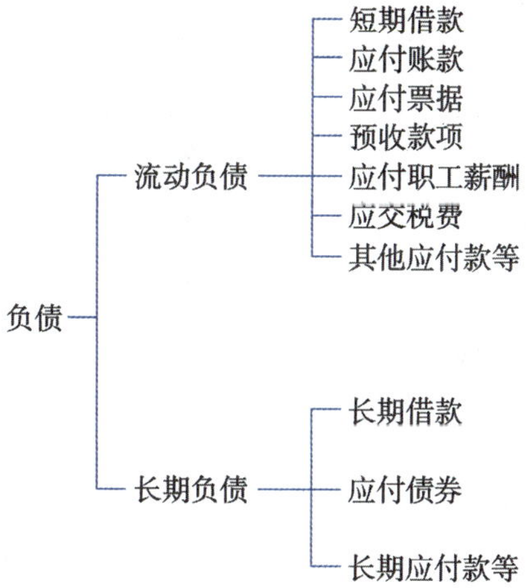

图1-3　负债构成

2. 费用

费用是指企业在日常活动中发生的、会导致所有者权益减少的、与向所有者分配利润无关的经济利益的总流出。它按照与收入的关系可分为营业成本和期间费用（如管理费用、销售费用和财务费用）。

所有者权益——
- 实收资本（股本）
- 资本公积
- 盈余公积
- 未分配利润等

图1-4 所有者权益构成

3.利润

利润是指企业在一定会计期间内取得的经营成果。它包括收入减去费用后的净额、直接计入当期利润的利得和损失等。

（三）会计等式

会计等式揭示了会计要素之间的联系。它是复式记账、试算平衡及编制财务报表的理论依据。

资产=负债+所有者权益

上述等式称作“会计等式”。等式左边是企业拥有的资产，构成了企业经营的物质基础，也反映了企业经营者的权力。等式右边是企业资产的来源，构成了企业资产提供者的权益，也反映了企业经营者的责任。在任何时候、任何场合下，企业的资产和权益都相等。

（四）商品流通企业会计科目

会计科目是对会计要素按其经济内容和用途所做的具体分类。通过设置会计科目，可以将会计要素的增减变化分门别类地予以登记，为企业内部的经济管理和外部有关方面提供一系列具体的分类数量指标。

1.商品流通企业会计科目表

商品流通企业会计科目表，见表1-1。

表1-1 商品流通企业会计科目表

顺序号	编号	会计科目名称	顺序号	编号	会计科目名称
一、资产类			42	2201	应付票据
1	1001	库存现金	43	2202	应付账款
2	1002	银行存款	44	2203	预收账款
3	1012	其他货币资金	45	2211	应付职工薪酬
4	1101	交易性金融资产	46	2221	应交税费
5	1121	应收票据	47	2231	应付利息
6	1122	应收账款	48	2232	应付股利
7	1123	预付账款	49	2241	其他应付款
8	1131	应收股利	50	2314	受托代销商品款
9	1132	应收利息	51	2401	递延收益
10	1221	其他应收款	52	2501	长期借款
11	1231	坏账准备	53	2502	应付债券

续表

顺序号	编号	会计科目名称	顺序号	编号	会计科目名称
12	1402	在途物资	54	2701	长期应付款
13	1405	库存商品	55	2702	未确认融资费用
14	1406	发出商品	56	2711	专项应付款
15	1407	商品进销差价	57	2801	预计负债
16	1408	委托加工物资	58	2901	递延所得税负债
17	1411	周转材料	三、所有者权益类		
18	1471	存货跌价准备	59	4001	实收资本
19	1505	债权投资	60	4002	资本公积
20	1507	其他债权投资	61	4101	盈余公积
21	1511	长期股权投资	62	4103	本年利润
22	1512	长期股权投资减值准备	63	4104	利润分配
23	1521	投资性房地产	64	4201	库存股
24	1528	其他权益工具投资	四、成本类		
25	1531	长期应收款	65	5201	劳务成本
26	1532	未实现融资收益	66	5301	研发支出
27	1601	固定资产	五、损益类		
28	1602	累计折旧	67	6001	主营业务收入
29	1603	固定资产减值准备	68	6051	其他业务收入
30	1604	在建工程	69	6101	公允价值变动损益
31	1605	工程物资	70	6111	投资收益
32	1606	固定资产清理	71	6301	营业外收入
33	1701	无形资产	72	6401	主营业务成本
34	1702	累计摊销	73	6402	其他业务成本
35	1703	无形资产减值准备	74	6403	税金及附加
36	1711	商誉	75	6601	销售费用
37	1801	长期待摊费用	76	6602	管理费用
38	1811	递延所得税资产	77	6603	财务费用
39	1901	待处理财产损溢	78	6701	资产减值损失

续表

顺序号	编号	会计科目名称	顺序号	编号	会计科目名称
二、负债类			79	6711	营业外支出
40	2001	短期借款	80	6801	所得税费用
41	2101	交易性金融负债	81	6901	以前年度损益调整

2. 会计科目的运用

为了保证会计核算工作的正常进行，并满足会计资料使用者的需要，商品流通企业在会计科目的使用上，必须注意以下几点：

第一，商品流通企业应按会计准则的规定设置和使用会计科目，以保证会计指标的统一性和可比性。在不影响会计核算要求和财务报表指标汇总，以及对外提供统一的财务报告的前提下，可以根据实际情况自行增设、减少或合并某些会计科目。明细科目的设置，除会计科目制度已有规定者外，在不违反统一会计核算要求的前提下，商品流通企业可以根据需要自行确定。

第二，商品流通企业应按照规定的会计科目编号，编制会计分录，登记账簿，查阅账目，实行会计电算化。商品流通企业不应当随意打乱、重编编号。对于单位根据需要增设的会计科目，其科目编号可相应地排列在所留的会计科目编号之间的空号中。

第三，对于会计科目名称，商品流通企业可以根据本企业的具体情况，在不违背会计科目使用原则的基础上，确定适合本企业的会计科目名称。

第四，商品流通企业在填制会计凭证、登记账簿时，应当填列会计科目的名称，或者同时填列会计科目的名称和编号，不应当只填科目编号，不填科目名称。

提质增素小案例

让“购物车”更好拉动基本盘

最新数据显示，2023年前三季度，社会消费品零售总额同比增长6.8%，最终消费支出对经济增长贡献率达到83.2%，国内需求稳步扩大。

消费是经济发展的基础性动力。我国有14亿多人口，有世界上最大规模的中等收入群体，消费规模稳步扩大、结构持续优化、业态不断丰富的趋势没有改变。2023年上半年，最终消费支出对经济增长的贡献率达到77.2%，三季度更是上升至94.8%，消费“主引擎”作用进一步凸显。2023年中秋国庆假期，累计22.04亿人次的全国跨区域人员流动量、超27亿元的电影票房、超7 500亿元的国内旅游收入再次彰显消费加速回暖的强劲动能。

当前和下一阶段，恢复和扩大需求是推动经济持续恢复向好的关键所在。让“购物车”更好拉动经济基本盘，须多方发力，以切实有效的举措促进消费潜力加快释放。

加快推动政策举措落地见效，是激活消费引擎的重要之举。2023年以来，各地各部门陆续出台了一系列家居、汽车、电子产品等领域促消费政策，并组织开展“全国消费促进月”“老字号嘉年华”等重点活动，为扩大消费创造了有利条件。同时继续围绕重点领域发力，扩大汽车消费、推动餐饮业高质量发展和生活服务数字化赋能，持续为消费增添动力。

积极推动新业态新模式健康发展，将为恢复和扩大消费拓展新空间。当前，即时零售、直播电商、社交电商等业态模式层出不穷，带来更多沉浸式、体验式、互动式消费场景，扩大了传统商品和服务消费可触达的范围，成为消费恢复性增长的新动力和新空间。推动商旅文体健相互赋能、线上线下相互融合，将更好地满足居民消费升级的需求，促进新型消费潜力的加速释放。

稳定促进消费，提振消费信心是关键。强化就业优先政策、提高“一老一小”个税专项附加扣除标准、以产业链供应链升级优化商品服务供给……一系列政策举措着力增加居民可支配收入，提升国内市场供给水平，为恢复和扩大消费提供有力支撑。继续以激发经营主体动力和活力、稳就业为基础，持续提高社会保障和收入水平、提升公共服务水平，才能让老百姓能消费、敢消费、愿消费。与此同时，对虚假宣传、制假售假、缺斤少两等行为，加大监管和处罚力度，才能让人民群众买得放心、吃得安心、用得舒心。

多措并举巩固好当前需求回升势头，消费“主引擎”必将更加强劲，助推全年经济持续恢复向好，为中国经济运行注入持久动能。

资料来源　王雨萧．让“购物车”更好拉动基本盘［EB/OL］．（2023-10-23）．https://www.gov.cn/zhengce/202310/content_6911102.htm.

课堂讨论：

（1）说说“购物车”是如何拉动基本盘的。

（2）对于扩大消费，你有什么建议和想法？

提质增素目标：

（1）理解恢复和扩大需求是推动经济持续恢复向好的关键所在。

（2）培养学生求真务实，踏踏实实做事情。

■ 本章小结

● 商品流通企业会计以货币计量为基本形式，运用专门的程序和方法对企业在组织商品购销调存中发生的交易和事项进行会计核算、监督。

● 商品流通企业会计与制造企业会计相比，主要有以下特点：①资金运动形式的特殊性；②成本计算的特殊性；③盈利性质的特殊性。

● 商品流通企业按照在社会再生产过程中作用的不同，可以分为批发企业和零售企业。

■ 主要概念

商品流通企业　商品流通企业会计

■ 基本训练

一、填空题

1. 商品流通企业会计是以________为基本形式，运用专门的程序和方法对企业在组织商品购销调存中发生的交易和事项进行会计________、________，并为有关方面提供所需信息的专业会计。

2. 商品流通企业会计核算的资金运动形式为________—________—________。

3. 商品流通企业会计的基本职能是核算与________。

4. 商品流通企业在成本计算过程中，将购进商品的________作为成本，而企业在组织商品购、销、调、存业务活动中和管理企业所发生的各项费用支出，分别计入________、________、________，归入________。

5. 商品流通企业实现的盈利是制造企业________的一部分盈利。

6. 商品流通企业是以商品的________、调拨、________和________等经济活动为主营业务，实现商品从________向________转移的经济组织。

7. 商品流通企业按照在社会再生产过程中作用的不同，可以分为________和________。

8. 商品流通企业的财务状况可通过________、________和________三个会计要素得以反映。

9. 商品流通企业的经营成果可通过________、________和________三个会计要素得以反映。

二、单项选择题

扫码答题

1. 商品流通企业会计的基本职能是核算与（　　）。

A. 预测　　B. 控制

C. 监督　　D. 分析

2. 商品流通企业实现的盈利主要来自于（　　）。

A. 商品流通企业　　B. 制造企业让渡

C. 金融服务业让渡　　D. 教育行业让渡

第二章　商品流转核算的一般原理

■ 学习目标

通过本章的学习，你应该达到以下目标：

知识目标：了解商品流转核算的特点，熟悉库存商品购销的确认与计价。

能力目标：理解与掌握库存商品流转核算的内容和方法，确认各类型企业适用的核算方法。

素养目标：明白做事情不能操之过急，要稳扎稳打，不忘初心；同时，树立创新意识，理解只有创新才能让企业拥有持续发展的活力。

第一节 商品流转核算的特点及重要性

一、商品流转的概念和特点

商品流转又称“商品流通”，是指社会产品通过货币结算，由生产领域转移到消费领域的过程。它具有两个基本特征：

一是商品实物的转移；

二是通过货币结算的交易行为。

完整的商品流转过程一般要经过批发商品流转和零售商品流转两个环节。批发商品流转是商品流通企业从生产企业购进商品出售给零售企业以便继续转卖，或出售给生产企业继续加工的商品交易活动。它是商品流转的起点。零售商品流转是商品流通企业从批发企业或生产单位购进商品，售予城乡居民和工厂、机关、团体、学校等集体消费单位，以进行直接消费的商品交易活动，它是商品流通的最终环节。从事批发商品流转的企业称为批发企业；从事零售商品流转的企业称为零售企业；同时从事批发、零售商品流转的企业称为批零兼营企业。

二、商品流转核算的重要性

库存商品是商品流通企业的经营对象，组织商品流转也是商品流通企业的主要经营活动。因此，商品（流转）核算是商品流通企业会计核算的中心环节，科学地组织商品流转核算对于恰当地反映商品流通企业的财务状况、经营成果和现金流量，具有重要的影响。

第一，库存商品计价直接或间接关系到能否正确反映企业的财务状况与经营成果。

一方面，库存商品是商品流通企业存货中最为重要的内容，商品的核算是商品流通企业会计核算的中心内容。商品数量及价值的计算，直接影响到资产负债表中存货价值的真实性，进而对资产负债表中流动资产总额、所有者权益等项目数额的计算也产生影响。

另一方面，库存商品既是资产负债表的一个重要组成部分，也是利润表中销售成本的来源。库存商品与销售成本之间存在有机联系，库存商品的计价还会影响到当期和以后各期的财务成果。其具体表现在：

①期末，库存商品计价（估价）如果过低，当期的收益可能因此而相应减少；

②期末，库存商品计价（估价）如果过高，当期的收益可能因此而相应增加；

③期初，库存商品计价如果过低，当期的收益可能因此而相应增加；

④期初，库存商品计价如果过高，当期的收益可能因此而相应减少。

可见，库存商品计价的正确与否，对企业利润计算的准确性有着直接的影响。

第二，库存商品是商品流通企业最为重要的资产项目，在企业全部资产中占有很大比重。保持适量的商品储备，加快商品流通的速度，减少商品资金的积压，既是商品流通企业管理的重要内容，也是商品流通企业会计的重要任务。

第三，库存商品具有较强的流动性。在企业中，库存商品经常处于不断地销售、耗用、购买或重置状态，具有较强的变现能力和明显的流动性。库存商品的这一特性决定了这样一个事实：若不借助会计等管理工作加强对商品的管理，商品很可能会遭受偷窃、浪费等人为损失，或霉烂、变质等自然损失。

第二节　库存商品购销的确认与计价

一、库存商品的确认

商品流通企业库存商品的确认就是将符合资产要素确认标准的商品纳入资产负债表存货项目的过程。库存商品的确认条件包括：

第一，取得商品是为了出售或加工后再出售。凡不是为了出售而取得的资产项目，均不能确认为商品流通企业的库存商品，而只能作为其他资产处理，如商品流通企业取得的固定资产、包装物、低值易耗品等资产项目，都是企业自用的，而不是以出售为目的，因此不能将其列入库存商品的范围。

第二，商品包含的经济利益很可能流入企业。库存商品最重要的特征是预期会给企业带来经济利益。因此，对库存商品的确认，关键是判断其是否能给企业带来经济利益或所包含的经济利益是否能流入企业。通常，库存商品的所有权是其所包含的经济利益能流入企业的重要标志。一般情况下，根据销售合同已经售出（取得现金或收取现金的权利）、所有权已经转移的库存商品，因其所含经济利益已不能流入企业，因而不能再作为企业的库存商品进行核算，即使该存货尚未运离企业。比如委托代销商品，由于其所有权并未转移至受托方，因而它是委托企业库存商品的一部分。总之，商品流通企业在判断存货所含经济利益能否流入企业时，通常应结合考虑该项存货所有权的归属。

第三，商品的成本能够可靠地计量。成本能够可靠地计量是资产确认的一项基本条件。库存商品是商品流通企业资产的组成部分，要予以确认必须能够对其成本进行可靠的计量。如果库存商品的成本不能可靠地计量，则不能确认为一项存货。如商品流通企业承诺的订货合同，由于并未实际发生，不能确定其成本，因此就不能将其确认为企业的存货。

二、库存商品购销的交接货方式

商品购销的交接货方式通常是根据商品的特点及运输条件，由交易双方协商决定的。通常采用的商品购销的交接货方式一般有以下几种：

1. 送货制

送货制是指供货单位将商品送到购货单位的仓库或指定地点。送货的过程中所发生的费用和商品损耗，一般由供货单位负担。

2. 提货制

提货制是指购货单位到供货单位的仓库或指定地点提货。提货过程中所发生的费用和商品损耗，一般由购货单位负担。

3. 发货制

发货制是指供货单位按照合同规定的发货日期、商品品种、规格、数量等条件，将商品委托给运输部门运到购货单位所在地的车站、码头等地。在发货过程中，一般规定商品交接以前所发生的费用和商品损耗由供货单位负担，商品交接以后所发生的费用和商品损耗由购货单位负担。

4.门市收购制

门市收购制是指企业直接在基层设立门市部收购农副产品、回收废旧材料物资。

三、库存商品购销的确认

1.库存商品采购的入账时间

商品购进的入账时间一般以支付货款的时间为依据，在货款先付、商品后到的情况下，以支付货款的时间为商品购进的入账时间；在商品先到、货款后付的情况下，收到商品后，暂不入账，以付款时间为商品购进的入账时间。根据商品交接货方式和货款结算方式的不同，商品流通企业的商品购进入账时间有以下几种：

（1）从本地购进商品，采用现金、支票、本票或商业汇票等结算方式的，在支付货款并取得供货单位的发货证明时，即可作为商品购进入账；假如商品先到并验收入库，而货款尚未支付，月末暂作购进商品入账，次月初再用红字冲回。

（2）从外地购进商品，采用托收承付或委托收款结算方式的，在结算凭证先到并承付货款时，作为商品购进入账；商品先到，并符合购销合同规定的，验收入库后，暂不作为商品入账，待承付货款时，再作购进入账，如月终还未付款，则作为购进入账，下月初再以红字冲回。

（3）如果在商品购进业务中采取预付货款方式，则不能将预付货款的时间作为商品购进的入账时间，因为预付货款尚不构成买卖双方的商品交易行为。

（4）进口商品以支付货款的时间为购进入账时间。

2.库存商品采购成本的确认

商品流通企业取得库存商品应当以其进价成本入账。一般而言，库存商品的成本包括采购成本、加工成本和其他成本。其中，采购成本是指库存商品从采购到入库发生的全部支出，包括购买价款、相关税费、运输费、装卸费、保险费以及其他属于库存商品采购成本的费用。

库存商品购买价款是指商品流通企业购入商品的发票账单上列明的价款，但不包括按规定可以抵扣的增值税税额。

与库存商品相关的税费是指商品流通企业购买库存商品发生的进口关税、消费税、资源税和不能抵扣的增值税进项税额等应计入存货采购成本的税费。

商品流通企业在采购商品过程中发生的运输费、装卸费、保险费等进货费用，在发生时直接计入当期销售费用。其具体确定方法如下：

（1）国内购进的用于国内销售和用于出口的商品，以进货原价为其采购成本。购进商品所发生的进货费用，包括购进出口商品到达交货地车站、码头以前支付的各种费用和手续费，均作为当期损益，列入销售费用。

（2）企业进口的商品，其采购成本包括进口商品的国外进价、应分担的外汇差价和进口环节的各种税金。进口商品的国外进价，一律以到岸价格（CIF）为基础。如对外合同以离岸价格成交，商品离开对方口岸后，应由我方负担的运杂费、保险费、佣金等费用，计入商品的进价；商品到达我国口岸目的港后发生的费用，一般情况下计入销售费用。收到的进口佣金冲减进价，不易按商品认定的，冲减销售费用。

（3）企业委托其他单位代理进口的商品，其采购成本为实际支付给代理单位的全部价款。

（4）企业收购免税农副产品，其采购成本为支付的收购价款扣除按规定计算的进项税额后的金额。

3.库存商品销售收入的确认和计量

收入的确认和计量大致分为五步：

（1）识别与客户订立的合同；

（2）识别合同中的单项履约义务；

（3）确定交易价格；

（4）将交易价格分摊至各单项履约义务；

（5）履行各单项履约义务时确认收入。

4.库存商品销售价格的确认

对于商业企业库存商品销售的入账金额，可以按不同的销售对象分为以下三种：

（1）批发价。批发价是指商业批发企业直接供应给单位和个人的批量商品，按批发价作为销售入账价格。

（2）零售价。零售价是指零售企业直接供应给消费者数量零星的商品，按零售价扣除增值税作为销售入账价格。

（3）协商价。协商价是指商业企业采用浮动价、批量作价，按实际开票金额作为销售入账价格。

批零兼营企业应视供应对象数量的多少采用批发价或零售价。

第三节　库存商品流转的核算方法

商品是使用价值与价值的统一，因此，商品核算既要利用使用价值的尺度进行实物数量的分类核算，又要利用价值形态的尺度（货币）进行价值量的核算。商品流通企业库存商品流转的核算方法有：数量进价金额核算法、数量售价金额核算法、售价金额核算法和进价金额核算法。

一、数量进价金额核算法

数量进价金额核算法，是指按商品的进价和数量核算库存商品进、销、存情况的一种方法。这种核算方法的主要特点是：

（1）会计部门对库存商品总账和明细账按商品进价进行记账。

（2）库存商品明细账按商品的品名、规格、等级和编号分户进行明细核算。

（3）对经营品种繁多的企业，要设置库存商品类目账，以核算大类商品的进、销、存情况，并控制所属明细账。

（4）采用适当方法随时或定期结转销售商品成本。

这种方法的优点是把商品的数量核算与金额核算结合起来，既反映商品价值的增减，又反映各种商品的数量变动，有利于加强商品管理，更好地安排商品的购销活动；缺点是记账工作量较大。因此，它一般适用于大中型批发企业。

二、数量售价金额核算法

数量售价金额核算法，是指按商品的售价和数量核算库存商品进、销、存情况的一种方法。这种核算方法的主要特点是：

（1）库存商品总分类账和明细分类账按商品售价记账。

（2）库存商品进价金额与售价金额的差额通过设置“商品进销差价”科目来核算。

（3）库存商品明细分类科目的设置与数量进价金额核算法基本相同。

这种方法的优点是能够按商品的品名、规格反映和监督商品进、销、存数量和售价金额的变动情况，一般适用于某些基层小型批发企业和某些特殊的零售商品（如贵重物品）。

三、售价金额核算法

售价金额核算法，是指按售价核算商品进、销、存情况的一种方法。这种核算方法的主要特点是：

（1）库存商品明细账登记售价金额，不登记数量。

（2）商品进价金额与售价金额的差额，通过设置“商品进销差价”科目来核算。

（3）按经营商品的种类和管理要求，确定若干实物负责人（或小组，下同），实物负责人对其经营商品的数量和质量负责。

（4）库存商品明细账不按商品的品种、规格分户，而按实物负责人分户，按批登记商品收入、发出和结存的售价金额，以商品的售价总值控制实物负责人经营的商品。

（5）用实物负责人经营的各种商品数量分别乘以每种商品的售价算出的各种商品售价金额之和，其应该与库存商品明细账中该负责人的账面金额相符。

这种方法亦称“售价核算，实物负责”，一般适用于零售企业。

四、进价金额核算法

进价金额核算法，是指对库存商品的总分类核算和明细分类核算都按进价金额记账而不实行数量核算的一种方法。这种核算方法的主要特点是：

（1）库存商品按进价记账，明细账按实物负责人分户，只记进价总金额，不记商品数量。

（2） 商品售出后，只记主营业务收入，不结转主营业务成本。

（3）定期或月末通过实地盘点，确定每种商品的实存数量，按商品最后进价计算结存商品进价总额，倒求主营业务成本，然后结转主营业务成本。

这种核算方法又称“进价核算，盘存计销”，一般适用于鲜活商品零售企业。其销售成本计算公式为：

本期商品销售成本=期初库存商品进价金额+本期进货进价金额−期末库存商品进价金额

期初库存商品进价金额=期初库存商品数量×期初库存商品单价

期末库存商品进价金额=期末盘存商品数量×最后一次的进货单价

提质增素小案例 **美邦服饰的警钟**

中国是世界上最大的服装消费国，同时也是世界上最大的服装生产国。中国的服装产业在2009年全球金融危机后呈现出了全新的格局，许多国家的时尚品牌都将中国视作最具成长潜力的市场，纷纷加大了对中国市场的投入，使得国内服装市场的竞争日趋激烈。

在国际大牌进驻中国之初，国内服装企业主要还停留在低层面的价格和款式的竞争上，实体批发市场是主要的流通渠道，而设计能力和营销能力全面落后于以ZARA、H&M、C&A和GAP为代表的国际“快时尚”品牌。

“快时尚”模式是中国服装公司在过去几年最热衷学习的方向，该模式由ZARA创造，以快速上新、价格亲民和紧贴潮流为特点。

美特斯邦威是ZARA在中国最忠实的“学生”，但其业绩从2012年开始走下坡路，至2017年，公司的营业收入、营业利润以及净利润均为负增长，全年亏损了3亿多元。如果你仔细观察其前几年的资产负债表，就会发现美邦危机的苗头，这注定了其在几年后的全面亏损。

美邦的危机始于2011年。根据其2011年的半年报，公司营业收入同比增长49%，净利润同比增长883%，不过财报上高达28.9亿元的存货引起了市场的关注。其2010年同期存货金额仅9.03亿元，这意味着美邦的存货同比增长了220%。

此外，存货占净资产的比重高达90%，而行业平均水平仅为20%左右。庞大的存货不仅会随着时间的推移造成价值下跌，而且会直接影响企业的资金链，这使得美邦不得不通过长期打折来清理库存，结果是直接侵蚀了企业的毛利率水平。

虽然公司把存货高企归咎于天气原因，但事实上美邦在2010年已显示出较高的存货增长。公司2010年的存货同比增长183%，达到25.48亿元，存货占净资产的比重也高达77%，高库存使得当年经营活动产生的现金流量净额为-10.54亿元，同比降低了223.03%。

事实上，不只美邦，特步、李宁、安踏、佐丹奴等国内知名服装企业也存在类似问题。高库存就像达摩克利斯之剑，如果没有合适的消化方法，在面临国外大牌冲击和国内电商渠道崛起的双重夹击时，必将一败涂地。

存货周转率的高低还会影响企业的应付账款和应收账款。存货周转率越高，说明企业产品更畅销，企业相对于客户处于相对强势的地位，应收账款的回收可能越快，应收账款也因为资金回收效率高而相应减少，企业经营也越健康。

资料来源 佚名.存货管理案例：“快时尚”美特斯邦威的警钟丨财智案例［EB/OL］.（2021-07-27）. https://zhuanlan.zhihu.com/p/393602742.

课堂讨论：

（1）如何计算存货周转率？存货周转率越高越好吗？通过对存货周转率的分析可以得到企业哪些方面的信息？

（2）有哪些方法能提高存货周转率？

提质增素目标：

（1）存货的周转天数说明了企业的产品是否能快速地被卖掉。作为企业的管理人员，不仅要注重成本的控制，更要在注重成本控制的前提下，尽快地销售企业的产品。

(2) 企业发展应初心如磐，守好立足之本，而不能盲目照搬。同时，树立创新意识，使产品更新有活水源头。

■ 本章小结

● 商品流转是指社会产品通过货币结算，由生产领域转移到消费领域的过程。其具有两个基本特征：一是商品实物的转移；二是通过货币结算的交易行为。

● 完整的商品流转过程一般要经过批发商品流转和零售商品流转两个环节。

● 商品购进的入账时间一般以支付货款的时间为依据，以采购成本作为商品的进价成本，而相关费用则计入期间费用。

● 库存商品流转的核算方法有：数量进价金额核算法、数量售价金额核算法、售价金额核算法和进价金额核算法。

■ 主要概念

商品流转　送货制　提货制　发货制　数量进价金额核算法　数量售价金额核算法　售价金额核算法　进价金额核算法

■ 基本训练

一、填空题

1. 商品流转的两个基本特征：一是________；二是通过________的交易行为。

2. 完整的商品流转过程一般要经过________和________两个环节。

3. 商品购进必须同时具备的两个基本条件：一是购入商品是为了________；二是通过货币结算取得商品________。

4. 商品购销的交接货方式一般有________、________、________、________四种。

5. 商品购进的入账时间一般以________为依据。

6. 商品购进发生的采购费用一般作为________处理，购进商品支付的增值税属于________，不计入采购成本。

7. 企业收购免税农副产品，其采购成本为支付的________扣除按规定计算的________后的金额。

8. 商品流转的核算方法一般有________、________、________、售价金额核算法。

9. 商品流转业务包括________、________和________。

10. 对于企业进口的商品，其采购成本包括进口商品的________、________和进口环节的________。进口商品的国外进价，一律以________为基础。

扫码答题

二、单项选择题

1. 零售商品流转是整个商品流通的（　　）。

A. 起始环节　B. 中间环节

C. 销售环节　D. 最终环节

2. 对于异地购进的商品，其交货方式一般采用（　　）。

A. 发货制　B. 提货制　C. 送货制　D. 送货制或提货制

3.商品流转环节包括批发和（　　）。

A.制造　　B.加工　　C.零售　　D.进口

4.玉森百货股份有限公司20××年4月25日收到商品一批，该批商品的货款在4月25日同时支付，则该公司的正确入账时间为（　　）。

A.4月1日　　B.4月15日　　C.4月25日　　D.4月30日

5.批发商品流转是整个商品流通的（　　）。

A.起始环节　　B.中间环节　　C.销售环节　　D.最终环节

6.湖南某贸易公司销售一批大豆给厦门建发公司，价值500万元，其交货方式一般采用（　　）。

A.发货制　　B.送货制　　C.提货制　　D.直接交货制

7.某商业企业在20××年8月15日收到商品一批，该批商品的货款在8月1日就已支付，则该商业企业的正确入账时间为（　　）。

A.8月1日　　B.8月15日　　C.8月20日　　D.8月31日

8.三和商贸公司于20××年10月5日向闽龙公司预购一批家电，同时预付一半货款，20××年10月20日该批家电到达三和公司，11月1日三和公司付清剩余货款，则该公司此批家电的正确入账时间为（　　）。

A.20××年10月5日　　B.20××年10月20日

C.20××年11月1日　　D.20××年10月10日

9.小型批发流通企业和经营贵重物品的零售企业通常采用的商品核算方法是（　　）。

A.进价金额核算法　　B.售价金额核算法

C.数量进价金额核算法　　D.数量售价金额核算法

10.大中型批发流通企业通常采用的商品核算方法是（　　）。

A.进价金额核算法　　B.售价金额核算法

C.数量进价金额核算法　　D.数量售价金额核算法

11.鲜活商品零售企业通常采用的商品核算方法是（　　）。

A.进价金额核算法　　B.售价金额核算法

C.数量进价金额核算法　　D.数量售价金额核算法

12.龙州商贸公司购进商品一批，其中，商品价款30万元，运费1万元，增值税税额3.9万元，手续费0.1万元，则该批商品的采购成本为（　　）万元。

A.36.2　　B.30　　C.35.1　　D.31.1

13.某商业企业A从国外进口一批商品，其中，商品离岸价格为200万元，商品离开对方口岸还未到达我国口岸目的港所发生的运杂费为3万元、保险费为7万元；商品到达我国口岸目的港后发生的运杂费为1万元，增值税税额为10万元，则该批商品的采购成本为（　　）万元。

A.200　　B.210　　C.211　　D.221

14.某商业企业A委托其他单位代理进口一批商品，其中实际支付给对方的价款包括：商品的国外进价66万元，应分担的外汇差价6万元，进口环节的各种税金10万元，委托费用5万元，则该批商品的采购成本为（　　）万元。

A.66　　B.72　　C.82　　D.87

扫码答题

三、多项选择题

1.批发环节是整个商品流转的（　　）。

A.起始环节　　B.中间环节

C.销售环节　　D.最终环节

2.商品批发企业一般具有（　　）等主要特征。

A.一般是大宗买卖　　B.组织形式多样

C.商品存储数量大　　D.商品种类多样

3.商品零售企业一般具有（　　）等主要特征。

A.网点设置比较分散　　B.组织形式多样

C.商品存储数量大　　D.商品种类多样

4.商品购进必须同时具备的条件有（　　）。

A.为卖而买　　B.取得实物

C.通过货币结算而取得商品所有权　　D.为企业自用

5.下列各项中，不属于商品购进范围的有（　　）。

A.样品　　B.委托加工商品收回

C.接受捐赠　　D.从生产企业购进商品

6.商品销售必须同时具备的条件有（　　）。

A.销售本企业所经营的商品　　B.通过货款结算转移了商品的使用权

C.通过货款结算转移了商品的所有权　　D.本期所拥有的产品

7.下列各项中，不属于商品销售范围的有（　　）。

A.包装物　　B.赠送样品　　C.材料物资　　D.商品移库

8.商品购销的交接货方式主要有（　　）。

A.交货制　　B.送货制　　C.提货制　　D.发货制

9.库存商品销售价格的确认可按不同的销售对象分为（　　）。

A.批发价　　B.零售价　　C.协商价　　D.批发价或零售价

10.商品流通企业库存商品的核算方法有（　　）。

A.数量进价金额核算法　　B.数量售价金额核算法

C.售价金额核算法　　D.进价金额核算法

11.企业进口的商品，其采购成本包括进口商品的（　　）。

A.国外进价　　B.应分担的外汇差价

C.进口后的运杂费　　D.进口环节的增值税

第三章　批发商品流转的核算

学习目标

通过本章的学习，你应该达到以下目标：

知识目标：了解批发商品流转主要业务流程，熟悉批发商品流转各环节的特点。

能力目标：理解与掌握批发商品购进、销售、结转成本各阶段的核算程序，运用所学的批发商品流转核算方法，进行内销和出口各阶段的会计账务处理。

素养目标：培养学生理解经济政策、具有经世济民的职业情怀。

第一节　批发商品购进的核算

一、批发商品流转的业务特点

批发商品流转包括商品购进、商品储存、商品销售三方面。

1.批发商品流转的特点

（1）商品主要来源于工农业生产部门或其他商业企业，也包含部分进口商品。

（2）商品经营活动一般是大宗商品买卖，交易次数少，但每次商品购销额比较大。

（3）商品储存数量大。

（4）商品购销对象主要是企业单位，有同城的，也有异地的。

（5）商品流转时交易双方应当签订商品购销合同或协议，并应严格遵守合同或协议的规定。

2.会计核算价格的主线："三进一销"

"三进"是指购入商品时用购进的实际价格核算，验收入库时用购进的实际价格核算，结转主营业务成本时用购进的实际价格分类核算。"一销"是指销售商品时用销售价格核算。

二、批发商品购进的业务程序

批发商品购进按照购进地不同可分为同城与异地购进。

（一）同城购进商品的业务

批发企业从同城购进商品主要是指从本地的商品生产企业或其他商品批发企业购进商品。对于同城购进商品，其交接方式一般采用送货制或提货制，商品货款的结算方式一般是支票结算或商业汇票结算。

（二）异地购进商品的业务

批发企业从其他地区的生产企业或批发企业购进商品，一般采用发货制，货款的结算方式一般采用商业汇票、汇兑、托收承付、委托收款等。

三、库存商品账簿的设置与登记

（一）库存商品总账

"库存商品"属资产类科目，应核算批发企业全部自有的库存商品，包括存放在仓库及门市部和寄存在外库的商品、委托其他单位代管代销的商品、陈列展览的商品等。其借方登记批发企业库存商品的增加，贷方登记库存商品的减少；其余额为库存商品的实存数额。该科目应按商品种类、名称、规格和存放地点分户设置明细账。

（二）库存商品明细账

1.库存商品明细账的分户

库存商品明细账分户，要本着能够满足业务经营需要，及时、准确地计算商品销售成本，简化核算工作等原则进行。库存商品明细账的分户方法一般有以下三种：

（1）按商品的品名、编号、规格和等级分户。采用这种分户方法，只要是同一品名、编号、规格和等级的商品，不论其进价、批次是否相同，都在同一分户账页上连续登记。

（2）按商品的品名、编号、规格和等级，结合同一进货单价分户。采用这种分户方法，是将品名、编号、规格和等级以及进货单价相同的商品，在同一账页上连续登记。

（3）按商品的品名、编号、规格和等级，结合进货批次分户。采用这种分户方法，是将品名、编号、规格和等级相同的商品，按每一进货批次开设明细账。这种方法适用于整批购进、整批销售，整批购进、分批销售以及分批保管的商品。

2.库存商品明细账的设置

在批发商业企业中，业务、仓库和会计部门都掌握库存商品的明细资料。在实际工作中，库存商品明细账的设置，一般有以下方法：

（1）三账分设。

三账分设是指业务、仓库、会计部门各设一套库存商品明细账，即业务部门设调拨账，仓库设保管账，会计部门设库存商品明细账。

（2）两账合一。

两账合一是指业务和会计部门合并设置一套库存商品明细账，既记录数量又记录金额，提供业务和会计部门所需要的库存商品明细资料；仓库设保管账，只记录数量。

（3）三账合一。

三账合一是指业务、仓库和会计部门合设一套库存商品明细账，记录数量、金额时还提供业务、仓库和会计部门所需的库存商品明细资料。

3.库存商品明细账的格式及登记方法

库存商品明细账一般采用“数量金额”式账页，其格式见表3-1。

表3-1　库存商品明细账

名称：　单位：　编号：　规格：　等级：

20××年		凭证字号	摘要	收入				发出				结存			存放地点及数量	
月	日			数量		单价	金额	数量		单价	金额	数量	单价	金额	甲库	乙库
				购进	其他			购进	其他							

表3-1中收入数量中的“其他”，是指商品加工完成收回和商品溢余等的数量；发出数量中的“其他”，是指商品加工发出、商品损耗和短缺等的数量。

在采用数量进价金额核算法的批发企业中，库存商品明细账中收入商品的数量、单价和金额，应该根据仓库和业务部门收到的发货票等凭证，按收入商品的批次分行登记。发出商品的数量，应根据业务部门的发货单登记；对于发出商品的单价（发出商品的单位成本），由于批发商品的进价往往不同，需要采用适当的方法（后面述及）计算、登记；发出商品的金额，应该根据发出商品的单价乘以发出商品的数量计算、登记。结存商品的数量和金额，在采用永续盘存制的情况下，应该根据期初结存、本期收入、本期发出的数量和金额计算、登记；在采用实地盘存制的情况下，则应该根据实际盘存的结果计算、登记。

四、批发商品购进业务的核算

（一）科目设置

（1）“在途物资”属于资产类科目，用来核算企业购进商品的采购成本。

（2）“库存商品”属于资产类科目，用来核算企业全部自有的库存商品，包括企业存放在仓库和门市部、寄存、代管、代销、展览的商品等。

（3）“应交税费——应交增值税（进项税额）”属于负债类科目，用来核算企业购进商品时支付的待抵扣的进项税额。

（4）“销售费用”属于损益类科目，用来核算企业购进商品时的运杂、整理、挑选等零星费用。

（二）商品采购成本的确定

（1）国内购进的用于国内销售和出口的商品，以进货原价为其采购成本。购进商品所发生的进货费用，包括购进出口商品到达交货地车站、码头以前支付的各种费用和手续费，均作为当期损益，列入销售费用。

（2）企业进口的商品，其采购成本包括国外进价、应分担的外汇差价和进口环节的各种税费。进口商品的国外进价，一律以到岸价格（CIF）为基础。对外合同以离岸价格（FOB）成交的，商品离开对方口岸后，应由我方负担的运杂费、保险费、佣金等费用，计入商品的进价；商品到达我国口岸目的港后发生的费用，计入销售费用（一般情况下）。收到的进口佣金冲减进价；不易按商品认定的，冲减销售费用。

（3）企业委托其他单位代理进口的商品，其采购成本为实际支付给代理单位的全部价款。

（4）企业收购免税农副产品，其采购成本为支付的收购价款扣除按规定计算的进项税额后的金额。

（三）购进国内商品业务的核算

1.同城购进商品的核算

批发企业同城购进商品，由于支付货款和商品到达时间大多在一天内完成，其会计分录如下：

借：库存商品——××商品（进价）

  应交税费——应交增值税（进项税额）

 贷：银行存款（或库存现金等）

【例 3-1】新华商场购进高压锅一批，增值税专用发票上注明的价款为 50 000 元，增值税为 6 500 元，未发生其他相关费用。商品验收入库，款项当日以转账支票付讫。该企业应编制如下会计分录：

借：库存商品——高压锅	50 000	
应交税费——应交增值税（进项税额）	6 500	
贷：银行存款		56 500

2.异地购进商品的核算

批发企业异地购进商品，由于支付货款和商品到达时间不同，往往会出现三种不同情况：①支付货款和收到商品并验收入库同时完成；

②已支付货款或开出、承兑商业汇票，商品未到或商品虽到但尚未验收入库；

③商品先到并验收入库，而未支付货款或开出、承兑商业汇票。

下面分别对这三种情况的核算予以说明：

（1）支付进货款和收到商品同时完成的核算。

其会计分录如下：

借：库存商品——××商品（进价）

　　应交税费——应交增值税（进项税额）（专用发票上注明的增值税税额）

　贷：银行存款（或库存现金等）

【例 3-2】东亚批发商业企业购进花生油 10 箱，每箱进价 1 000 元，增值税专用发票上注明的花生油价款为 10 000 元，增值税为 1 300 元，供货方垫付运费 200 元（可抵扣的增值税不计，作销售费用列支）。商品验收入库，款项当日均以转账支票付讫。该企业应编制如下会计分录：

借：库存商品——花生油	10 000	
应交税费——应交增值税（进项税额）	1 300	
销售费用——运费	200	
贷：银行存款		11 500

（2）先支付货款或开出、承兑商业汇票，后收到商品。

在这种情况下，批发企业对已付货款或已开出、承兑商业汇票的事项以及在途情况都必须如实反映，进行监督管理。批发企业的会计部门收到供货方的发货凭证、结算单据等，经审核无误后进行会计账务处理。具体会计分录如下：

①购入（收到增值税专用发票）。

借：在途物资——××公司（进价）

　　应交税费——应交增值税（进项税额）

　　销售费用（采购零星费用）

　贷：银行存款（或应付票据等）

②入库。

借：库存商品——××商品（进价）

　贷：在途物资——××公司

③票据到期兑付。

借：应付票据

　贷：银行存款

【例 3-3】东亚批发商业企业从青岛海尔公司购进冰箱 100 台，每台冰箱进价 2 000 元，海尔公司代垫运杂费 4 000 元（可抵扣的增值税不计，作销售费用列支）。托收凭证已到，增值税专用发票上注明的冰箱进价总额为 200 000 元，增值税为 26 000 元。该企业开出面值为 230 000 元、期限为 1 个月的商业承兑汇票结算上述款项。冰箱尚未运达。该企业应编制如下会计分录：

借：在途物资——青岛海尔公司	200 000
应交税费——应交增值税（进项税额）	26 000
销售费用——运费	4 000

贷：应付票据 230 000

当冰箱到达并点验入库后，该企业应编制如下会计分录：

借：库存商品——冰箱 200 000

　贷：在途物资——青岛海尔公司 200 000

（3）先收到商品，后支付货款或开出、承兑商业汇票。

批发商业企业在验收商品时，如果尚未收到结算凭证，不知商品款项数额，无法付款。由于结算凭证一般在收到商品几天以后就可以收到，因此，在验收商品时，可以暂不编制分录，待收到结算凭证付款时再编制会计分录。但到月终，为了真实反映企业实际拥有的资产和负债，同时也为了保持总账与明细账的一致，正确编制资产负债表，对尚未付款的已入库商品按暂估价入账，借记“库存商品”科目，贷记“应付账款”科目，下月初再用红字冲回，以便下个月付款或开出、承兑商业汇票后，按支付进货款和收到商品同时完成的情况处理。具体会计分录如下：

①月末入账。

借：库存商品——××商品（暂估价）

　贷：应付账款——××公司

②下月初用红字冲回。

借：库存商品——××商品（红字）

　贷：应付账款——××公司（红字）

③下月收到增值税专用发票。

借：库存商品——××商品（实际进价）

　　应交税费——应交增值税（进项税额）

　贷：银行存款（或应付账款等）

【例 3-4】上海南方批发公司从山东某公司购进一批电脑并验收入库，发票等结算单据未到，货款尚未支付，月末按 80 000 元的暂估价入账。该公司应编制如下会计分录：

借：库存商品——电脑 80 000

　贷：应付账款——山东××公司 80 000

下月初用红字冲回，编制如下会计分录：

借：库存商品——电脑 [80 000]

　贷：应付账款——山东××公司 [80 000]

下月 16 日，该公司收到电脑的增值税专用发票，电脑进价 100 000 元，增值税为 13 000 元，运杂费为 2 000 元（可抵扣的增值税不计，作销售费用列支），上述款项均以银行存款支付。该公司应编制如下会计分录：

借：库存商品——电脑 100 000

　　应交税费——应交增值税（进项税额） 13 000

　　销售费用——运费 2 000

　贷：银行存款 115 000

（4）预付货款的核算。

为了反映预付货款的增减变动情况，预付款项较多的批发企业，可单独设置“预付账款”科目。该科目的借方登记批发企业付给供应方的预付货款；贷方登记企业收到所购商品（或劳务结算时）应结转的预付账款；期末如为借方余额，反映批发企业预付的款项；期末如为贷方余额，反映批发企业尚未补付的款项。其明细账应按供货企业的名称设置。具体会计分录如下：

①预付货款。

借：预付账款——××公司

贷：银行存款

②收到所预订商品。

借：库存商品——××商品（进价）

应交税费——应交增值税（进项税额）

贷：预付账款——××公司

③补付余款。

借：预付账款——××公司

贷：银行存款

【例 3-5】北京天河贸易公司为增值税一般纳税人，从外地东普公司预订电磁炉 100 个，单价为 500 元，货款为 50 000 元，增值税进项税额为 6 500 元。按订货合同的规定，应先向供货单位预付货款 20 000 元，交货后再补足余款。该企业应编制如下会计分录：

①预付货款。

借：预付账款——东普公司	20 000	
贷：银行存款		20 000

②收到所预订商品。

借：库存商品——电磁炉	50 000	
应交税费——应交增值税（进项税额）	6 500	
贷：预付账款——东普公司		56 500

③补付余款。

借：预付账款——东普公司	36 500	
贷：银行存款		36 500

（四）国外进口商品业务的核算

商品流通企业从国外购进商品的交易活动，一般经历签订进口商品合同和履行进口商品合同两个过程。常用结算方式有信用证结算、托收结算和汇付结算。结算时间分为：货到结算和单到结算。

进口商品的国外进价一律以到岸价格（CIF）为基础；到达我国港口之后发生的费用（如检验费、港杂费、运杂费、保险费等）一律计入销售费用（一般情况下）。若以离岸价格（FOB）成交，则到达我国港口之前由我方负担的运杂费、保险费、佣金等费用计入商品的进价成本；到达我国港口之后发生的费用（如检验费、港杂费、运杂费、保险费等）一律计入销售费用（一般情况下），且一律以进口当日的汇率折算。

1.以我国口岸到岸价格（CIF）成交

进口商品采购成本=国外进价+外汇差价+进口环节的各种税费

2.以国外口岸离岸价格（FOB）成交

进口商品采购成本=国外进价+报关前运保费等+外汇差价+进口环节的各种税费

其中：

进口环节的各种税费=关税+消费税

海关完税价格=到岸价格（CIF）×汇率

或　　　　=（离岸价格（FOB）+运杂费+保险费+佣金）×汇率

关税=海关完税价格×关税税率

消费税=（海关完税价格+关税）÷（1-消费税税率）×消费税税率

增值税=（海关完税价格+关税+消费税）×增值税税率

进口商品采购成本=海关完税价格+关税+消费税

具体会计分录如下：

①进口（报关）。

借：在途物资——国外××公司（采购成本）

　　应交税费——应交增值税（进项税额）

　贷：银行存款

②支付费用（报关后费用）。

借：销售费用（报关后费用）

　贷：银行存款

③支付费用（报关前费用）。

借：在途物资——国外××公司（报关前费用）

　贷：银行存款

④验收入库。

借：库存商品——进口商品××

　贷：在途物资——国外××公司

【例 3-6】山东海化公司自营进口高档手表一批，到岸价（CIF）为 100 000 美元，关税税率为 10%，消费税税率为 20%，海关完税凭证上注明的增值税税率为 13%，当日的汇率为 1 美元=6.3 元人民币，同时支付报关费、检验费等 20 000 元人民币，则：

海关完税价格=到岸价格（CIF）×汇率=100 000×6.3=630 000（元）

关税=海关完税价格×关税税率=630 000×10%=63 000（元）

消费税=（海关完税价格+关税）÷（1-消费税税率）×消费税税率

　　=（630 000+63 000）÷（1-20%）×20%=173 250（元）

增值税=（海关完税价格+关税+消费税）×增值税税率

　　=（630 000+63 000+173 250）×13%=112 612.50（元）

进口商品采购成本=海关完税价格+关税+消费税

　　=630 000+63 000+173 250=866 250（元）

应编制会计分录如下：

①进口（报关）。

借：在途物资——国外××公司　　866 250

　　应交税费——应交增值税（进项税额）　　112 612.50

　贷：银行存款　　978 862.50

②支付费用（报关后费用）。

借：销售费用　　20 000

贷：银行存款　　20 000

③验收入库。

借：库存商品——进口高档手表　　866 250

　　贷：在途物资——国外××公司　　866 250

【例 3-7】山东海化公司自营进口高档手表一批，离岸价（FOB）为 100 000 美元，关税税率为 10%，消费税税率为 20%，海关完税凭证上注明的增值税税率为 13%，当日的汇率为 1 美元=6.3 元人民币。同时支付报关前的海运费、保险费等 10 000 美元，支付报关后的运杂费、检验费等 20 000 元人民币，则：

海关完税价格=（离岸价格（FOB）+运杂费+保险费+佣金）×汇率

=（100 000+10 000）×6.3=693 000（元）

关税=海关完税价格×关税税率

=693 000×10%=69 300（元）

消费税=（海关完税价格+关税）÷（1−消费税税率）×消费税税率

=（693 000+69 300）÷（1−20%）×20%=190 575（元）

增值税=（海关完税价格+关税+消费税）×增值税税率

=（693 000+69 300+190 575）×13%=123 873.75（元）

进口商品采购成本=海关完税价格+关税+消费税=693 000+69 300+190 575=952 875（元）

应编制会计分录如下：

①进口（报关）。

借：在途物资——国外××公司　　952 875

　　应交税费——应交增值税（进项税额）　　123 873.75

　　贷：银行存款　　1 076 748.75

②支付费用（报关后费用）。

借：销售费用　　20 000

　　贷：银行存款　　20 000

③验收入库。

借：库存商品——进口高档手表　　952 875

　　贷：在途物资——国外××公司　　952 875

（五）免税农副产品收购业务的核算

1. 免税农副产品收购的一般业务程序

农副产品种类繁多，产地分散，生产的季节性强，且有品种规格复杂、政策性强等特点，因此批发企业收购免税农副产品的方式一般有直接收购和预购两种。

2. 免税农副产品收购业务的核算

按有关税法的规定，一般纳税人向农业生产者购买免税的农副产品或向小规模纳税人购买的农副产品准予按买价 9% 的扣除率计算进项税额，从当期的销项税额中扣除（主管税务机关批准使用的收购凭证上注明的价款）；购进用于生产或委托加工 13% 税率货物的农产品，按照农产品收购发票或者销售发票上注明的农产品买价和 10% 的扣除率抵扣进项税额。

（1）直接收购的核算。

【例 3-8】虹华水果批发公司向海南一龙眼种植专业户收购龙眼一批，收购价款100 000元，以现金支付，则会计分录如下：

①准予抵扣的进项税额是9 000元（100 000×9%）。

借：在途物资——海南××专业户　　91 000
　　应交税费——应交增值税（进项税额）　　9 000
　贷：库存现金　　100 000

②验收入库。

借：库存商品——龙眼　　91 000
　贷：在途物资——海南××专业户　　91 000

（2）预购的核算。

【例 3-9】虹华水果批发公司与海南一龙眼种植专业户签订合同，以现金预付定金20 000元，则会计分录如下：

①预付定金。

借：预付账款——海南××专业户　　20 000
　贷：库存现金　　20 000

②收购龙眼总价款100 000元。

借：在途物资——海南××专业户　　91 000
　　应交税费——应交增值税（进项税额）　　9 000
　贷：预付账款——海南××专业户　　100 000

③按合同以现金补付货款80 000元。

借：预付账款——海南××专业户　　80 000
　贷：库存现金　　80 000

④龙眼验收入库。

借：库存商品——龙眼　　91 000
　贷：在途物资——海南××专业户　　91 000

五、拒付货款和拒收商品的核算

（一）拒付货款的核算

拒付货款基本上有两种情况：一种情况是由于拒收商品而拒付全部货款；另一种情况是不拒收商品而只拒付部分货款。当批发企业拒付全部货款时，应在承付期内向银行提交“拒付理由书”。由于拒付全部货款，批发企业的资金未发生变化，所以在会计上不作账务处理。但商品到达后，必须作代管商品入账，记入表外科目“代管商品物资”辅助账簿中。批发企业拒付部分货款时，也要向银行提交“拒付理由书”，对承付的那部分货款，应按正常承付货款进行核算。

（二）拒收商品的核算

拒收商品一般有两种情况：

一是在承付货款以前，发现商品不符合合同规定，因而提出拒收商品，并拒付全部货款。对于此种情况，拒收商品时不作账务处理，仅对商品进行代管并记入表外科目“代管商品物资”。

二是承付货款以后，在验收时发现商品不符合合同规定，因此拒收商品。对于货款已经支付并已入账的拒收商品，需作代管商品处理，并记入表外科目“代管商品物资”，对已经支付的货款，在解决前应从“在途物资”科目转入“应收账款”科目，对支付的该批商品的进项税额，也要转入“应收账款”科目。解决后，再冲减“应收账款”科目。

【例 3-10】某批发商业企业从联想电脑公司购进导航仪 500 台，计价款 200 000 元，应支付的增值税税额为 26 000 元，接到银行转来的委托收款结算凭证和专用发票，审核无误后承付货款。该企业应编制如下会计分录：

借：在途物资——联想电脑公司　200 000
　　应交税费——应交增值税（进项税额）　26 000
　贷：银行存款　226 000

商品运到后，该企业发现导航仪质量与合同不符，决定拒收，根据有关凭证编制会计分录如下：

借：应收账款——联想电脑公司　226 000
　贷：在途物资——联想电脑公司　200 000
　　　应交税费——应交增值税（进项税额）　26 000

同时：

借：代管商品物资——导航仪　200 000

经协商，对方同意退货，已办妥退货手续，该企业收到对方归还的款项，根据有关凭证编制会计分录如下：

借：银行存款　226 000
　贷：应收账款——联想电脑公司　226 000

同时：

　贷：代管商品物资——导航仪　200 000

六、购进商品发生溢余或短缺的核算

批发企业购进的商品运到后，要认真验收，查明实收商品与应收商品是否相符。如果发现不符，除按实收数入库外，还要反映溢缺商品数额并查明原因进行处理。批发企业购进商品如发生溢余或短缺，在查明原因前或经批准予以转账前，溢余或短缺商品的价值先通过“待处理财产损溢”科目核算，待查明原因或经批准予以转账时，再转入相关科目。

（一）购进商品溢余的核算

购进商品溢余，未查明原因或经批准才能转账的，先记入“待处理财产损溢”科目的贷方，然后查找原因并进行处理。如查明属于自然升溢，则借记“待处理财产损溢”科目，贷记“销售费用”科目；如查明溢余的原因是供货方多发，且进货企业同意购进，则收到供货方补来的专用发票并补付货款和进项税额时，按补付的货款，借记“在途物资”科目，按进项税额，借记“应交税费——应交增值税（进项税额）”科目，按支付的款项，贷记“银行存款”科目；同时，借记“待处理财产损溢”科目，贷记“在途物资”科目。若进货企业不同意购进多发商品，则借记“待处理财产损溢”科目，贷记“库存商品”科目，并将溢余商品转作代管商品，记入表外科目“代管商品物资”。

【例 3-11】厦门中创公司从西安 A 公司购进洗涤剂 40 000 千克，单价为 3.50 元，总价款 140 000 元，货款已承付。商品运到，实收商品 40 100 千克，溢余 100 千克，其价值为 350 元，原因待查。会计部门根据“发货票”(随货联)、“收货单”和“商品溢余报告单”编制如下会计分录：

借：库存商品——洗涤剂 140 350

贷：在途物资——西安 A 公司 140 000

待处理财产损溢——待处理流动资产损溢 350

经查，上述溢余洗涤剂中 40 千克计 140 元，属自然升溢，其余部分为供方多发，批发企业同意购进。后收到西安 A 公司补来的专用发票，其中洗涤剂款为 210 元，增值税进项税额为 27.30 元，补付货款从银行存款户汇出。该企业应编制如下会计分录：

借：待处理财产损溢——待处理流动资产损溢 350

应交税费——应交增值税（进项税额） 27.30

贷：销售费用 140

银行存款 237.30

（二）购进商品短缺的核算

购进商品发生的短缺，能确定由保险公司或过失人负责的部分，应自“在途物资”科目转入“应付账款”“其他应收款”等科目；尚待查明原因和需要报批才能转销的损失，应通过“待处理财产损溢”科目核算，查明原因后，再进行处理：

①属于应由供应单位、运输机构、保险公司或其他过失人负责赔偿的损失。

借：应付账款——××公司

其他应收款——××个人

贷：待处理财产损溢

②属于自然灾害等非正常原因造成的损失，应是扣除残料价值和过失人、保险公司的赔偿后的净损失。

借：营业外支出——非正常损失

贷：待处理财产损溢

③属于无法收回的其他损失，报经批准后：

借：销售费用

贷：待处理财产损溢

④批发企业购进的商品发生的非正常损失，其增值税（进项税额）应转入有关科目。

借：待处理财产损溢

贷：应交税费——应交增值税（进项税额转出）

【例 3-12】承【例 3-11】，假定该批发企业验收商品时发现洗涤剂少 80 千克，原因待查。根据有关凭证，该企业应编制如下会计分录：

借：库存商品——洗涤剂 139 720

待处理财产损溢——待处理流动资产损溢 280

贷：在途物资——西安 A 公司 140 000

经查，上述短缺商品属于运输途中的自然损耗，根据有关凭证编制会计分录：

借：销售费用 280

贷：待处理财产损溢——待处理流动资产损溢 280

七、进货退出的核算

批发企业购进商品后，在验收入库时可能会因商品质量、规格与合同不符等原因，发生进货退出业务。

批发企业发生进货退出业务时，必须取得当地主管税务机关开具的进货退出证明单送交供货方，作为供货方开具红字专用发票的合法依据。批发企业在收到供货方开具的红字专用发票及其他有关凭证后，进行进货退出的账务处理。

具体会计分录如下：

①收到红字专用发票及其他有关凭证。

借：应收账款——××公司

　贷：在途物资——××公司

　　　应交税费——应交增值税（进项税额）

②退回商品。

借：在途物资——××公司

　贷：库存商品——××商品

③收到退回款。

借：银行存款

　贷：应收账款——××公司

【例 3-13】某批发商业企业从杭州电器公司购进电磁炉一批，价款 20 000 元，应支付的增值税为 2 600 元，商品验收入库，同时收到对方开来的专用发票等有关凭证，审核无误后以银行存款支付款项。该批发商业企业应编制如下会计分录：

借：库存商品——杭州电器公司 20 000

　　应交税费——应交增值税（进项税额） 2 600

　贷：银行存款 22 600

半个月后，该企业发现该批电磁炉质量不符合合同要求，经协商对方同意退货，退货手续已办妥，但尚未收到款项。根据收到的红字专用发票等凭证编制会计分录如下：

借：应收账款——杭州电器公司 22 600

　贷：库存商品——杭州电器公司 20 000

　　　应交税费——应交增值税（进项税额） 2 600

收到杭州电器公司退回的款项时，编制会计分录如下：

借：银行存款 22 600

　贷：应收账款——杭州电器公司 22 600

八、进货退补价的核算

批发企业购进商品验收入库后，有时由于供货单位的价格计算错误，或发货时按暂定价结算，可能会发生退价或补价业务。进货退补价业务只涉及商品的价格，不涉及数量。

（一）进货退价的核算

进货退价是指商品的实际进价低于原结算的进价，由供货单位退还一部分价款给进货单位。关于进货退价，会计部门要根据价款是否收回作不同处理。

如果收到供货单位退价通知的同时收到价款，借记“银行存款”科目，贷记“库存商品”等科目；如果只收到供货单位的退价通知，价款尚未收到，则借记“应收账款”科目，贷记“库存商品”等科目。后一种情况也可以暂不记账，待收到退还价款时，再做其分录。如果退价时，购进的商品已全部或部分售出，并已结转销售成本，则应冲减“主营业务成本”科目。

具体会计分录如下：

①商品尚未出售或尚未结转成本。

借：银行存款（或应收账款）

　贷：库存商品——××商品

　　　应交税费——应交增值税（进项税额）

②商品已全部出售或已结转成本。

借：银行存款（或应收账款）

　贷：主营业务成本

　　　应交税费——应交增值税（进项税额）

（二）进货补价的核算

进货补价是指购进商品的实际进价大于原结算的进价，应由购货单位补付给供货单位少付的价款。当购货单位接到供货单位发来的补价通知时，如立即补付，则借记“库存商品”等科目，贷记“银行存款”科目；如果接到供货单位的补价通知未立即付款，则应借记“库存商品”等科目，贷记“应付账款”科目。如果补价的商品已出售，并已结转销售成本，则需借记“主营业务成本”科目。

具体会计分录如下：

①商品尚未出售或尚未结转成本。

借：库存商品——××商品

　　应交税费——应交增值税（进项税额）

　贷：银行存款（或应付账款）

②商品已全部出售或已结转成本。

借：主营业务成本

　　应交税费——应交增值税（进项税额）

　贷：银行存款（或应付账款）

第二节　批发商品销售的核算

一、批发商品销售的业务核算

1. 业务核算程序

批发商品销售由于销售对象及地点不同，因此其业务核算程序也不同，可分为同城商品销售业务和异地商品销售业务的核算。

2. 会计科目设置

（1）“主营业务收入”科目是损益类科目，用来核算商品流通企业在销售商品、提供劳务等日常活动中产生的收入，可设“内销商品销售收入”“出口商品销售收入”两个明细账核算。

（2）“主营业务成本”科目是损益类科目，用来核算商品流通企业在销售商品、提供劳务等日常活动中产生的实际成本，可设“内销商品销售成本”“出口商品销售成本”两个明细账核算。

二、同城商品销售的业务核算

批发企业在同城销售时，在商品交接方式上一般采用“提货制”或“送货制”。结算货款大多用现金、支票、委托收款方式。

（1）采用提货制销售方式，一般是购货方到供货方处选购商品（包括品种、数量），供货方业务部门根据购货方选购的商品，填制“发货票”（见表3-2）一式数联，交购货方向收款处办理货款结算，然后收款处将“发货票”及“提货单”交购货方，其到指定仓库自行办理提货。

表 3-2　发货票

商品类别：　开单日期　年　月　日　字第　号
发货仓库：　发货日期　年　月　日

单位：　合同　字第　号

货号	类别	品名	规格	件数	单位	数量	单价	金额

附注：
附单据：

（有关人员签章）

每日终了，销售部门根据有关销售凭证填制“销货收款日报表”（见表3-3），并将填制的银行“进账单”连同收到的支票及现金送交银行，然后将“销货收款日报表”及所附的销货凭证、银行“进账单”回单一并交给会计部门。会计部门根据收到的“销货收款日报表”和将销货款送存银行的“进账单”回单作会计分录：

表 3-3　销货收款日报表

年　月　日

货号	类别	品名	规格	单位	数量	单价	金额	发货单张数

（有关人员签章）

①平时。

借：银行存款

贷：主营业务收入

应交税费——应交增值税（销项税额）

②月终（汇总一次性结转成本）。

借：主营业务成本

贷：库存商品——××商品

【例 3-14】达州某批发企业销售商品一批，增值税专用发票上注明商品不含税价格为 50 000 元，增值税税额为 6 500 元，货款收到已存入银行，发票及提货单等已交购货方，但该批商品尚未从仓库提走。该企业应编制如下会计分录：

借：银行存款	56 500	
贷：主营业务收入		50 000
应交税费——应交增值税（销项税额）		6 500

同时，结转销售成本 40 000 元，则：

借：主营业务成本	40 000	
贷：库存商品——××商品		40 000

批发企业销售商品，除核算销售收入外，还要核算商品销售成本，也就是要结转商品销售成本。商品销售成本可以逐日计算和结转，也可以定期计算和结转。在实际工作中，为简化核算手续，商品销售成本一般在月末汇总结转一次。

（2）采用先收货款的送货制方式，其商品销售账务处理与提货制相同。

①平时。

借：银行存款

贷：主营业务收入

应交税费——应交增值税（销项税额）

②月终（汇总一次性结转成本）。

借：主营业务成本

贷：库存商品——××商品

（3）采用验货付款送货制的商品销售方式。

①发出商品。

借：发出商品——某商场（××商品）

贷：库存商品——××商品

②收到货款确认收入。

借：银行存款

贷：主营业务收入

应交税费——应交增值税（销项税额）

③结转成本。

借：主营业务成本

贷：发出商品——某商场（××商品）

【例 3-15】长沙步步高公司采用验货付款送货制方式售给某商场化妆品一批，总价款 60 000 元，应收取增值税 7 800 元，该批化妆品的进价为 42 000 元。其会计分录如下：

①发出商品。

借：发出商品——某商场（化妆品）	42 000	
贷：库存商品——化妆品		42 000

②收到商场的验货凭证及货款。

借：银行存款	67 800	
贷：主营业务收入		60 000
应交税费——应交增值税（销项税额）		7 800

③同时结转销售该批商品的成本。

借：主营业务成本	42 000	
贷：发出商品——某商场（化妆品）		42 000

三、异地商品销售的业务核算

批发企业在异地销售商品时，一般采用发货制，货款的结算一般采用“托收承付”或“委托银行收款”等方式。采用发货制销售，先由业务部门根据销售合同的有关规定，填制发货单一式数联分送各有关部门。储运部门根据发货单向仓库提货并向运输单位办理托收手续。办妥商品发运手续后，再将运单及发货单（结算联）送会计部门，据以办理托收货款手续，替购货单位垫付的运杂费，也随同货款一并托收。由于批发企业采用委托收款方式销售商品一般会订有销售合同，在合同中规定买方的责任，所以，通常商品已经发出，并将相关单据提交银行而且已办妥托收手续，就算实现了销售收入。具体会计分录如下：

①销售并开具增值税专票。

借：应收账款——××公司

　贷：主营业务收入

　　　应交税费——应交增值税（销项税额）

②支付代垫运费。

借：应收账款——××公司

　贷：银行存款

③结转已销商品成本。

借：主营业务成本

　贷：库存商品——××商品

④收到货款及代垫运费。

借：银行存款

　贷：应收账款——××公司

【例 3-16】20××年 8 月 16 日，长江公司采用托收承付方式向山西三维公司销售运动鞋一批，增值税专用发票上注明该批运动鞋的不含税价格为 100 000 元，增值税为 13 000 元，用银行存款支付代垫运费 2 000 元，运动鞋已经发出，并向银行办理了托收手续。运动鞋的成本为 75 000 元。25 日，长江公司收到货款及运费。该公司应编制如下会计分录：

①确认商品销售收入。

借：应收账款——山西三维公司　113 000

　贷：主营业务收入　100 000

　　应交税费——应交增值税（销项税额）　13 000

②支付代垫运费。

借：应收账款——山西三维公司　2 000

　贷：银行存款　2 000

③结转商品销售成本。

借：主营业务成本　75 000

　贷：库存商品——运动鞋　75 000

④收到货款及代垫运费。

借：银行存款　115 000

　贷：应收账款——山西三维公司　115 000

四、预收款销售商品的核算

在预收款销售方式下，通常是销售方收到最后一笔款项后才将商品交付给购货方，表示所有权上的主要风险和报酬只有在收到最后一笔款项时才转移给购货方。通常应在发出商品时确认收入，在此之前，预收的货款应确认为预收账款。具体会计分录如下：

①预收款项。

借：银行存款

　贷：预收账款——××公司

②销售商品（开具增值税专用发票）。

借：预收账款——××公司

　贷：主营业务收入

　　应交税费——应交增值税（销项税额）

③收回余款。

借：银行存款

　贷：预收账款——××公司

④退回多余款项。

借：预收账款——××公司

　贷：银行存款

⑤结转已销商品成本。

借：主营业务成本

　贷：库存商品——××商品

【例 3-17】20××年 9 月 15 日，泉州市某商业批发公司与西湖公司签订协议，采用预收款方式向西湖公司销售电器一批。该批商品的实际成本为 300 000 元。协议约定，该批商品的销售价格为 500 000 元，增值税税额为 65 000 元；西湖公司应在协议签订时预付货款的 80%，剩余货款于 12 月 31 日前付清。该企业应编制如下会计分录：

①收到 80% 货款。

借：银行存款　400 000

贷：预收账款——西湖公司　400 000

②收到余款，发出商品（开出增值税专用发票）。

借：预收账款——西湖公司　400 000

　　银行存款　165 000

　贷：主营业务收入　500 000

　　　应交税费——应交增值税（销项税额）　65 000

③结转销售成本。

借：主营业务成本　300 000

　贷：库存商品——电器　300 000

五、商品销售退回的核算

批发企业销售出去的商品，有时会由于质量、品种不符合要求等而出现购货方退货现象。销售退回应分不同情况进行处理：

（1）未确认收入的已发出商品的退回，会计分录如下：

借：库存商品——××商品

　贷：发出商品——××商品

（2）已确认收入的销售商品的退回，会计分录如下：

①发生退回开具红字专用发票。

借：主营业务收入

　　应交税费——应交增值税（销项税额）

　贷：应付账款——××公司（或银行存款）

②退回商品重新入库。

借：库存商品——××商品

　贷：主营业务成本

【例 3-18】20××年 8 月 21 日，天发批发贸易公司向红都公司销售一批商品，增值税专用发票上注明的销售价格为 200 000 元，增值税税额为 26 000 元，成本为 130 000 元。为及早收回货款，天发批发贸易公司和红都公司约定的现金折让条件为“2/10，1/20，n/30”，红都公司在 20××年 8 月 30 日支付货款。20××年 12 月 20 日，该批商品因质量问题被红都公司退回，天发批发贸易公司尚未支付有关款项。假定计算现金折扣时不考虑增值税。该企业应编制如下会计分录：

①20××年 8 月 21 日销售实现并确认收入。

借：应收账款——红都公司　226 000

　贷：主营业务收入　200 000

　　　应交税费——应交增值税（销项税额）　26 000

②同时结转成本。

借：主营业务成本　130 000

　贷：库存商品——××商品　130 000

③20××年 8 月 30 日收到货款。

天发批发贸易公司提供的现金折扣=200 000×2%=4 000（元）

天发批发贸易公司实际收款=226 000-4 000=222 000（元）

借：银行存款　　222 000
　　财务费用　　4 000
　贷：应收账款——红都公司　　226 000

④20××年12月20日发生销售退回。

借：主营业务收入　　200 000
　　应交税费——应交增值税（销项税额）　　26 000
　贷：应付账款——红都公司　　222 000
　　　财务费用　　4 000

⑤退回商品重新入库。

借：库存商品——××商品　　130 000
　贷：主营业务成本　　130 000

六、商品销售折扣的核算

（一）商业折扣

商业折扣，是指企业为促进商品销售而在商品标价上给予的价格扣除。具体来说，它是企业根据市场供需情况，或针对不同的顾客，在商品标价上给予的价格优惠。商业折扣通常用百分数表示，如5%、10%、15%等。给予客户商业折扣主要是为了避免经常变更价目表价格，同时也可以为购货数量不同的客户提供不同的价格。应当指出，商业折扣一般在交易发生时就已确定，它仅仅是确定发票价格（实际销售价格）的一种手段，无须在买卖双方任何一方的账上反映，所以在存在商业折扣的情况下，批发企业应收账款入账金额应按扣除商业折扣以后的发票价格确认。

商业折扣可以是单一的，也可以是一系列的。例如，某种商品在价目单上的价格为10 000元，规定按30%的商业折扣计价，则其售价为7 000元（10 000×（1-30%））；或者假定价目单上的价格为10 000元，规定按30%和10%的商业折扣计价，则其售价为6 300元，其计算方法如下：

价目单上的价格	10 000元
减：第一次折扣数——10 000元的30%	3 000元
第一次折扣后余额	7 000元
减：第二次折扣数——7 000元的10%	700元
售价	6 300元

（二）现金折扣

现金折扣，是指债权人为鼓励债务人在规定的期限内付款而向债务人提供的债务扣除。批发企业赊销商品时，通常给客户规定一定的还款期限，同时为了鼓励客户提前付款，还与顾客达成协议，约定顾客在不同期限内付款可以享受不同比例的折扣，即现金折扣。现金折扣一般用符号“折扣/付款期限”表示。例如，买方在10天内付款可按售价给予2%的折扣，用符号“2/10”表示；在20天内付款按售价给予1%的折扣，用符号“1/20”表示；在30天内付款，则不给折扣，用符号“n/30”表示。现金折扣使得企业应收账款的实收数额，随着客户付款是否及时而发生变化。

现金折扣的会计处理方法通常有总价法和净价法两种。目前，在我国会计实务中，现金折扣采用总价法。

总价法，是指应收账款和销售收入按扣减现金折扣前的金额入账，当顾客在折扣期内支付货款时，销售方将客户享有的现金折扣作为财务费用处理。可见，对于现金折扣，顾客只有在折扣期内支付货款才予以确认。

【例 3-19】20××年 12 月 1 日，杭州西湖贸易公司销售给台州长江贸易公司一批商品，总价款为 100 000 元，由于是批量销售，给购货方 10% 的商业折扣。增值税税率为 13%。合同中规定的现金折扣条件为“2/10，1/20，n/30”，假定计算现金折扣时不考虑增值税。发出商品时，西湖贸易公司为买方垫付运杂费 500 元，通过银行存款支付。如该企业按总价法核算，则会计分录如下：

①销售实现。

商品的实际售价=100 000×（1-10%）=90 000（元）

销售商品的销项税额=90 000×13%=11 700（元）

借：应收账款——长江贸易公司	102 200	
贷：主营业务收入		90 000
应交税费——应交增值税（销项税额）		11 700
银行存款		500

②若长江贸易公司于 12 月 8 日付清货款。

借：银行存款	100 400	
财务费用（90 000×2%）	1 800	
贷：应收账款——长江贸易公司		102 200

③若长江贸易公司于 12 月 18 日付清货款。

借：银行存款	101 300	
财务费用（90 000×1%）	900	
贷：应收账款——长江贸易公司		102 200

④若长江贸易公司于 12 月 31 日付清货款。

借：银行存款	102 200	
贷：应收账款——长江贸易公司		102 200

七、商品销售折让的核算

销售折让，是指企业因售出的商品质量不合格等原因而在售价上给予的折让。销售折让可能发生在企业确认收入之前，也可能发生在企业确认收入之后。如为前者，说明其相当于商业折扣，因而可以采用与处理商业折扣相同的方法进行处理。关于销售折让发生在企业确认收入后的处理，存在不同做法。如果已确认销售收入的售出商品发生销售折让，且不属于资产负债表日后事项的，应在发生时冲减当期“主营业务收入”，如按规定允许扣减增值税税额的，还应冲减已确认的“应交税费——应交增值税（销项税额）”；销售折让如发生在确认销售收入后，并且属于资产负债表日后事项的，按资产负债表日后事项进行会计处理（以前年度损益调整）。

【例 3-20】开明批发商业公司销售一批香皂给天福公司，售价 50 000 元，增值税为

6 500元，货到后买方发现商品质量不合格，要求在价格上给予5%的折让。经协商，开明公司同意了5%的折让并办妥了有关手续。假定此前开明公司已确认该批商品的销售收入。该企业应编制会计分录如下：

①确认销售收入。

借：应收账款——天福公司 56 500

贷：主营业务收入 50 000

应交税费——应交增值税（销项税额） 6 500

②发生销售折让。

借：主营业务收入 2 500

应交税费——应交增值税（销项税额） 325

贷：应收账款——天福公司 2 825

③实际收到款项。

借：银行存款 53 675

贷：应收账款——天福公司 53 675

第三节 出口商品销售的核算

出口商品销售是指拥有商品进出口权的企业自营出口商品业务和无商品进出口权的企业委托出口商品业务。其结算方式一般采用国际信用证结算、汇付结算和托收结算。

出口商品的销售收入，一律以我国口岸离岸价格（FOB）为入账基础，若按国外口岸到岸价格（CIF）成交，在出口商品离开我国口岸后所支付的运费、保险费、佣金，冲减出口销售收入；若收到佣金，则增加出口销售收入。同时按当月1日的汇率折算成人民币入账。

增值税条例规定，若出口货物增值税税率为零，出口商品退回的增值税进项税额增加“银行存款”，出口商品退回的消费税则冲减“主营业务成本”。

具体业务的会计分录如下：

①确认出口销售收入。

借：应收账款——××外国公司（××美元）

贷：主营业务收入——出口收入（××美元）

②支付国外运费、保险费、佣金（按国外口岸到岸价格（CIF）成交）。

借：主营业务收入——出口收入（××美元）

贷：银行存款——美元户（××美元）

③结转销售成本。

借：主营业务成本

贷：库存商品——××商品

④计算当期出口货物不得免征和抵扣的税额。

不得免征和抵扣税额=当期出口货物购进的成本×（征税率-退税率）

借：主营业务成本

贷：应交税费——应交增值税（进项税额转出）

⑤计算当期应退的增值税税额。

当期应退的增值税税额=当期出口货物购进的成本×退税率

当期应纳的增值税税额=销项税额+不得免征和抵扣税额-进项税额+期初留抵税额（小于零时为期末留抵税额）

⑥判断|期末留抵税额|与|当期应退税额|的大小。

A.当|期末留抵税额|<|当期应退税额|时

借：应收出口退税（或其他应收款）

　　应交税费——应交增值税（出口免税/抵内销）

　贷：应交税费——应交增值税（出口退税）

B.当|期末留抵税额|≥|当期应退税额|时

借：应收出口退税（或其他应收款）

　贷：应交税费——应交增值税（出口退税）

⑦收到退税款。

借：银行存款

　贷：应收出口退税（或其他应收款）

⑧预收××国公司的货款。

借：银行存款——美元户（××美元）

　贷：预收账款——××外国公司（××美元）

⑨结算应收款和预收款汇率差（由于出口时间与收款时间不同产生汇率差额）。

借：预收账款——××外国公司（××美元）

　　财务费用——汇兑损益（应收款>预收款）

　贷：应收账款——××外国公司（××美元）

　　　财务费用——汇兑损益（应收款<预收款）

【例 3-21】厦门东安商贸有限公司 20××年 9 月 15 日购入测量仪 1 000 台，价格 500 元/台，已验收入库。增值税专用发票注明价款 500 000 元，增值税为 65 000 元。当月共出口测量仪 800 台，出口离岸价为 115 000 美元。9 月 1 日的外汇牌价为 1 美元=6.28 元人民币，测量仪退税率为 11%，增值税税率为 13%。出口报关一个月后公司办妥退税事项，已收到退税款。假设期末留抵税额为 60 000 元。

①出口销售收入 722 200 元（115 000×6.28）。

借：应收账款——××外国公司　　722 200

　贷：主营业务收入——出口收入　　722 200

②结转销售成本 400 000 元（800×500）。

借：主营业务成本　　400 000

　贷：库存商品——测量仪　　400 000

③计算当期出口货物不得免征和抵扣的税额。

不得免征和抵扣税额=当期出口货物购进的成本×（征税率-退税率）

=当期出口货物数量×购进单价×（征税率-退税率）

=800×500×（13%-11%）

=8 000（元）

借：主营业务成本　　8 000

　贷：应交税费——应交增值税（进项税额转出）　　8 000

④计算当期应退的增值税税额。

当期应退的增值税税额=当期出口货物购进的成本×退税率
=当期出口货物数量×购进单价×退税率
=800×500×11%
=44 000（元）

借：应收出口退税 44 000
　贷：应交税费——应交增值税（出口退税） 44 000

⑤收到退税款。

借：银行存款 44 000
　贷：应收出口退税 44 000

⑥若预收××外国公司的货款724 500元（115 000×6.30）。

借：银行存款 724 500
　贷：预收账款——××外国公司 724 500

⑦结算应收款和预收款汇率差（应收款<预收款）。

借：预收账款——××外国公司 724 500
　贷：应收账款——××外国公司 722 200
　　财务费用——汇兑损益 2 300

第四节 商品销售成本的核算

一、商品销售成本的计算方法

批发企业的商品销售成本，是指已销商品的原进价（或实际采购成本），一般按已销售商品的进价计算、结转成本。但由于同种商品的各批进价往往不同，要先采用一定的方法确定已销商品的进价，然后根据确定的进价和销售数量计算商品的销售成本。批发企业商品销售成本的计算方法主要有个别计价法、加权平均法、移动加权平均法、先进先出法、毛利率计算法。

（一）个别计价法

个别计价法也称分批实际进价法，就是以该批商品的实际进货单价乘以销售数量求得商品销售成本的方法。采用这种方法，要求对每批购进的商品分别堆放，并为各批商品标明批次及其进价；在发出、销售商品时，应在发货单中填写进货批次和进价，据以计算发出、销售商品的进价成本，登记库存商品明细账。商品销售成本的计算公式如下：

商品销售成本=某批销售商品数量×该批商品原进货单价

【例3-22】某批发商业企业采用个别计价法确定库存商品成本，经过辨认，库存商品减少的数量及进货批次如下：

进货批次	销售（发出）时间
期初库存	9月8日销售
9月5日购进	9月12日发出加工
9月15日购进	9月18日销售
9月25日购进	9月22日销售
9月30日购进	9月27日销售

该企业采用个别计价法确定库存商品的发出成本和期末结存成本的过程见表3-4。

表3-4

库存商品明细账

（个别计价法）

商品类别：3　　编号：3218　　品名：M　　规格：N　　计量单位：件

20××年		凭证		摘要	收入				发出				结存		
月	日	字	号		购进数量	其他数量	单价（元）	金额（元）	销售数量	其他数量	单价（元）	金额（元）	数量	单价（元）	金额（元）
9	1			月初结存									1 200	40	48 000
9	5			购进	600		36	21 600					1 200 600	40 36	69 600
9	8			销售					400 600		40 36	37 600	800	40	32 000
9	12			发出加工						80	40	3 200	720	40	28 800
9	15			购进	1 400		42	58 800					720 1 400	40 42	87 600
9	18			销售					520		42	21 840	720 880	40 42	65 760
9	22			销售					800		42	33 600	720 80	40 42	32 160
9	25			购进	1 000		38	38 000					720 80 1 000	40 42 38	70 160
9	27			销售					720 220		40 38	37 160	80 780	42 38	33 000
9	30			购进	200		34	6 800					80 780 200	42 38 34	39 800
9	30			本月销售合计					3 260			130 200			
9	30			本月其他发出合计						80		3 200			
9	30			月结	3 200			125 200	3 260	80		133 400	80 780 200	42 38 34	39 800

个别计价法是一种合理而准确的存货计价方法。但使用这种方法的前提是需要对发出存货和结存存货的批次进行具体认定，以辨别其所属的收入批次，所以计算工作量较大。

个别计价法适用于不能替代使用的存货，以及为特定项目专门购入或制造的存货，如珠宝、名画等贵重物品。

（二）加权平均法

加权平均法是按每一库存商品明细账一定时期的“期初结存金额加上本期收入金额”，除以“期初结存数量加上本期收入数量”，计算出每种商品的加权平均单价，再乘以该商品的销售数量，计算商品销售成本的方法。这种加权平均的单价每月月末计算一次，因而亦称全月一次加权平均进价法。加权平均单价的计算公式为：

加权平均单价=（期初结存金额+本期收入金额）÷（期初结存数量+本期收入数量）

商品销售成本=本期销售（发出）商品数量×加权平均单价

【例 3-23】资料承【例 3-22】，采用加权平均法计算销售（发出）商品成本、登记其库存商品明细账，见表 3-5。

表 3-5 库存商品明细账

（加权平均法）

商品类别：3　　编号：3218　　品名：M　　规格：N　　计量单位：件

20××年		凭证		摘要	收入				发出			结存		
月	日	字	号		购进数量	其他数量	单价（元）	金额（元）	销售数量	其他数量	金额（元）	数量	单价（元）	金额（元）
9	1			月初结存								1 200	40	48 000
9	5			购进	600		36	21 600				1 800		
9	8			销售					1 000			800		
9	12			发出加工						80		720		
9	15			购进	1 400		42	58 800				2 120		
9	18			销售					520			1 600		
9	22			销售					800			800		
9	25			购进	1 000		38	38 000				1 800		
9	27			销售					940			860		
9	30			购进	200		34	6 800				1 060		
9	30			本月销售数量及成本合计					3 260		128 313.60			
9	30			本月其他发出数量及成本合计						80	3 148.80			
9	30			月结	3 200			125 200	3 260	80	131 462.40	1 060	39.38	41 737.60

在表 3–5 库存商品明细账中，由于每月发出、销售商品的加权平均单价在月末计算，因而月内发出、销售和结存的商品只记数量，不记金额。在月末算出加权平均单价以后，才计算、登记一次全月发出、销售商品的合计金额，以及月末结存商品的金额。计算如下：

销售（发出）商品全月一次加权平均单价=［48 000+600×36+1 400×42+1 000×38+200×34］÷（1 200+600+1 400+1 000+200）

=（48 000+125 200）÷4 400=39.36（元）

本月销售商品成本=（1 000+520+800+940）×39.36=3 260×39.36=128 313.60（元）

本月其他发出商品成本=80×39.36=3 148.80（元）

本月发出商品成本合计=128 313.60+3 148.80=131 462.40（元）

月末结存商品成本=48 000+125 200−131 462.40=41 737.60（元）

月末结存商品加权平均单价=41 737.60÷1 060=39.38（元）

采用加权平均法，只在月末计算月份内发出存货和结存存货的成本，这样可以大大简化存货核算工作，但因平时不能确定发出存货成本和存货金额，会影响耗用存货成本的计算，也不便于取得存货储备占用情况的信息，并且也使得存货核算工作过于集中。另外，当市场上存货价格上涨时，加权平均成本低于现行成本；反之，当价格下降时，则会超过现行成本。

（三）移动加权平均法

移动加权平均法，是在每次购入商品时，将原库存金额与本次购进的金额相加，除以原库存数量与本次购进数量之和，计算出移动加权平均单价，在下次进货以前出售商品，均按此单价计算销售成本。计算公式如下：

移动加权平均单价=（原库存金额+本次购入金额）÷（原库存数量+本次购入数量）

商品销售成本=商品销售数量×移动加权平均单价

【例 3–24】资料承【例 3–22】，按移动加权平均法计算和登记其库存商品明细账，见表 3–6。

表 3–6　库存商品明细账

（移动加权平均法）

商品类别：3　编号：3218　品名：M　规格：N　计量单位：件

20××年		凭证		摘要	收入				发出				结存		
月	日	字	号		购进数量	其他数量	单价（元）	金额（元）	销售数量	其他数量	单价（元）	金额（元）	数量	单价（元）	金额（元）
9	1			月初结存									1 200	40	48 000
9	5			购进	600		36	21 600					1 800	38.67	69 600
9	8			销售					1 000		38.67	38 670	800	38.67	30 930
9	12			发出加工						80	38.67	3 093.60	720	38.67	27 836.40
9	15			购进	1 400		42	58 800					2 120	40.87	86 636.40
9	18			销售					520		40.87	21 252.40	1 600	40.87	65 384
9	22			销售					800		40.87	32 696	800	40.87	32 688

续表

20××年		凭证		摘要	收入				发出				结存		
月	日	字	号		购进数量	其他数量	单价（元）	金额（元）	销售数量	其他数量	单价（元）	金额（元）	数量	单价（元）	金额（元）
9	25			购进	1 000		38	38 000					1 800	39.27	70 688
9	27			销售					940		39.27	36 913.80	860	39.27	33 774.20
9	30			购进	200		34	6 800					1 060	38.28	40 574.20
9	30			本月销售合计					3 260			129 532.20			
9	30			本月其他发出合计						80		3 093.60			
9	30			月结	3 200			125 200	3 260	80		132 625.80	1 060	38.28	40 574.20

5日商品移动加权平均单价=（48 000+21 600）÷（1 200+600）=38.67（元）

8日销售商品成本=1 000×38.67=38 670（元）

运用移动加权平均法，在每次发出商品前即可求出移动加权平均单价，弥补月末一次加权平均法的缺点，可以随时确定发出商品的实际成本和库存商品的价格。但如果月份内购进次数多、每次购进单价变化小，则采用这种计算方法的工作量较大。

（四）先进先出法

先进先出法，是销售（发出）商品按库存中最早进货商品的成本进行计价的一种计算方法。在销售（发出）商品的数量超过库存中最早进货商品的数量时，超过部分要依次按后一批购进商品的单价计算。这种方法假定先收到的商品先发出，即以这样的实物流动假设为前提，然后根据这种假设的成本流转顺序对发出商品和期末库存商品进行计价。

1.先进先出进价顺算法

采用这种方法，首先从数量金额式库存商品明细账中循序查阅购进商品的数量和单价，然后根据这批发出、销售商品的数量确定其单价，再确定发出商品的成本。

【例 3-25】资料承【例 3-22】，按先进先出进价顺算法计算本月销售（发出）商品成本和月末结存商品成本情况。库存商品明细账见表 3-7。

表 3-7　库存商品明细账

（先进先出进价顺算法）

商品类别：3　　编号：3218　　品名：M　　规格：N　　计量单位：件

20××年		凭证		摘要	收入				发出				结存		
月	日	字	号		购进数量	其他数量	单价（元）	金额（元）	销售数量	其他数量	单价（元）	金额（元）	数量	单价（元）	金额（元）
9	1			月初结存									1 200	40	48 000
9	5			购进	600		36	21 600					1 800		69 600
9	8			销售					1 000		40	40 000	800		29 600
9	12			发出加工						80	40	3 200	720		26 400

续表

20××年		凭证		摘要	收入				发出				结存		
月	日	字	号		购进数量	其他数量	单价（元）	金额（元）	销售数量	其他数量	单价（元）	金额（元）	数量	单价（元）	金额（元）
9	15			购进	1 400		42	58 800					2 120		85 200
9	18			销售					120 400		40 36	19 200	1 600		66 000
9	22			销售					200 600		36 42	32 400	800		33 600
9	25			购进	1 000		38	38 000					1 800		71 600
9	27			销售					800 140		42 38	38 920	860		32 680
9	30			购进	200		34	6 800					1 060		39 480
9	30			销售合计								130 520			
9	30			其他发出合计								3 200			
9	30			月结	3 200			125 200	3 260	80		133 720	860 200	38 34	39 480

9月8日销售1 000件和12日发出加工的80件，都没有超过月初结存商品的数量，均应按月初结存商品的单价40元计价。由于5日购进商品600件的单价与月初结存商品的单价不同，18日销售商品520件，大于月初结存商品120件（1 200−1 000−80），因此，在18日销售的520件商品中，120件应按月初结存商品的单价40元计价，另外的400件则应按5日购进商品的单价36元计价，则：

18日销售商品的进价成本=120×40+400×36=19 200（元）

22日和27日销售商品的进价成本计算原理同上（略）。

2. 先进先出进价倒算法

采用这种方法，先计算月末结存商品的成本，再根据月初结存、本月收入和月末结存的商品成本，倒算本月已销商品成本。其具体做法是：

（1）期末结存商品数量小于或等于最后一次购进商品数量时，以最后一次购进商品的单价乘以期末结存数量，求得期末结存商品的金额。

（2）期末结存商品数量大于最后一次购进商品数量而小于全月购进商品数量时，从最后一次购进商品数量开始，依次往前推算，直到等于期末结存数量为止，各次购进金额相加之和，即期末结存商品金额。

（3）期末结存商品数量大于全月购入商品数量时，本期收入商品总金额加上超过数量与期初结存商品单价的乘积，即期末结存商品金额。

在上例中，月末结存商品1 060件，大于最后一批购进商品的数量（200件），但小于全月购入商品的数量（3 200件），因此，其月末结存商品的进价成本应为：

月末结存商品的进价成本=200×34+860×38=39 480（元）

在商品有其他发出（非销售发出）的情况下，还应减去商品其他发出的进价成本。为了简化核算工作，商品其他发出的进价成本可以按月初结存商品的进价计算。

先进先出法的优点是企业不能随意挑选存货计价以调整当期利润，缺点是核算工作比较烦琐，对于存货进出比较频繁的企业，更是如此。而且当物价上涨时，会高估企业当期利润和库存存货价值；反之，会低估企业库存存货价值和当期利润。

（五）毛利率计算法

毛利率计算法是根据本月实际商品销售收入净额和本季计划或上季实际毛利率，先计算本月商品销售毛利，再据以计算本月商品销售成本的方法。其计算公式为：

本月商品销售收入净额=本月商品销售收入-销售折扣与折让

本月商品销售毛利=本月商品销售收入净额×上季实际毛利率或本季计划毛利率

本月商品销售成本=本月商品销售收入净额-本月商品销售毛利

或按以下公式计算：

本月商品销售成本=本月商品销售收入净额×（1-上季实际毛利率或本季计划毛利率）

【例 3-26】某批发商业企业每季度前两个月份用上季实际毛利率计算商品销售成本，第三个月份用加权平均法计算调整。20××年 10 月份，该企业服装类目账和明细账的有关资料见表 3-8、表 3-9、表 3-10。经查，上季度实际毛利率为 20%；本季度 10 月份商品销售额为 55 000 元，11 月份商品销售额为 67 500 元，12 月份商品销售额为 122 500 元。现将本年第四季度各月商品销售成本计算与结转的过程列示如下：

表 3-8 库存商品类目账 类别：服装类

20××年		凭证字号	摘要	借方	贷方	借或贷	结存
月	日						
10	1	（略）	上期结转			借	63 750
10	8	（略）	购进	53 250		借	117 000
10	31	（略）	结转销售成本		44 000	借	73 000
11	10	（略）	购进	98 250		借	171 250
11	30	（略）	结转销售成本		54 000	借	117 250
12	15	（略）	购进	103 850		借	221 100
12	30	（略）	盘亏		257	借	220 843
12	31	（略）	结转销售成本		119 484.45	借	101 358.55

表 3-9　库存商品明细账

名称：男式上衣　　单位：件　　规格：41

20××年		凭证字号	摘要	收入			发出			结存		
月	日			数量	单价（元）	金额（元）	数量	单价（元）	金额（元）	数量	单价（元）	金额（元）
10	1	（略）	上期结转							250	85	21 250
10	8	（略）	购进	500	84	42 000				750		
10	31	（略）	销售				250			500		
11	10	（略）	购进	750	85	63 750				1 250		
11	30	（略）	销售				500			750		
12	15	（略）	购进	1 000	91	91 000				1 750		
12	30	（略）	销售				750			1 000	87.20	87 200

表 3-10　库存商品明细账

名称：女式上衣　　单位：件　　规格：36

20××年		凭证字号	摘要	收入			发出			结存		
月	日			数量	单价（元）	金额（元）	数量	单价（元）	金额（元）	数量	单价（元）	金额（元）
10	1	（略）	上期结转							500	85	42 500
10	8	（略）	购进	250	45	11 250				750		
10	31	（略）	销售				500			250		
11	10	（略）	购进	750	46	34 500				1 000		
11	30	（略）	销售				250			750		
12	15	（略）	购进	250	51.4	12 850				1 000		
12	30	（略）	销售				750			250		
12	31	（略）	盘亏				5	51.4	257	245	57.79	14 158.55

10月份服装类商品销售成本=55 000×（1-20%）=44 000（元）

在类目账上结转10月份商品销售成本，编制如下会计分录：

借：主营业务成本　　44 000

　贷：库存商品——服装类　　44 000

11月份服装类商品销售成本=67 500×（1−20%）=54 000（元）

在类目账上结转11月份商品销售成本，编制如下会计分录：

借：主营业务成本　　54 000

　贷：库存商品——服装类　　54 000

12月份用加权平均法计算第四季度服装类商品销售成本，计算过程如下：

（1）计算每种商品的加权平均单价：

男式上衣加权平均单价=（21 250+42 000+63 750+91 000）÷（250+500+750+1 000）=87.20（元）

女式上衣加权平均单价=（42 500+11 250+34 500+12 850−257）÷（500+250+750+250−5）=57.79（元）

（2）计算每种和大类库存商品的期末结存金额：

男式上衣季末结存金额=1 000×87.20=87 200（元）

女式上衣季末结存金额=245×57.79=14 158.55（元）

服装类季末结存金额=87 200+14 158.55=101 358.55（元）

（3）根据类目账资料倒算该类商品本季销售成本：

本季度服装类商品销售成本=63 750+53 250+98 250+103 850−257−101 358.55=217 484.45（元）

（4）计算12月份服装类应结转的商品销售成本：

12月份服装类商品销售成本=217 484.45−44 000−54 000=119 484.45（元）

在类目账上结转12月份服装类商品销售成本，编制如下会计分录：

借：主营业务成本　　119 484.45

　贷：库存商品——服装类　　119 484.45

采用这种方法计算已销售商品的进价成本，不按商品的品种、规格分别计算，而按商品的类别综合计算，因而可以简化核算工作。但由于同类商品中各种商品的毛利率不完全相同，而且上季度实际毛利率（或本季度计划毛利率）与本月实际毛利率不相同，因而计算结果不够准确。因此，这种方法只能用来计算每一季度前两个月已销商品的进价成本。在每一季度末，必须采用前述比较准确的方法计算，以便调整季度的商品销售成本，提高每季度商品销售成本计算的准确性。

二、商品销售成本的结转

（一）商品销售成本的结转时间

商品销售成本的结转时间有按日和定期两种。除经营品种简单、商品整批进出并能分清批次的企业和制度明确规定采用按日结转外，一般企业都采用定期结转。定期结转有按月进行和按季进行两种，一般为按月结转。

（二）商品销售成本的结转方法

商品销售成本的结转方法有分散结转和集中结转两种。分散结转是按每一库存商品明细科目计算出已销商品的成本，并编制记账凭证逐户结转，然后逐户汇总，求得商品销售成本总金额，并编制记账凭证汇总表，据以在库存商品总分类账（或类目账）上结转。

集中结转是平日在库存商品明细账上只登记销售商品的数量，期末（一般为月末）结转已销商品成本时，根据确定的库存商品单价在明细账中计算出每种商品的结存金额，然后按类或全部商品汇总计算出大类或全部商品的期末结存金额，根据类目账和总账资料倒挤大类或全部已销售商品的成本，并在总账或类目账上结转。

提质增素小案例

"千年商都"升级迫在眉睫：600多家专业市场如何转型

十月金秋，即便是工作日，作为全国最有影响力的中高档服装批发中心之一，广州白马服装市场（下称"白马市场"）一楼的人流依旧很旺。不过，逐层往上走，则是另外一番景象了。3楼的人流已经少了很多，6楼以上基本没有客人，非常安静。

广州专业批发市场发展起步早，总体规模大，形成了多个享誉全国的产业集群，这些发达的专业市场是广州传统商贸功能的重要载体，大力推动其转型升级的背后是广州建设现代商都、实现城市转型的迫切需求。多位专家学者向第一财经表示，广州作为千年商都在建设国际商贸中心时有先发优势，但面临的挑战仍然严峻，存在发展短板。

专业批发市场复工后

黄雯从事服装批发近20年，在服装城租了一个面积较大的店铺。"上半年订单量骤减，我们后面还有工厂和工人，压力很大。"黄雯称，总体订单量依然只有去年的七成。

然而，有些批发工厂老板却表示，开工后订单多到做不过来。

李远的服装批发工厂已在大源村扎根二十余年，大源村2015年入选全国"淘宝村"名单，今年销售额破百亿元。随着大源村的业态发展，李远的客户也在发生演变：从内销给附近的沙河服装批发市场，到外贸，再到电商。目前，李远的客户中，电商占比80%左右，外贸占比接近20%，其中的电商客户基本来自大源村。

"网批还可以做，实体真的不行了。"李远的哥哥称，电商客户下单的量不少，一般能达到2 000~3 000件。

直播带货：商户态度不一

上午11时许，李霞的店里正在做直播，主播和工作人员在直播结束后立刻赶往另一个档口。"那是白马市场组织的直播，每周一次，在各店铺轮流，我们提供场地和衣服。"

今年初，广州明确加快推进专业批发市场转型升级和物流供应链体系建设，促进上下游产业整合；推进100家以上专业批发市场开展直播电商试点，引入"线上引流+实体批发+直播带货"新模式。

当被问及是否有试水直播带货时，白马市场某商户说："直播对我们冲击很大，我们都是做中高端服装的，为了保护客户利益，不能把价格压低做直播，所以只做实体店。"

另一方面，也不乏商户希望拥抱数字经济，迈出转型的第一步，但走出这一步却并非易事。黄雯称："其实挺想做线上的，但是没有经验，也没有粉丝。如果多一条渠道且效果不错的话，那肯定考虑做。"

实践之后，黄雯发现，"直播带货"要达到预期效果需要做很多工作，比如要找到有一定带货能力的主播，后方也要有一个团队熟练操作各种电商平台和直播平台，从未涉足线上业务的商户如果无法得到专业的协助，往往无从下手。

对于这两种不同的声音，一位服装城的负责人认为，批发市场的本质是完善且强大的供应链和产业链，必须走高质量发展的路线，线上销售可以作为补充和辅助。

从传统商都到现代商都

广州国际商贸中心重点研究基地主任张昱分析说，要巩固提升国际商贸中心功能，广州目前面临着一些重要挑战，比如，互联网技术突破及其商业应用对全球商贸模式产生的巨大冲击，主要体现为对商贸的产业形态、要素利用、生产组织等模式的重塑。如果不能及时把握商贸模式的新变化，即使像广州这样具有上千年历史的国际商贸中心，其影响力也可能会被削弱。

未来应该在哪些方向发力？广州社科院现代市场研究所所长何江表示，一是要增强国际消费中心的功能，广州已于近日正式向商务部申报国际消费中心城市培育建设试点，要抓住机遇；二是继续培育外贸新业态新模式，增强国际贸易中心功能；三是以琶洲人工智能与数字经济试验区为核心，增强“网络商都”功能；四是继续推动专业批发市场转型疏解，增强国际采购中心功能；五是以正在筹划的广州期货交易所为重要依托，增强全球资源配置中心功能；六是促进会议展览平衡发展，增强国际会展中心功能。此外，在优化营商环境、建设国际航空枢纽方面也需要进一步发力。

资料来源　何乐舒．“千年商都”升级迫在眉睫：600多家专业市场如何转型［EB/OL］.（2020-11-11）. https://www.yicai.com/news/100834242.html. 有删减．

课堂讨论：

（1）对标身边的传统商场，分析其目前所面临的主要问题。

（2）请从财务会计的角度为“千年商都”的转型出谋划策。

提质增素目标：

（1）理解停滞不前就是落后退步，帮助学生树立积极探索、勇于创新的学习探索精神。

（2）感受国家近几年减税降费的努力和决心，培养学生理解经济政策、厚植爱国情怀。

■ 本章小结

● 批发商品流转有商品购进、商品储存、商品销售三个环节；会计核算价格的主线是“三进一销”。

● 批发商品购销按购销地不同有同城与异地购销两种；批发商品流转的核算主要有国内国外购进、内销出口、结转成本的核算。

● 批发商品购进业务的核算主要设置“在途物资”“库存商品”“应交税费”“销售费用”“待处理财产损溢”“应付账款”“应付票据”等科目。

● 批发商品销售业务的核算主要设置“主营业务收入”“主营业务成本”“应交税费”“财务费用”“应收账款”“应收票据”等科目。

● 批发企业商品销售成本的计算方法主要有个别计价法、加权平均法、移动加权平均法、先进先出法、毛利率计算法。

■ 主要概念

三账分设　两账合一　三账合一　现金折扣　销售折让　分散结转　集中结转　个别计价法　加权平均法　移动加权平均法　先进先出法　毛利率计算法

■ 基本训练

一、填空题

1. 批发企业商品流转的环节有________、________、________。

2. 批发企业会计核算价格的主线"三进"是指购入商品时用购进的________核算，商品验收入库时用________核算，结转主营业务成本用________核算。

3. 批发企业会计核算价格的主线"一销"是指商品销售时用________核算。

4. 对于同城购进商品，其交接方式一般采用________或________；商品货款的结算一般采用________或________。

5. 对于异地购进商品，其交接方式一般采用________；商品货款的结算一般采用________、________、________、________等。

6. 批发商品流通企业库存商品明细账的设置方法一般有________、两账合一、________。

7. 对于企业进口的商品，其采购成本包括进口商品的________、应分担的________和进口环节的________。

8. 进口商品的国外进价，一律以________为基础且汇率一律用________折算。

9. 国内购进的用于国内销售和出口的商品，以其________为商品的采购成本。

10. 进口商品的国外进价一律以到岸价格（CIF）为基础，到达我国港口之后发生的费用（如检验费、港杂费、运杂费、保险费等）一律计入________。

11. 进口商品的国外进价若以离岸价格（FOB）成交，则到达我国港口之前由我方负担的运杂费、保险费、佣金等费用计入商品的________。

12. 进口商品的国外进价若以离岸价格（FOB）成交，则到达我国港口之后发生的费用（如检验费、港杂费、运杂费、保险费等）一律计入________。

13. 商品流通企业收购农副产品的方式一般有________和________两种。

14. 同城商品销售的交接方式一般采用________或________，货款结算方式采用________或委托收款。

15. 异地商品销售的交接方式一般采用________，货款结算方式采用________或________。

16. 对于商品收发次数不多的企业，其销售成本的计算方法一般采用________。

17. 批发企业商品销售成本的结转方法一般有________和________。

18. 商品销售折扣有________和________两种核算方法。

19. 出口商品的销售收入，一律以我国口岸________（FOB）为入账基础，且按________的汇率折算成人民币入账。

20. 出口商品的销售收入若按国外口岸到岸价格（CIF），则在出口商品离开我国口岸后所支付的运费、保险费、佣金冲减________，若收到佣金，则________出口销售收入。

21. 对批发企业而言，其结转已销产品成本的方法有个别计价法________、先进先出法、移动加权平均法和________。

扫码答题

二、单项选择题

1. 大中型批发流通企业通常采用的商品核算方法是（　　）。

A.进价金额核算法　　B.售价金额核算法
C.数量进价金额核算法　　D.售价控制进价核算法

2.出口商品时如按到岸价对外成交，则其离岸后支付的运保费直接冲减出口（　　）。

A.主营业务成本　　B.主营业务收入
C.销售费用　　D.管理费用

3.国美电器公司从德国进口一批家电，离岸价为10万美元，关税税率为10%，同时支付海运费、保险费0.5万元，汇率1∶6.3，则其采购成本为（　　）。

A.63万元人民币　　B.63.5万元人民币
C.69.3万元人民币　　D.70万元人民币

4.企业进口商品的国外进价一律以（　　）。

A.离岸价格为基础　　B.到岸价格为基础
C.公司价格为基础　　D.国内价格为基础

5.某公司出口一批电子产品到法国，价款505万元人民币，如按离岸价对外成交，该公司代垫从广州港到巴黎港的运保费共5万元人民币，则该公司入账的主营业务收入为（　　）。

A.500万元　　B.505万元　　C.510万元　　D.520万元

6.龙厦商贸公司为加快资金回笼，采用的商业折扣方式为“3/10、2/20、n/30”，5月15日收到货款100万元（货物是5月1日出售给泉台贸易公司的），则龙厦商贸公司实际支付的现金折扣为（　　）。

A.1万元　　B.2万元　　C.3万元　　D.4万元

7.某公司出口一批电子产品到美国，价款为1 010万元人民币（从厦门港到美国旧金山港），如按到岸价对外成交，该公司支付厦门港到旧金山港的运保费共10万元人民币，则该公司入账的主营业务收入为（　　）。

A.1 000万元　　B.1 010万元　　C.1 020万元　　D.1 500万元

8.企业在购进商品时如遇月末商品先到、货款结算凭证尚未到达，则（　　）。

A.按实际价入账　　B.按暂估价入账
C.不入账　　D.退回

9.出口商品时进项税额与退税额的差额应结转到（　　）。

A.库存商品　　B.主营业务收入
C.主营业务成本　　D.营业外支出

10.某企业经营商品少，进货渠道多，进货单价前后相差大，则该企业应采用的成本计算方法是（　　）。

A.移动加权平均法　　B.先进先出法
C.毛利率计算法　　D.个别计价法

11.在海鲜产品的核算方面，一般采用（　　）。

A.售价金额核算法　　B.数量售价金额核算法
C.数量进价金额核算法　　D.进价金额核算法

12.某收购站向一葡萄专业户收购免税农产品，收购价款20万元，则该批产品的采购成本为（　　）。

A.20 万元　B.23.4 万元　C.22.6 万元　D.18.2 万元

13.企业发放预购定金是通过借记（　）科目核算的。

A.应收账款　B.预付账款

C.银行存款　D.预收账款

14.购入商品在验收入库时如发现实收数多于应收数，且查明原因是自然溢余的，则贷记（　）科目。

A.物资采购　B.库存商品　C.待处理财产损溢　D.销售费用

15.购进商品短缺，如果查明属于运输单位失职，应列作（　）。

A.销售费用　B.其他应收款　C.营业外支出　D.其他应付款

16.购进商品短缺，如果查明属于自然灾害造成的，应列作（　）。

A.销售费用　B.其他应收款　C.营业外支出　D.其他应付款

17.下列商品销售成本的核算方法中，计算出的单位成本较均衡的是（　）。

A.加权平均法　B.移动加权平均法

C.先进先出法　D.个别计价法

18.下列核算方法中，适用于珠宝流通企业的是（　）。

A.加权平均法　B.移动加权平均法

C.先进先出法　D.个别计价法

19.出口商品时企业支付的国内运杂费一般应计入（　）。

A.库存商品　B.主营业务收入

C.主营业务成本　D.销售费用

三、多项选择题

扫码答题

1.进口商品常用的结算方式有（　）。

A.信用证结算　B.托收结算

C.汇付结算　D.支票结算

2.批发企业的业务流程主要包括（　）等环节。

A.商品购进　B.商品加工　C.商品储存　D.商品销售

3.购进商品发生溢余或短缺的原因有（　）。

A.商品本身的性能　B.自然条件变化

C.供货单位出错　D.运输单位失职

4.“待处理财产损溢——待处理流动资产损溢”账户的借方登记（　）。

A.商品短缺实际发生数　B.商品短缺转销数

C.商品溢余转销数　D.商品溢余实际发生数

5.在购进商品短缺的核算中，还应冲减进项税额，不得抵扣的有（　）。

A.商品的自然损耗　B.运输单位的失职

C.自然灾害造成　D.自然条件变化

6.购进商品时发生进货补价，假设该批商品尚未出售，则应调增（　）。

A.在途物资　B.库存商品　C.应交税费　D.银行存款

7.购进商品时发生进货补价，假设该批商品已全部出售并已结转成本，则应调增（　）。

A.在途物资　B.库存商品　C.应交税费　D.主营业务成本

8.下列科目中，期末无余额的有（　　）。

A.主营业务收入　B.银行存款　C.固定资产　D.销售费用

9.批发企业库存商品明细账户的设置方法有（　　）。

A.经单代账　B.三账分设　C.两账合一　D.三账合一

10.三账分设是指（　　）各设一套库存商品明细账。

A.人力资源部门　B.业务部门　C.会计部门　D.仓库部门

11.两账合一是指（　　）合并设置一套库存商品明细账。

A.人力资源部门　B.业务部门　C.会计部门　D.仓库部门

12.农副产品的特点有（　　）。

A.种类繁多　B.季节性强　C.产地集中　D.品种规格复杂

四、会计分录题

（一）东普贸易批发集团20××年10月发生下列批发业务（增值税税率为13%，不考虑运费的进项税额）：

1.1日，采购部交来上海某化妆品公司开来的专用发票，计货款20万元，增值税2.6万元，供货方垫付运费0.5万元。经与采购订单核对无误，当即签发转账支票付讫，商品未到达。

2.4日，采购部交来美的公司开来的专用发票，开列台扇2 000台，价格150元/台，计货款30万元，增值税3.9万元。经与采购订单核对无误，当即以商业承兑汇票支付，商品验收入库。

3.5日，仓库部门转来收货单，从上海某化妆品公司购进的化妆品已全部验收入库。

4.7日，进口商品一批，到岸价5万美元，关税税率为10%，消费税税率为15%，海关完税凭证上注明的增值税税率为13%，当日的汇率为1美元=6.32元人民币。经与合同核对无误，汇付结算，商品未到达（数值四舍五入）。

5.9日，仓库部门转来收货单，7日进口的商品到达，用银行存款支付检验费用3 000元，确认无误后全部验收入库。

6.11日，进口商品一批，离岸价9万美元，从对方港口到我方港口，应由我方负担的运杂费、保险费等共计1万美元，关税税率为10%，消费税税率为15%，海关完税凭证上注明的增值税税率为13%，当日的汇率为1美元=6.30元人民币。经与合同核对无误，汇付结算，商品到达后，支付检验费用5 000元，确认无误后全部验收入库（数值四舍五入）。

7.12日，向浙江某专业户陈某购买免税农产品，收购价款10万元，以现金支付，同时验收入库。

8.12日，与某农产品专业户张某签订合同，预付定金3万元，在收购农产品时抵扣。

9.14日，收购农产品专业户张某的免税农产品芒果5 000千克，价格16元/千克，共计80 000元，按合同规定，用银行存款补付不足款。

10.16日，14日购买农产品专业户张某的芒果到库，商品验收入库时，实收10 250斤，溢余250斤原因待查。

11.17日，经查，溢余的免税农产品250千克，有200千克为供货单位多发货，经协商，作购进处理，供货方补来专用发票，用银行存款补付货款，另外50千克为计量误差。

12.18日，从浙江某制衣公司购进运动服1 000套，每套500元，货款已支付，商品已全部验收入库。

13.19日，接到浙江某制衣公司销货更正凭证及汇付的退价款，因该厂价格计算错误，每套服装多收了50元，共计多收5万元，进项税额0.65万元。这1 000套商品已售出500套，并已结转成本。

（二）东普贸易批发集团20××年11月发生下列批发业务（增值税税率为13%）：

1.2日，销售冰箱100台给本地的台祥商贸公司，价格3 000元/台，计货款30万元，增值税3.9万元，当即收到转账发票，存入银行，同时结转销售成本25万元。

2.5日，销售白酒200箱给某商场，每箱1 000元，计货款20万元，增值税2.6万元，当即收到商业承兑汇票一张，同时结转销售成本10万元。

3.5日，销售香烟500箱给台江零售企业，价格2 000元/箱，计货款100万元，增值税税额13万元，货款已收到，同时结转销售成本80万元。

4.8日，签发转账支票，支付代垫运费1万元，其中台州某百货公司5 000元，福州某百货公司5 000元。

5.8日，销售化妆品给台州某百货公司，计货款30万元，增值税3.9万元；销售台扇1 500台给福州某百货公司，价格200元/台，计货款30万元，增值税3.9万元，当即连同代垫运费一并向银行办妥托收手续。其中化妆品成本20万元，台扇每台成本150元。

6.11日，银行转来购货单位付款的通知单，其中台州某百货公司34.4万元，福州某百货公司34.4万元。

7.13日，与福州某商场签订助力车销售合同，共500辆，每辆预收货款300元，计15万元，款到后3天内发货，货款结算时多退少补。

8.16日，按照合同规定发货给福州某商场，助力车售价350元/辆，计货款17.5万元，增值税2.275万元，助力车进货价250元/辆，同时收到该商场补交的货款4.775万元。

9.20日，销售给福州某商业企业儿童玩具车1 000辆，供应价格为300元/辆，商品进货成本为200元/辆，增值税税率为13%，合同约定货款分两个月付清。同日，发出儿童玩具车1 000辆，代垫运费3 000元。

10.21日，按与福州某商业企业的合同的规定，第一个月收回一半的货款15万元，增值税1.95万元，并收回代垫运费3 000元。

11.23日，出口空调机一批，售价为到岸价11万美元，商品发出时，支付国外运杂费2 000美元，支付运输保险费8 000美元，当日的汇率为1美元=6.30元人民币。该批商品的进货成本为60万元，增值税税率13%，其中出口退税率为11%。接到银行通知，收到出口退税款。假设期末留抵税额为5万元。

12.24日，出口商品一批，售价为离岸价9万美元，商品发出时，支付国外运杂费4 000美元，支付运输保险费6 000美元，当日的汇率为1美元=6.30元人民币。该批商品的进货成本为60万元，增值税税率13%，其中出口退税率为11%。接到银行通知，收到出口退税款。假设期末留抵税额为10万元。

13.24日，销售给福州批发商刘某吸尘器1 000台，价格300元/台，货款共计30万元，增值税3.9万元，该产品进货价格为200元/台，合同约定付款条件为“2/3，1/5，n/10”。

14.26日，收到银行转来的收账通知，福州批发商刘某已支付24日所购吸尘器货款。

15.26日，销售给泉州某零售企业儿童玩具车2 000辆，价格300元/辆，计货款60万元，增值税7.8万元，进货成本为50万元，货款尚未收到。

16.发现26日销售给泉州某零售企业的儿童玩具车2 000辆单价开错，应为290元/辆，企业开出红字专用发票和销货更正单，退回多收的货款。

17.27日，销售给上海某吸尘器零售商吸尘器2 000台，价格250元/台，共计货款50万元，增值税6.5万元，进货成本每台200元，货款尚未收到。

18.28日，收到银行转来的收账通知单和部分拒绝承付理由书，上海某吸尘器零售商承付货款50.85万元，拒付货款5.65万元。经查明，购货单位拒付的货款5.65万元，一是原发票单上价格计算错误，多开2.5万元，税额多记0.325万元；另外2.825万元是少发商品（100台吸尘器）所致，并补发商品。购货单位在收到商品后补来货款。

（三）新华都购物股份有限公司是一家批发企业，是一般纳税人，适用的增值税税率为13%。假设期初留抵税额为50万元，20××年12月发生如下业务：

1.2日，从青岛海尔电器公司购入空调机1 000台，价格2 000元/台，价款200万元，增值税26万元，货款及费用由银行存款支付，收到增值税专用发票，商品已验收入库。

2.3日，预收华联商场货款200万元，存入银行。

3.6日，批发给福州市某商场空调机500台，价格4 000元/台，计价款200万元，增值税26万元，商品已发出，款项已收到并存入银行。

4.11日，向海南省某专业户购入一批鲜活海产品（螃蟹），含税价50万元（属农副产品，准予抵扣税率9%），商品已入库，款项由银行存款支付。

5.15日，公司自营从法国购入化妆品一批，到岸价6.4万美元，关税税率25%，消费税税率15%，增值税税率13%，当日汇率1美元=6.30元人民币。同时，支付从泉州港到公司的运费2.5万元人民币，发票及商品已到并验收入库，价款和运费用银行存款支付（不考虑运费的进项税额）。

6.18日，从法国购入的化妆品销售给华联商场，售价120万元，增值税15.6万元，开出增值税专用发票并收到货款。

7.20日，从广州美的电器公司购入冰箱500台，价格2 400元/台，价款120万元；空调机1 000台，价格2 400元/台，价款240万元；增值税46.8万元，支付运费3.2万元；价税费共计410万元，用银行存款支付，收到增值税专用发票，商品验收入库（不考虑运费的进项税额）。

8.21日，从深圳海防通信有限公司购入汽车导航仪2 000部，价格500元/部，价款100万元，增值税13万元，供货方垫付运费2万元，价税费共计115万元，收到增值税专用发票，商品验收入库，但款项尚未支付，运费按9%抵扣进项税额。

9.22日，从龙台金星贸易公司购入冰箱1 000台，价格2 000元/台；导航仪1 000部，价格400元/部；价款240万元，增值税31.2万元，运费3.8万元，收到增值税专用发票，商品验收入库，但款项尚未支付（不考虑运费的进项税额）。

10.28日，向巴西出口美的空调机1 000台，价格540美元/台；美的冰箱500台，价格440美元/台；深圳海防导航仪1 000部，价格200美元/部；以到岸总价96万美元成交，同时用银行存款支付国外运保费4万美元，当月1日汇率1美元=6.30元人民币，当日汇率1美元=6.29元人民币，该批出口商品货款尚未收到。

11.31日，在25日从南京某贸易公司购入电子产品一批，价款100万元，增值税13万元，货款尚未支付。电子产品已到达本公司，但尚未收到发票，公司按暂估价113万元入库。

12.31日，批发给南海市某商场彩电2 000台，价格4 000元/台，价款共计800万元，增值税104万元，商品已发出，款项已收到并存入银行。

13.31日，按加权平均法结转本月内销和出口商品的销售成本。

14.31日，结转进项税额与退税额的差额到主营业务成本。

15.31日，收齐单证并计算出口退税的金额，退税率为11%（判断期末留抵税额与当期应退税额的大小）。

16.31日，收到出口巴西产品的退税款，已存入银行。

第四章　零售商品流转的核算

■ 学习目标

通过本章的学习，你应该达到以下目标：

知识目标：了解与熟悉零售商品流转各环节的特点和核算内容。

能力目标：理解与掌握零售商品购进、销售、储存各阶段的核算程序，运用所学的零售商品流转核算方法，进行零售图书、鲜活商品各阶段的会计账务处理。

素养目标：通过学习社会主义核心价值观，加强爱岗敬业、诚信友善的职业素养。

第一节 零售商品的特点和核算内容

一、零售商品流转的业务特点

零售商品流转的环节包括商品购进、商品储存、商品销售。

1.零售商品流转的特点

(1)经营品种多，规格复杂，直接服务于消费者，且交易次数频繁、数量零星。

(2)交易方式主要是一手交钱一手交货的现金交易，成交时间短。

(3)除集团购买或贵重商品外，一般无须填制销货凭证。

(4)依其业务性质，一般零售商品都采用售价金额核算法。

(5)零售贵重商品(金银首饰)采用售价金额核算法，鲜活商品采用进价金额核算法。

2.会计核算价格的主线："一进三销"

"一进"是指购入商品时用购进的实际价格核算。"三销"是指商品验收入库时用销售价核算，销售商品时用销售价核算，结转主营业务成本时也用销售价核算。

二、零售商品核算的内容

售价金额核算法也称"售价记账、实物负责制"。它不仅是库存商品核算的一种方法，也是零售企业一项重要的经营管理制度。其内容包括以下几方面：

(一)建立实物负责制

根据岗位责任制的要求，零售企业按照经营商品品种和存放地点的不同，划分若干营业柜、组，确定实物负责人，要求各实物负责人对其所经营商品的数量、质量承担全部经济责任，使商品的进、销、存各环节都有专人负责。

(二)库存商品按含税售价记账

会计部门对商品的进销存都按照零售价记账。在总账中只记库存商品的售价总金额，库存商品明细账按实物负责人设置，按商品售价金额分别记载各实物负责人经管的商品。为了加强商品管理，对仓库中的全部商品，门市部、营业柜组存放的贵重商品、大件商品，以及业务上需要经常掌握数量的商品，实物负责人必须设置商品数量账，每天登记收付存数量。

(三)设置"商品进销差价"科目

采用售价金额核算的零售企业，库存商品的增加、减少和结存都是按售价在库存商品账上反映的。它与实际购进商品时所支付的金额并不一致，通常是售价高于进价。会计核算不仅要以售价控制商品，还要以进价反映库存商品的实际价值。因此，有必要设置"商品进销差价"科目，以核算库存商品售价与进价的差额。平时，商品销售以售价结转营业成本减少实物负责人(小组)的商品金额；每月末根据"商品进销差价"数字，按照商品总额或大类产品购销比例，计算已销商品应摊的差价，并进行结转。

(四)加强商品实地盘点制度

对库存商品每月必须进行一次全面盘点。实物负责人发生调动或者商品发生调价的，应及时进行盘点。盘点结果出现差异时，应及时查明原因，进行处理，保证账实相符。这是一项重要的管理措施，也是“售价金额核算法”下的一项重要内容。通过盘点和账实核对，可以考核实物负责人对财产保管的情况，月终盘点后，确定实际库存，并据以处理损耗或溢余。

（五）按时编制“商品进销存日报表”，加强报账、对账工作

零售企业进、销、调、存全面的业务活动是通过“商品进销存日报表”进行反映的，这对会计核算的报账、对账、记账工作及资金运用和经营管理，具有很重要的作用。因此，实物负责人必须每天编制“商品进销存日报表”，详细填列商品购进、销售及库存情况，并连同应附的有关原始凭证，报送会计部门。会计部门应加强审核，确认无误后，编制记账凭证入账，以反映实物负责人所经管商品的金额。“商品进销存日报表”也可分别装订，作为库存商品明细账。

（六）健全各业务环节的手续制度，加强价格管理

对购进、调入的商品要认真验收，不仅要验收数量、质量，而且要核实价格、金额是否相符。销售时要正确执行规定的价格。为了便于群众购买和监督，每种商品都应当有价格标签。实物负责人针对商品购进、调拨、销售、调价、升溢、损耗、损失、盘点交接等必须建立必要的手续，填制完备的凭证，按照合理的程序传递凭证，及时调整账面金额。

第二节 零售商品购进的核算

一、零售商品购进的一般业务程序

1.本地商品购进的业务程序

① 供货单位送货。

② 购货单位审核发票。

③ 各实物负责人验收商品。

④ 结算货款。

2.异地商品购进的业务程序

① 供货单位填制发货票并发货。

② 供货方办理托收手续。

③ 商品验收入库。

④ 购货方承付货款。

3.商品购进的接收和结算方式

零售企业购进商品，大多是从本地批发企业、生产加工企业或企业的配送中心进货，但为了适应市场的需求和更好地满足消费者需求，本着减少流转环节、勤进快进快销的原则，也会从国内异地或国外购进商品。从本地进货一般采用提货制或送货制，从异地进货一般采用发货制。零售企业从本地购进商品多采用“支票”结算方式结算货款，国内异地进货大多采用“委托收款”“托收承付”“汇兑”等结算方式结算货款。无论采取哪种货款结算和接收商品的方式，当收到商品时，都必须认真验收数量和质量。实物负责人应当根据供货单位的发货单，逐一检查商品的品名、数量、单价、金额以及质量。验收商品后，应当填制收货凭证。收货凭证一般称为商品验收单，上面除填列商品的品名、规格和购进价外，还要填列商品的零售价和进销差价，以便记账。商品验收单的一般格式见表4-1。

表4-1　商品验收单

供货单位：　　　　年　月　日　　　　字　第　号

货号	品名	实收（原价）				零售计价			商品进销差价
		单位	数量	单价	金额	数量	单价	金额	

会计主管：　　　复核：　　　验收人：　　　制单：

二、零售商品购进的业务核算

（一）科目的设置

为了正确核算零售商品购进情况，应设置“在途物资”“库存商品”“商品进销差价”“销售费用”“应交税费”等科目。

“在途物资”科目是资产类账户，用来核算零售企业购入商品时，已经支付货款，但尚未验收入库的在途商品的进价成本。该账户应按供应单位设置明细账户。

对于“库存商品”科目，零售企业购进的商品经实物负责人验收后，按售价计入库存成本。这里的售价是指按规定应向购买者收取增值税的含税零售价。该账户的明细账应按实物负责人分户，只记金额，不记实物数量。

“商品进销差价”科目是“库存商品”科目的调整科目，用来核算库存商品售价（含税）与进价（不含税）之间的差额。该科目的贷方登记购进商品的售价大于进价的差额和其他原因增加的进销差价；借方登记购进商品的售价小于进价的差额、核销已销商品应分摊的进销差价和其他原因使库存商品售价大于进价的差额减少的数额；其余额一般在贷方，反映期末库存商品应保留的进销差价。该科目应按商品类别或实物负责人设置明细账。由于所采用的售价是含税的零售价格，因此，该科目所记录的商品售价与进价之间的差额就包括两部分：

一是不含税的售价与不含税的进价之间的差额；

二是应向购买者收取的增值税税额（销项税额）。

“销售费用”科目的设置见第三章。

“应交税费”科目的设置见第三章。

（二）零售商品购进业务的核算

1.单到货到业务的核算

它是指验收商品和支付进货款在同一天完成的核算。企业在购进商品后，会计部门会根据进货发票等账单，按商品进货价格分别借记“在途物资”“应交税费”等科目，贷记

“银行存款”等科目。商品到达验收后，按售价借记“库存商品”科目；按进价贷记“在途物资”科目；按售价与进价的差额贷记“商品进销差价”科目（售价低于进价时，应借记“商品进销差价”科目），以便反映库存商品的实际进价成本。

注：运费单列的，按照运输费增值税专用发票上注明的增值税进项税额进行抵扣。扣除进项税后的运费及采购费用不构成物资采购的成本，而作“销售费用”处理。

具体的会计分录如下：

①购入。

借：在途物资——××公司（进价）

　　销售费用（采购的运杂费扣除进项税额）

　　应交税费——应交增值税（进项税额）

　贷：银行存款

②验收入库。

借：库存商品——××商品（售价）

　贷：商品进销差价（售价-进价）

　　　在途物资——××公司（进价）

【例 4-1】河南星辉商场从本地鞋厂购进女式皮鞋一批，进价为 10 000 元，应支付的进项税额为 1 300 元，该批商品的含税售价为 12 000 元，商品由皮鞋组验收入库，款项以银行存款支付。该商场应编制如下会计分录：

①购入。

借：在途物资——某鞋厂	10 000	
应交税费——应交增值税（进项税额）	1 300	
贷：银行存款		11 300

②入库。

借：库存商品——皮鞋	12 000	
贷：商品进销差价		2 000
在途物资——某鞋厂		10 000

2. 单到货未到业务的核算

它是指企业先支付进货款后收到商品的核算。零售企业先收到有关凭证支付进货款时，按商品的进价借记“在途物资”科目；按应支付的增值税税额，借记“应交税费——应交增值税（进项税额）”科目；按所付款项，贷记“银行存款”科目。商品到达验收时，按含税的售价，借记“库存商品”科目；按含税的售价与进价之间的差额，贷记“商品进销差价”科目；按商品进价，贷记“在途物资”科目。

具体会计分录如下：

①购入。

借：在途物资——××公司（进价）

　　销售费用（采购的运杂费扣除进项税额）

　　应交税费——应交增值税（进项税额）

　贷：银行存款

②验收入库。

借：库存商品——××商品（售价）

　贷：商品进销差价（售价-进价）

　　在途物资——××公司（进价）

【例 4-2】西单商场家电组从安徽美凌公司购入冰箱一批，进价为 200 000 元，应支付的增值税税额为 26 000 元，供方代垫的运杂费为 4 360 元，准予扣除的进项税额为 360 元，其余部分计入销售费用。商场接到银行转来的有关凭证，审核无误后支付款项。该企业应编制如下会计分录：

借：在途物资——安徽美凌公司	200 000	
应交税费——应交增值税（进项税额）	26 360	
销售费用	4 000	
贷：银行存款		230 360

商品到达，验收入库，该批商品的含税售价为 240 000 元。商场应编制如下会计分录：

借：库存商品——冰箱	240 000	
贷：商品进销差价		40 000
在途物资——安徽美凌公司		200 000

3. 货到单未到业务的核算

它是指企业先收到商品后支付进货款的核算。零售企业购进商品时，会出现商品先验收入库，后支付进货款的情况。当商品验收入库而货款尚未支付时，按含税的售价，借记“库存商品”科目；按进价，贷记“应付账款”科目；按售价与进价的差额，贷记“商品进销差价”科目。

具体会计分录如下：

①验收入库。

借：库存商品——××商品（售价）

　贷：应付账款——××公司（进价）

　　商品进销差价（售价-进价）

②收单付款。

借：应付账款——××公司（进价）

　销售费用（采购的运杂费扣除进项税额）

　应交税费——应交增值税（进项税额）

　贷：银行存款

【例 4-3】西单商场家电组从安徽美凌公司购入冰箱一批，冰箱已由家电组验收入库，货款 200 000 元，增值税进项税额为 26 000 元，结算凭证尚未转来，该批冰箱售价为 240 000 元。该企业应编制如下会计分录：

借：库存商品——冰箱	240 000	
贷：商品进销差价		40 000
应付账款——安徽美凌公司		200 000

当收到结算凭证并承付款项时，编制如下会计分录：

借：应付账款——安徽美凌公司	200 000	
应交税费——应交增值税（进项税额）	26 000	

贷：银行存款 226 000

在实际工作中，为简化核算手续，在商品付款之前，平时可不进行账务处理，待付款后再按照在同一时间收到商品与付款的方式进行核算。

有时商品已验收入库，但因发票账单等未收到，应付账款数额不明，因此，平时可不进行账务处理，待托收凭证和发票随货同行联到达并付款后再作处理。但如逢月末发票账单等仍未收到，为在资产负债表中全面反映企业已经拥有的该批商品及其负债，可先按合同或其他规定价格估价入账，按售价借记“库存商品”科目，按暂估的进货原价贷记“应付账款”科目，按售价与暂估进价的差额贷记“商品进销差价”科目。下月初再用红字冲回，以便下月付款时，通过“在途物资”科目核算。具体会计分录如下：

①月末。

借：库存商品——××商品（售价）

贷：商品进销差价（售价-暂估进价）

应付账款——××公司（暂估进价）

②下月初。

借：库存商品——××商品（红字）

贷：商品进销差价（红字）

应付账款——××公司（红字）

③次月接到结算凭证付款。

借：在途物资——××公司（进价）

应交税费——应交增值税（进项税额）

贷：银行存款

④入库。

借：库存商品——××商品

贷：在途物资——××公司

商品进销差价

【例 4-4】重庆百货股份有限公司从成都日用品公司购进日用品一批，商品已验收入库，月末发票账单仍未收到。该批商品估计进价为 58 000 元，零售价为 72 000 元，该企业应编制如下会计分录：

①月末。

借：库存商品——日用品组 72 000

贷：商品进销差价 14 000

应付账款——成都日用品公司 58 000

②下月初。

借：库存商品——日用品组 [72 000]

贷：商品进销差价 [14 000]

应付账款——成都日用品公司 [58 000]

③次月接到结算凭证付款（实际进价 60 000 元）。

借：在途物资——成都日用品公司 60 000

应交税费——应交增值税（进项税额） 7 800

贷：银行存款 67 800

④入库。

借：库存商品——日用品组 72 000

贷：在途物资——成都日用品公司 60 000

商品进销差价 12 000

（三）商品购进发生溢余和短缺的核算

在商品购进的过程中，由于自然因素或差错事故，会使购进商品发生溢余或短缺。对于本市进货发生的溢缺，应由业务部门及时向供货单位查询处理，暂不通过会计部门。如果商品的溢缺情况发生在外地，或本市进货发生溢缺时不能查明原因，应根据溢缺情况分别填制“商品溢余（短缺）报告单”一式数联（见表4-2），随同“发货票”或“商品验收单”一并送会计部门进行账务处理。

表 4-2 商品溢余（短缺）报告单

供货单位： 年 月 日 字 号

商品类别	商品编号	品名	单位	应发数量	实收数量	溢缺数量	进价		售价		商品进销差价	备注
							单价	金额	单价	金额		
合计												

会计主管： 实物负责人： 验收人：

1.商品购进溢余的核算

零售企业购进商品发生溢余，应按溢余商品售价借记“库存商品”科目，按其进价贷记“待处理财产损溢”科目，按溢余商品进价与售价的差额贷记“商品进销差价”科目。

【例 4-5】三和商场从某制糖厂购入散装白糖 500 千克，价格 20 元/千克，共计 10 000 元，应支付的增值税为 1 300 元，商场以银行存款支付。白糖次日运到，经食品组验收，发现溢余 55 千克，原因待查，该批商品的含税售价为 30 元/千克。该商场应编制如下会计分录：

①付款。

借：在途物资——某制糖厂 10 000

应交税费——应交增值税（进项税额） 1 300

贷：银行存款 11 300

②白糖运到并按实际验收数入库。

借：库存商品——食品组 16 650

贷：商品进销差价——食品组 5 550

待处理财产损溢——待处理流动资产损溢 1 100

在途物资——某制糖厂 10 000

经查，溢余白糖中50千克是制糖厂多发，三和商场同意作购进处理，制糖厂补来专用发票，白糖进价为1 000元，增值税为130元，会计部门开出支票付清货款；其余5千克是计量公差，属自然升溢。该企业应编制如下会计分录：

①供方多发作购进部分。

借：在途物资——某制糖厂 1 000
　　应交税费——应交增值税（进项税额） 130
　贷：银行存款 1 130

借：待处理财产损溢——待处理流动资产损溢 1 000
　贷：在途物资——某制糖厂 1 000

②自然升溢部分。

借：待处理财产损溢——待处理流动资产损溢 100
　贷：销售费用——商品损耗 100

2.商品购进短缺的核算

零售企业购进商品发生短缺，查明原因前，应按实收商品的售价金额借记“库存商品”科目，按实收商品售价与进价的差价贷记“商品进销差价”科目，按原进价贷记“在途物资”科目；短缺部分按进价借记“待处理财产损溢”科目。对于短缺商品，应认真查明原因，按规定进行处理。

【例 4-6】资料承【例 4-5】，商品到货验收时发现短缺 20 千克，原因待查。该企业应编制如下会计分录：

借：库存商品——食品组 14 400
　　待处理财产损溢——待处理流动资产损溢 400
　贷：商品进销差价——食品组 4 800
　　　在途物资——某制糖厂 10 000

经查，短缺商品由意外事故造成，应负担的增值税为52元。根据有关凭证编制如下会计分录：

借：待处理财产损溢——待处理流动资产损溢 52
　贷：应交税费——应交增值税（进项税额转出） 52

借：营业外支出——非正常损失 452
　贷：待处理财产损溢——待处理流动资产损溢 452

（四）进货退出和进货退补价的核算

（1）零售企业购进的商品如存在质量问题，经供货单位同意，可将商品退回，收回原进货款。当企业发生进货退出业务，收到供方开来的红字专用发票及本单位的红字收货单凭证时，按商品进价及进项税额，借记“应收账款”科目，按商品进价，贷记“在途物资”科目，按进项税额，贷记“应交税费——应交增值税（进项税额）”科目。退回商品时，按商品进价，借记“在途物资”科目，按含税售价，贷记“库存商品”科目。收到供货方退回的款项时，借记“银行存款”科目，贷记“应收账款”科目。

具体会计分录如下：

①收到红字发票。

借：应收账款——××公司
　贷：在途物资——××公司
　　　应交税费——应交增值税（进项税额）

②退回商品。

借：在途物资——××公司

　贷：库存商品——××商品

③收到退回的款项。

借：银行存款

　贷：应收账款——××公司

（2）进货退补价的核算。零售企业购进商品发生退补价时，应根据供货单位填制的退补价凭证和业务部门填制的红字或蓝字“收货单”进行账务处理。为简化核算手续，也可根据供货单位退补价“发货票”直接进行退补价核算。

由于采用售价金额核算的库存商品是按售价记账的，因此当发生进货退补价时，只调整退补价库存商品所包含的进销差价即可。企业接到补价通知，尚未补付货款时，借记“商品进销差价”科目，按进项税额，借记“应交税费——应交增值税（进项税额）”科目，贷记“应付账款”科目。企业接到退价通知，并收到退款时，借记“银行存款”科目，贷记“商品进销差价”科目，按进项税额，贷记“应交税费——应交增值税（进项税额）”科目。企业接到退价通知，尚未收到退款时，借记“应收账款”科目，贷记“商品进销差价”科目，按进项税额，贷记“应交税费——应交增值税（进项税额）”科目。

具体会计分录如下：

①收到补价通知（收到补来的蓝字专用发票）。

借：商品进销差价

　　应交税费——应交增值税（进项税额）

　贷：应付账款——××公司

②收到退价通知，收到退款（收到补来的红字专用发票）。

借：银行存款

　贷：商品进销差价

　　　应交税费——应交增值税（进项税额）

③收到退价通知，未收到退款（收到补来的红字专用发票）。

借：应收账款——××公司

　贷：商品进销差价

　　　应交税费——应交增值税（进项税额）

第三节　零售商品销售的核算

一、零售商品销售的一般业务程序

由于零售企业销售商品时大都采取现金或刷卡交易，因此商品销售一般采取以下两种收款方式：一种是营业员直接收款，在商品交易时，顾客与营业员一手交钱一手交货，营业员既管钱又管货。这种收款方式手续简便，方便顾客，但发生差错不易查找。另一种是集中收款，设置收银台，配备专职收银员和收银机，实行钱货分管。

零售企业无论采用哪种收款方式，每日营业终了都必须将销货款清点后送存银行。向银行交款，一般有两种做法：

一是由各营业小组直接向银行交款；

二是由会计部门将各实物负责人（小组）的销货款集中后交存银行。

向银行交款要填制银行“进账单”，并取得银行“进账单”回单。如将销货款送交会计部门，由其统一送交银行，则各实物负责人（或组）要填制“内部缴款单”（见表4-3）。销货如果出现长短款，应填制“长短款报告单”。

表 4-3 **内部缴款单**

组别： 年 月 日

<table>
<tr><td colspan="2">项目</td><td>摘要</td><td>应交金额</td><td>实交金额</td></tr>
<tr><td colspan="2"></td><td></td><td></td><td></td></tr>
<tr><td rowspan="2">金额（大写）</td><td rowspan="2" colspan="2"></td><td>长款</td><td></td></tr>
<tr><td>短款</td><td></td></tr>
</table>

实物负责人： 复核： 制单：

每日营业终了，营业柜、组应根据当日进销货情况，编制“商品进销存日报表”（见表4-4）。商品进销存日报表一式两份，一份留存，一份连同内部交款单（或银行“进账单”回单）、商品验收单、商品调价单、商品内部调拨单、长短款报告单等有关凭证一并送交会计部门，经审核无误后，作为编制记账凭证、登记账簿的依据。

表 4-4 **商品进销存日报表**

组别：百货组 20××年 8 月 20 日

<table>
<tr><td colspan="2">项目</td><td>金额（元）</td><td colspan="2">项目</td><td>金额（元）</td><td>备注</td></tr>
<tr><td colspan="2">昨日库存</td><td>35 000</td><td rowspan="4">减少</td><td>本日销售</td><td>8 000</td><td rowspan="6"></td></tr>
<tr><td rowspan="4">增加</td><td>本日购进</td><td>5 000</td><td>本日调出</td><td></td></tr>
<tr><td>本日调入</td><td></td><td>变价减值</td><td></td></tr>
<tr><td>变价增值</td><td></td><td>商品损耗</td><td></td></tr>
<tr><td>商品溢余</td><td></td><td colspan="2">本日库存</td><td>32 000</td></tr>
<tr><td colspan="2">合计</td><td>40 000</td><td colspan="2">合计</td><td>40 000</td></tr>
<tr><td colspan="2">本日进销差价</td><td colspan="2">3 500元</td><td>进销差价累计</td><td colspan="2">12 000元</td></tr>
<tr><td colspan="2">商品销售累计</td><td colspan="5"></td></tr>
</table>

实物负责人： 复核： 制表：

二、零售商品销售业务的核算

实行售价金额核算的零售企业，一般在每日营业终了，各实物负责人（柜组）会清点当日销货款并送存银行。会计部门应根据销货报表和款项送存银行退回的“进账单”回单及有关凭证，以含税销售额反映商品销售收入和银行存款的增加，借记“银行存款”科目，贷记“主营业务收入”科目；同时，按含税的售价，借记“主营业务成本”科目，贷记“库存商品”科目，以注销库存商品，反映实物负责人所经管商品的实存额和经济责任。由于企业的“库存商品”按售价金额入账，商品售价与进价之间的差额记入“商品进销差价”科目。实行售价金额核算的企业，平时商品销售在反映主营业务收入增加的同时，暂按售价借记“主营业务成本”科目，贷记“库存商品”科目，月末再按一定方法计算已销商品和库存商品应分摊的进销差价。待计算出已销商品应分摊的进销差价后，再贷记“主营业务成本”科目，将含税的售价调整为销售商品的进价成本；同时，将已实现的商品进销差价予以核销，借记“商品进销差价”科目（价格主线：一进三销）。具体会计分录如下：

①结算每日零售收入。

借：银行存款

　　库存现金

　贷：主营业务收入——××柜（销售价）

　　　　　　　　　——××柜（销售价）

②交款。

借：银行存款

　贷：库存现金

③结转主营业务成本。

借：主营业务成本——××柜（销售价）

　　　　　　　　——××柜（销售价）

　贷：库存商品——××柜（销售价）

　　　　　　　——××柜（销售价）

④分解含税零售收入。

不含税销售额：

××柜不含税销售额=该柜销售收入÷（1+13%）

销项税额：

××柜销项税额=该柜不含税销售收入×13%

会计分录如下：

借：主营业务收入——××柜

　　　　　　　　——××柜

　贷：应交税费——应交增值税（销项税额）

⑤分摊进销差价。

已销商品应分摊的进销差价=总收入×进销差价率

借：商品进销差价

　贷：主营业务成本

【例 4-7】新华都商场 20××年 10 月 21 日各组销售额为：百货组 67 800 元，化妆品组 33 900 元，鞋帽组 56 500 元，家电组 45 200 元，销货款送存银行。会计部门根据各组当日报来的“商品进销存日报表”、“银行进账单”回单等凭证，应编制如下会计分录：

①结算每日零售收入。

借：银行存款	203 400	
贷：主营业务收入——百货组		67 800
——化妆品组		33 900
——鞋帽组		56 500
——家电组		45 200

②结转主营业务成本。

借：主营业务成本——百货组 67 800
——化妆品组 33 900
——鞋帽组 56 500
——家电组 45 200
贷：库存商品——百货组 67 800
——化妆品组 33 900
——鞋帽组 56 500
——家电组 45 200

由于零售企业在商品销售中采用“一手交钱、一手交货”的销售方式，对顾客不开增值税专用发票，无法根据发票确认销售收入和销项税额，只能定期或在月份终了根据当期收取的含税销售额和规定的计算公式计算不含税的销售收入和销项税额，因此，零售企业平时按含税的销售额进行账务处理，定期或在月末计算出销项税额以后，再将含税的销售额调整成不含税的销售额。不含税销售额及销项税额的计算公式为：

不含税销售额=含税销售额÷（1+增值税税率）

销项税额=不含税销售额×增值税税率

将含税销售额调整成不含税销售额后，编制会计分录如下：

借：主营业务收入
贷：应交税费——应交增值税（销项税额）

【例 4-8】若新华都商场 10 月实现的含税销售额为 565 万元，增值税税率为 13%，月末计算不含税销售额和销项税额。

不含税销售额=565÷（1+13%）=500（万元）

销项税额=500×13%=65（万元）

①分解含税零售收入。

借：主营业务收入 650 000
贷：应交税费——应交增值税（销项税额） 650 000

②新华都商场 10 月综合差价率为 20%。

已销商品应分摊的进销差价=总收入×进销差价率
=565×20%=113（万元）

借：商品进销差价 1 130 000
贷：主营业务成本 1 130 000

三、零售商品销售长短款的核算

零售企业销售商品如设有专人收款或由营业员直接收款并作柜台记录，应于每日营业终了后，将付货凭证或柜台记录加总，与所收销货款进行核对，检查收进的货款是否正确。如果实收销货款大于付货凭证（或柜台记录），称为“长款”；反之，则称为“短款”。发生长短款差错，应填写“长短款报告单”（见表4-5），送交会计部门据以入账。对于零星的销售长短款，经有关负责人核算后，可直接作收益或损失处理，或留待月终集中处理。如销货长短款数额较大，在查明原因或等待处理核销前，应记入“待处理财产损溢”科目，待查明原因或批准核销时，再予以转账。

表 4-5　　长短款报告单

组别	服装组	收款人	刘燕	长（+）或短（-）	+20
金额	人民币（大写）贰拾元				
原因	计算错误	初步意见	作销售处理	组长签字	陈香兰
审批意见					

企业主管：　　　　财会：　　　　申请人：

【例 4-9】20××年 10 月 23 日，新华都商场糖果组的销货记录为 24 910 元，实收销货款 24 960 元，长款 50 元；饮料组的销货记录为 26 300 元，实收销货款 26 275 元，短款 25 元，原因待查。会计部门根据“商品进销存日报表”“长短款报告单”“银行进账单”回单等凭证，编制如下会计分录：

①销售长款。

借：银行存款　24 960

　贷：待处理财产损溢——待处理流动资产损溢　50

　　主营业务收入——糖果组　24 910

②销售短款。

借：银行存款　26 275

　待处理财产损溢——待处理流动资产损溢　25

　贷：主营业务收入——饮料组　26 300

③结转主营业务成本。

借：主营业务成本——糖果组　24 910

　　——饮料组　26 300

　贷：库存商品——糖果组　24 910

　　——饮料组　26 300

查明上述差错原因，糖果组长款 50 元系销货凭证计算错误，作销售处理；短款 25 元是收款时错收，经批准转为公司销售费用。编制如下会计分录：

借：待处理财产损溢——待处理流动资产损溢　50

　贷：主营业务收入——糖果组　50

借：销售费用　25

　贷：待处理财产损溢——待处理流动资产损溢　25

同时：

借：主营业务成本——糖果组　50

　贷：库存商品——糖果组　50

四、零售商品进销差价分摊的计算与结转

零售企业已销商品成本的计算与结转是通过计算销售商品应分摊的进销差价（包括不含税的售价与进价之间的差额和应向购买者收取的增值税税额），调整“主营业务成本”

和“商品进销差价”科目余额进行的。计算已销商品分摊进销差价采用的方法主要有“综合差价率计算法”“分类（或柜组）差价率计算法”，年终决算前，还要采用“盘点商品实际进销差价计算法”。

（一）综合差价率计算法

综合差价率计算法是根据月末调整前“商品进销差价”科目余额和“库存商品”科目余额、“受托代销商品”科目余额及本月商品销售额（含税）计算综合差价率，并按商品的存销比例分摊商品进销差价的方法。其计算程序为：

1.计算本月存销商品的综合差价率

$$\text{综合差价率}=\frac{\text{月末分摊前“商品进销差价”科目余额}}{\text{月末“库存商品”科目余额}+\text{月末“受托代销商品”科目余额}+\text{本月主营业务收入(含税)}}\times100\%$$

2.计算本月已销商品应分摊的进销差价

本月已销商品应分摊的进销差价=本月“主营业务收入”科目贷方发生额（含税）×综合差价率

3.计算月末库存商品应保留的进销差价

月末库存商品应保留的进销差价=月末分摊前“商品进销差价”科目余额-本月已销商品应分摊的进销差价

【例 4-10】新华都股份有限公司某商场20××年10月末“商品进销差价”科目余额为248 788元，“库存商品”科目余额为566 500元，本月主营业务收入（含税）为588 000元。根据上述资料计算已销商品应分摊的进销差价如下：

综合差价率=248 788÷（566 500+588 000）×100%=21.55%

销售商品应分摊的进销差价=588 000×21.55%=126 714（元）

为了方便记账，编制结转销售商品应分摊的进销差价的会计分录时，应先编制“已销商品进销差价计算表”（见表4-6）。

表 4-6 已销商品进销差价计算表

20××年10月31日

月末商品进销差价科目余额（元）	按售价计算的全部商品		商品进销差价		
	本月销售总额（元）	月末库存商品金额（元）	综合差价率	已销商品应摊金额（元）	库存商品应摊金额（元）
248 788	588 000	566 500	21.55%	126 714	122 074

根据计算表编制结转已销商品分摊的进销差价的会计分录。会计分录的编制依据企业结转主营业务成本时间的不同，有以下两种方法：

（1）平时按商品售价结转成本的企业，月终按计算出的本月已销商品分摊的进销差价冲减多转的销售成本，并编制如下会计分录：

借：商品进销差价　　126 714

　贷：主营业务成本　　126 714

（2）平时不随商品销售结转成本的企业（如书刊发行企业），月终应同时核销已销商品进销差价和结转成本，并编制如下会计分录：

借：主营业务成本　　461 286

　　商品进销差价　　126 714

贷：库存商品　588 000

经过以上结转，将“主营业务成本”科目中平时结转的含税售价成本调整为不含税的实际成本；“商品进销差价”科目余额亦调整为库存商品（包括不采用收取手续费的方式代销的受托代销商品）应保留的进销差价。

综合差价率计算法比较简单，但由于不同类别商品进销差价率不同，有的甚至差别很大，因此这种综合计算的结果不能反映各类商品的差别，也影响已销商品应分摊进销差价和库存商品价值计算的精确性。

（二）分类（或柜组）差价率计算法

“分类（或柜组）差价率计算法”仍然是一种综合差价率计算法，只不过把综合计算的范围按商品类别（或柜组）缩小了，计算分类（或柜组）差价率和已销商品应分摊的进销差价。采用这种方法，“商品进销差价”、“库存商品”、“主营业务收入”和“主营业务成本”科目均应按商品大类或柜组分户设置明细账。

【例 4-11】资料承【例 4-10】。假定该公司某商场设有四个营业柜组，20××年 10 月 31 日“商品进销差价”科目和“库存商品”科目有关明细账余额和各组本月商品销售额（含税）资料见表 4-7，根据所列资料计算已销商品应分摊的进销差价（见表 4-8）。

表 4-7　商品销售额明细表

20××年 10 月 31 日　单位：元

组别	“商品进销差价”科目余额	“库存商品”科目余额	本月商品销售额（含税）
百货组	48 666	133 000	80 640
家电组	82 840	188 800	208 000
鞋帽组	43 520	139 420	75 200
服装组	73 762	105 280	224 160
合计	248 788	566 500	588 000

表 4-8　商品进销差价分摊计算表

20××年 10 月 31 日　金额单位：元

组别	商品进销差价（分摊前）	按含税售价计算的全部商品		商品进销差价		
		月末“库存商品”余额	本月商品销售额（含税）	差价率（%）	已销商品应分摊差价	库存商品应保留差价
	（1）	（2）	（3）	（4）=（1）÷（（2）+（3））×100%	（5）=（3）×（4）	（6）=（1）-（5）
百货组	48 666	133 000	80 640	22.78	18 369.79	30 296.21
家电组	82 840	188 800	208 000	20.88	43 430.40	39 409.60
鞋帽组	43 520	139 420	75 200	20.28	15 250.56	28 269.44
服装组	73 762	105 280	224 160	22.39	50 189.42	23 572.58
合计	248 788	566 500	588 000	—	127 240.17	121 547.83

①计算各柜组的分类差价率。

百货组分类差价率=48 666÷（133 000+80 640）×100%=22.78%

家电组分类差价率=82 840÷（188 800+208 000）×100%=20.88%

鞋帽组分类差价率=43 520÷（139 420+75 200）×100%=20.28%

服装组分类差价率=73 762÷（105 280+224 160）×100%=22.39%

②计算已销商品应分摊的差价。

百货组应分摊的差价=80 640×22.78%=18 369.79（元）

家电组应分摊的差价=208 000×20.88%=43 430.40（元）

鞋帽组应分摊的差价=75 200×20.28%=15 250.56（元）

服装组应分摊的差价=224 160×22.39%=50 189.42（元）

根据以上计算结果，编制如下会计分录：

借：商品进销差价——百货组	18 369.79	
——家电组	43 430.40	
——鞋帽组	15 250.56	
——服装组	50 189.42	
贷：主营业务成本——百货组		18 369.79
——家电组		43 430.40
——鞋帽组		15 250.56
——服装组		50 189.42

（三）盘点商品实际进销差价计算法

“分类（或柜组）差价率计算法”计算结果虽比“综合差价率计算法”准确，但与实际比较仍有一定差距。为正确反映库存商品结存金额和已销商品的进销差价，正确核算盈亏，凡采用售价核算的企业，在年终决算前还应对商品的进销差价运用“盘点商品实际进销差价计算法”进行一次核实调整。盘点商品实际进销差价计算法是根据年末库存商品的实际盘点结果，计算出全部（或大类）商品应保留的实际进销差价，调整库存商品进销差价使其符合实际的方法。其具体做法如下：

（1）根据年末各种商品的盘存数量和进货单价，逐一计算出各种商品的进价金额。

（2）加计各种商品的进价金额，计算各类或全部库存商品的进价金额。

（3）用库存商品总账或类目账的账面售价金额减去全部（或各类）结存商品的进价金额，求出全部（或大类）结存商品应保留的进销差价。

（4）以“商品进销差价”科目总账或明细账年终调整前账面的余额，减去全部（或大类）结存商品应保留的进销差价，其差额即应转账调整的全部（或大类）进销差价数额。如“商品进销差价”科目余额大于库存商品应保留的进销差价，说明平时少转了进销差价，应编制借记“商品进销差价”和贷记“主营业务成本”科目的会计分录，予以补转；反之，说明平时多转了进销差价，应编制借记“主营业务成本”和贷记“商品进销差价”科目的会计分录，予以转回。

【例 4-12】步步高零售商场平时采用分类（柜组）差价率计算法计算已销商品应分摊的进销差价，年终盘点后，根据“商品盘点表”计算库存商品应保留的进销差价为 45 800 元，“商品进销差价”科目月末余额为 50 800 元，比实际应保留的商品进销差价多 5 000

元，说明平时少转了商品进销差价，多计了商品成本，应予以调整。该企业应编制如下会计分录：

借：商品进销差价 5 000

　贷：主营业务成本 5 000

【例 4-13】假定【例 4-12】步步高零售商场中的“商品进销差价”科目月末余额为45 000元，比实际应保留的商品进销差价少800元，说明平时多转了商品进销差价，少计了主营业务成本，应编制如下会计分录予以调整：

借：主营业务成本 800

　贷：商品进销差价 800

应当指出，采用盘点商品实际进销差价计算法，使企业的商品销售成果及库存商品应保留的进销差价计算得较准确，但工作比较繁重。在实际工作中，往往将12月份应结转的商品进销差价与年终盘点商品实际进销差价相结合。

第四节 零售商品储存的核算

商品储存是商品流通的必要条件。零售企业为了保持商品流转的正常进行，必须要有一定数量的商品储备。实行售价金额核算法的零售商品储存，是通过售价在“库存商品”科目中反映、商品进价与售价之间的差额在“商品进销差价”科目中反映来进行核算的。零售商品储存的核算，包括零售商品调价、内部调拨、盘点溢缺以及明细分类账等方面的核算。

一、库存商品调价的核算

有时零售企业需要根据市场供求关系的变化、商品质量状况等，对某些商品的含税售价进行调整。某种商品的含税售价变动时，需通过盘点查明商品数量，计算商品调价金额，填制“变价商品差额调整单”，及时对“库存商品”和“商品进销差价”科目作相应的调整，以明确实物负责人的责任变动。

①调高商品含税售价时，编制会计分录。

借：库存商品——××商品

　贷：商品进销差价（新含税售价-原含税售价）

②调低商品含税售价时，编制会计分录。

借：商品进销差价（原含税售价-新含税售价）

　贷：库存商品——××商品

【例 4-14】某商场家电组对经营的彩电进行调价，每台原含税售价5 800元，新含税售价5 700元，经盘点共有40台。会计部门根据“变价商品差额调整单”编制如下会计分录：

借：商品进销差价 4 000

　贷：库存商品——家电组 4 000

如该商品调高含税售价，新含税售价为5 900元，则编制如下会计分录：

借：库存商品——家电组 4 000

　贷：商品进销差价 4 000

二、库存商品内部调拨的核算

库存商品内部调拨是指在一个独立核算的企业内，各实物负责人间商品的转移。这种企业内部的商品转移并不引起企业商品资金总额的变化，但为明确各实物负责人经济责任的变动，对库存商品内部调拨应进行相应的账务处理。发生商品内部调拨时，由调出或调入单位填制“商品内部调拨单”一式数联。调入单位验收商品并签章后，“商品内部调拨单”分别留归调入和调出单位各两联，然后各编制“商品进销存日报表”，将其中一联附在该表后一并送交会计部门，会计部门核对双方调拨凭证，相符后，编制借记调入商品实物负责人库存商品、贷记调出商品实物负责人库存商品的会计分录，如果“商品进销差价”科目也按实物负责人分户，则应将调拨商品的进销差价同时转账。

【例 4-15】西湖商场百货组 20××年 5 月 10 日将一批洗洁精调给沪杭路分销店，该批洗洁精含税售价为 180 元，进价为 130 元，双方已办妥调拨手续。会计部门根据转来的“商品内部调拨单”（见表 4-9），编制如下会计分录：

表 4-9 商品内部调拨单

20××年 5 月 10 日

付货方	百货组					收货方	沪杭路分销店	
编号	品名	单位	数量	进价（元）	金额（元）	零售单价（元）	金额（元）	差额（元）
略	洗洁精	瓶	20	6.50	130	9	180	50
合计	—	—	20	6.50	130	9	180	50

①付货方付出商品。

借：库存商品——沪杭路分销店 180

　贷：库存商品——百货组 180

如果“商品进销差价”科目也按实物负责人分户，会计部门还应编制如下会计分录：

借：商品进销差价——百货组 50

　贷：商品进销差价——沪杭路分销店 50

②收货方收到商品时，编制相反的会计分录。

三、库存商品盘点溢余、短缺的核算

实行“售价金额核算”的零售企业，各营业柜组除了对经营的一些贵重商品和大件商品以及业务上需要掌握数量的商品分别设立商品数量收付备查簿外，一般商品是没有数量账的。会计部门有的虽设有“库存商品”明细账，并根据各实物负责小组报来的“商品进销存日报表”和有关凭证进行记载核对，但这只是账、单之间的核对。账实是否相符，必须通过实地盘点，进行核对后才能证实。通过商品盘点，可以核对账实是否相符、商品保管是否完善、商品结构和商品摆放是否合理，防止和揭发贪污、盗窃等不法行为。所以说，商品盘点实际上是对商品进行管理的一项重要措施。

1.商品盘点发生溢余的核算

造成零售商品发生溢余的原因很多，为及时反映库存商品增减变动情况，在库存商品溢余原因查明前，应按溢余商品的含税售价，借记“库存商品”科目，按进货原价，贷记“待处理财产损溢”科目，同时调整“商品进销差价”科目，待查明原因并经有关部门批准后，再从“待处理财产损溢”科目转入有关科目。

【例 4-16】某零售企业百货组月末库存商品账面余额为 49 670 元，盘点的库存商品金额为 49 720 元，商品溢余 50 元，原因待查。上个月百货组差价率为 14%。根据有关凭证，该企业应编制如下会计分录：

①商品溢余。

借：库存商品——百货组	50	
贷：商品进销差价——百货组		7
待处理财产损溢——待处理流动资产损溢		43

②经查，溢余属于自然升溢，经批准冲减销售费用。

借：待处理财产损溢——待处理流动资产损溢	43	
贷：销售费用——商品自然升溢		43

2.商品盘点发生短缺的核算

零售商品盘点发生短缺，原因有商品的自然损耗、人为的少收多付、计算差错以及保管不善等。商品盘点发生短缺，在查明原因前，应按短缺商品的进货原价，借记“待处理财产损溢”科目，按短缺商品的差价，借记“商品进销差价”科目，按短缺商品的含税售价，贷记“库存商品”科目。待查明原因、决定处理办法后，再从“待处理财产损溢”科目转入有关科目。

【例 4-17】西湖商场食品组月末库存商品的账面余额为 8 570 元，盘点的库存商品金额为 8 390 元，短少 180 元，原因待查。上月食品组商品差价率为 16%。根据有关凭证，该商场应编制如下会计分录：

借：待处理财产损溢——待处理流动资产损溢	151.20	
商品进销差价——食品组	28.80	
贷：库存商品——食品组		180

该短缺商品中有29.40元为定额内损耗，其余为营业员工作失职造成，故商场决定向其索赔，这部分商品应负担的进项税额为15.83元。根据有关凭证编制如下会计分录：

借：销售费用——商品损耗	29.40	
其他应收款——某营业员	137.63	
贷：待处理财产损溢——待处理流动资产损溢		151.20
应交税费——应交增值税（进项税额转出）		15.83

四、库存商品的明细分类核算

为加强库存商品的管理，及时掌握各实物负责人所经管商品的进销存情况，需要对库存商品进行明细分类核算。实行售价金额核算的企业，对库存商品进行明细分类核算，一般有以下两种做法：

（1）“库存商品”明细账是按实物负责人分别设户的，只登记按售价计算的商品进销存金额，不登记商品品名和数量。库存商品的明细账一般为“三栏式”，但有的也采用把库存商品和商品进销差价结合起来的明细账。关于商品进销差价，如果采用综合差价率计算，则“商品进销差价”账户和“主营业务收入”账户可不进行明细核算；如按大类（或柜组）差价率计算进销差价，则要按照实物负责人开设以上明细分类账，单独进行核算。

（2）以“商品进销存日报表”代替“库存商品明细账”。这种做法是会计部门不单设“库存商品明细账”，而是将各实物负责人送来的一式两联的“商品进销存日报表”中的一联，按实物负责人和日期先后顺序分别装订成册，或汇总成“商品进销存汇总表”，代替“库存商品明细账”，将另一联签章后退还给各实物负责人装订成册，作为该实物负责人的库存商品明细账。

第五节　图书发行企业商品的核算

一、图书发行企业的商品购进核算

图书发行企业实行售价金额核算，对购进图书均按图书码价核算和记账。“图书码价”是指图书定价的总和，也称图书售价，是由出版社根据国家规定的图书定价标准（印在每本书的版权页和封底上）决定的发行价格。在图书码价的基础上，按一定比例享受的进货折扣属于商品进销差价，在“商品进销差价”科目核算。码价与折价的差额，即图书商品的实价。

【例 4-18】福州新华书店从经济出版社购进图书一批，码洋为 100 000 元，出版社按码洋的 80% 收取货款，新华书店得到 20% 的进货折扣，实付价款 80 000 元，增值税为 7 200 元，以银行存款支付，图书已交书店经济类组验收，图书的税率为 9%。会计部门根据有关凭证，编制如下会计分录：

①购入。

借：在途物资——经济出版社	80 000	
应交税费——应交增值税（进项税额）	7 200	
贷：银行存款		87 200

②同时。

借：库存商品——经济类组	100 000	
贷：商品进销差价——经济类组		20 000
在途物资——经济出版社		80 000

二、图书发行企业的商品销售核算

图书发行企业销售的商品时效性很强，故企业应根据商品的这一特性，采取多种销货方式，如通过门市、流动供应、机关服务、邮寄代销和特约经销等，及时地将商品销售出去。图书发行企业销售商品的货款结算以现金直接交易为主，少数对机关、团体或企业的销售业务可采用转账结算方式结算货款。

根据码价核算制的要求，具体会计分录如下：

①按销售码价（售价）销售图书。

借：银行存款

贷：主营业务收入

②月终进行价税分解（图书的增值税税率为9%）。

不含税的销售额=含税销售额÷（1+增值税税率）

销项税额=不含税的销售额×增值税税率

具体会计分录如下：

借：主营业务收入——××柜/组

贷：应交税费——应交增值税（销项税额）

③月终通过“固定折扣率法”或“账面折扣率法”计算主营业务成本，并结转“库存商品”和已销商品的进销差价。

借：商品进销差价——××柜/组

主营业务成本——××柜/组

贷：库存商品——××柜/组

【例4-19】某图书发行企业本月销售图书码洋32 700元，月末按固定折扣率30%计算主营业务成本，则：

主营业务成本=32 700×70%=22 890（元）

已销商品进销差价=32 700−22 890=9 810（元）

月末根据计算结果，编制如下会计分录：

借：商品进销差价——图书组 9 810

主营业务成本——图书组 22 890

贷：库存商品——图书组 32 700

月末进行价税分解：

不含税的销售额=含税销售额÷（1+增值税税率）

=32 700÷109%=30 000（元）

销项税额=不含税的销售额×增值税税率=30 000×9%=2 700（元）

具体会计分录如下：

借：主营业务收入——图书组 2 700

贷：应交税费——应交增值税（销项税额） 2 700

如果企业采用“账面折扣率法”计算主营业务成本，要按照“商品进销差价”“库存商品”两科目的期末余额之比确定折扣率。确定主营业务成本的计算公式为：

本期主营业务成本=本期销售总码价×（1−商品进销差价期末余额÷库存商品期末余额）

第六节 零售鲜活商品的核算

一、鲜活商品的特点

零售企业除经营工业品外，也经营蔬菜、瓜果、海产品、肉、禽、蛋等鲜活商品。这些鲜活商品的特点是品质鲜嫩、季节性强、上市时间集中、容易腐烂变质、不易保管、损耗较大。企业购进这些商品之后，有的还要经过清洗、加工和分级，按质论价销售，并且商品的销售价格要随商品的新鲜程度进行调整，价格变动比较频繁。鲜活商品一般采用进价金额核算法。

二、鲜活商品的核算

进价金额核算法是对库存商品的总分类核算和明细分类核算都按进价金额记账而不实行数量核算的一种方法。

（一）进价金额核算法的基本内容

（1）商品购进后，按原买价扣除9%的进项税额后的金额记入“库存商品”科目，同时按实物负责人分户设置明细分类账。该账只记金额，不记数量，不设“商品进销差价”科目。

（2）商品销售后，按销货收入贷记“主营业务收入”科目，平时不结转销售成本，售出的商品也不从“库存商品”科目内随意转出，而是分批或定期结转。

（3）对于商品价格变动、等级变化和一般损耗，会计部门不作账务处理，但发生事故损失时，应查明原因，按财产损失的规定处理。

（4）月末进行价税分解及计算销售成本，通过实地盘点，用最后一次进价计算库存商品总金额，倒挤销货成本，并结转一次。

（5）库存商品的明细核算一般有两种做法：

一是按实物负责人分户设立库存商品明细账；

二是会计部门不设置库存商品明细账，直接用“商品进销存日报表”代替库存商品明细账，控制实物负责人所负责的库存商品进价金额。

（二）具体会计分录

1.计算购进时的进项税额（从农业生产者处购入免税农副产品）

进项税额=买价×9%

购进商品的成本=买价-进项税额

①购入。

借：在途物资——×专业户

　　应交税费——应交增值税（进项税额）

　贷：银行存款（或库存现金）

②入库。

借：库存商品——××

　贷：在途物资——×专业户

2.结算零售收入

借：银行存款

　贷：主营业务收入

3.进行价税分解

不含税的销售额=含税销售额÷（1+增值税税率）

销项税额=不含税的销售额×增值税税率

借：主营业务收入

　贷：应交税费——应交增值税（销项税额）

4.月末倒挤销售成本并结转

已销商品进价成本=期初库存商品金额+本期购进商品金额−期末库存商品金额

期末库存商品金额=期末盘点商品的数量×最后一次进货的价格

借：主营业务成本——××

　贷：库存商品——××

【例 4-20】天桥副食品商场（一般纳税人）上月末海产品“库存商品”科目进价余额为 4 000 元。海产品属农副产品可按其买价和 9% 的扣除率计算进项税额。本月份发生下列经济业务：

（1）11 月 12 日，从某专业户处购进海产品，买价为 10 000 元，货款用银行存款支付，海产品已由小组验收并将“发货票”和“支票存根”随“商品进销存日报表”送来。经会计部门审核无误后，编制如下会计分录：

①购入。

借：在途物资——某专业户	9 100	
应交税费——应交增值税（进项税额）	900	
贷：银行存款		10 000

②入库。

借：库存商品——海产品组	9 100	
贷：在途物资——某专业户		9 100

（2）假设本月按买价计算累计购入 300 000 元海产品。

进项税额=买价×9%=300 000×9%=27 000（元）

购进成本=买价−进项税额=300 000−27 000=273 000（元）

（3）11 月 25 日零售收入共 18 000 元，货款已存入银行，银行回单及“商品进销存日报表”已送来，经会计部门审核无误后，编制如下会计分录：

借：银行存款	18 000	
贷：主营业务收入——海产品组		18 000

（4）假设本月零售累计主营业务收入为 452 000 元，进行价税分解：

不含税的销售额=含税销售额÷（1+增值税税率）

=452 000÷（1+13%）

=400 000（元）

销项税额=不含税的销售额×增值税税率

=400 000×13%

=52 000（元）

借：主营业务收入——海产品组	52 000	
贷：应交税费——应交增值税（销项税额）		52 000

（5）月末对海产品进行盘点，库存共 500 千克，按最后一次进价 50 元/千克计算库存海产品，成本为 25 000 元。根据公式倒挤本月销售成本，计算如下：

期末库存商品金额=期末盘点商品的数量×最后一次进货的价格

=500×50

=25 000（元）

已销商品进价成本=期初库存商品金额+本期购进商品金额-期末库存商品金额

=4 000+273 000-25 000

=252 000（元）

结转销售成本：

借：主营业务成本——海产品组 252 000

贷：库存商品——海产品组 252 000

（6）要考核海产品组本月的经营情况，可根据主营业务收入400 000元和主营业务成本252 000元计算本期销售毛利和毛利率，其计算过程如下：

海产品组本月销售毛利=400 000-252 000=148 000（元）

海产品组本月销售毛利率=148 000÷400 000×100%=37%

提质增素小案例

价格执法中进销差价率究竟要如何计算？

进销差价率的认定，涉及价格执法的准确定性和处罚。

一、违法所得计算方法

根据《国家发展改革委关于贯彻实施〈价格违法行为行政处罚规定〉有关问题的通知》（发改价检〔2006〕604号）的规定，在查处哄抬价格违法行为中，经营者实际执行的价格与按规定应当执行的价格之差，均属于违法所得。

因此，能够计算违法所得的，应当在“进销差价率认定标准”基础上计算违法所得，即按照高于政府规定的差价率获得的多收价款予以认定。

违法所得=经营额×(实际执行的进销差价率-政府规定的进销差价率)

经营额=销售价格×销售数量

二、进销差价率计算方法

关于进销差价率的计算方法，法律法规均未明确。

进销差价率，是指销售价格与购进价格之间的差额，与销售价格之间的比率，即：

进销差价率=（销售价格-购进价格）÷销售价格×100%

按照该计算方法，市场监管人员可以便捷计算经营者所售商品的价格是否符合规定的进销差价率，进而认定是否构成哄抬价格违法行为，并准确计算出违法所得。

实际上，财政部印发的《企业会计准则》和《小企业会计准则》的附录中列举了商品进销差价的概念和商品进销差价率的计算公式。

资料来源　市场监管半月沙龙．价格执法中进销差价率究竟要如何计算？[EB/OL]．(2020-02-11)．https://www.thepaper.cn/newsDetail_forward_5913427. 有删减．

课堂讨论：

（1）查阅财政部印发的《企业会计准则》和《小企业会计准则》的附录中列举的商品进销差价的概念和商品进销差价率的计算公式，讨论其进销差价率的计算原理与计算方法是否一致。

（2）讨论按照此种方法是否便于快速判断经营者是否构成哄抬价格。

提质增素目标：

（1）要遵循公平、合法、诚实信用的定价原则，为消费者提供价格合理的商品和服务。

（2）维护和谐稳定的市场秩序需要企业、消费者与监管部门三方共同努力。

（3）坚持依法治国、依法执政、依法行政共同推进。

■ 本章小结

● 零售商品流转有商品购进、商品储存、商品销售三个环节；会计核算价格的主线是“一进三销”。

● 零售商品购销业务有同城购销与异地购销两种；零售商品流转的核算主要有一般商品的购销、图书发行、鲜活商品购销、价税分解、分摊进销差价的核算等。

● 零售商品购进业务的核算主要设置“在途物资”“库存商品”“应交税费”“销售费用”“商品进销差价”“待处理财产损溢”“应付账款”等科目。

● 零售商品销售业务的核算主要设置“主营业务收入”“主营业务成本”“应交税费”“商品进销差价”“库存现金”“银行存款”等科目。

● 零售商品分摊进销差价采用的方法主要有“综合差价率计算法”“分类（或柜组）差价率计算法”“盘点商品实际进销差价计算法”。

● 图书发行企业通过“固定折扣率法”或“账面折扣率法”计算结转已销售成本和已销商品的进销差价。

● 鲜活商品是月末通过实地盘点，用最后一次进价计算库存商品总金额，然后采用倒挤法计算出销货成本，并结转一次。

■ 主要概念

综合差价率计算法　分类（或柜组）差价率计算法　盘点商品实际进销差价计算法

■ 基本训练

一、填空题

1.零售商品流转的环节有________、________、________。

2.零售商品会计核算价格的主线“一进”是指购入商品时用购进的________核算。

3.零售商品会计核算价格的主线“三销”是指商品________时用销售价核算；商品________时用销售价核算；结转________用销售价核算。

4.零售和批发商品企业购进入库时设置的不同科目是________。

5.零售商品核算的内容包括建立实物负责制、库存商品按________记账、设置________账户和加强商品的实地盘点制度。

6.商品进销差价科目是________科目的调整科目，核算库存商品与________之间的差额。

7.零售企业购进商品时发生溢余属自然升溢，一般冲减企业的________。

8.零售商品的收款方式有两种：营业员________、收款台________。

9.零售企业核算其主营业务收入时应先将平时零售的销售额转为不含税销售额，其公式为________。

10.零售企业计算已销商品分摊进销差价采用的方法主要有________、________、________。

11.零售商品月末除计算销售商品应分摊的________外，还应将每月反映的含税商品销售收入分解成________和________。

12.图书发行企业实行________核算，对购进的图书按________核算和记账。

13.在图书码价的基础上，按一定比例享受的进货折扣部分在________科目核算，码价与折价的差额，即图书商品的________。

14.零售鲜活商品的企业采用的会计核算方法一般为________。

15.商品流通企业收购鲜活商品可按其________的9%抵扣进项税额。

16.零售鲜活商品的企业月末结转已销售成本一般采用的会计核算方法为________。

扫码答题

二、单项选择题

1.对于某零售百货商店，其库存商品的核算一般运用（　　）。

A.进价记账、盘存计销　　B.数量售价金额核算法

C.数量进价金额核算法　　D.售价金额核算法

2.采用售价金额核算的商业企业，其库存商品明细账的设置要求是（　　）。

A.按商品类别　　B.按进货批次

C.按实物负责人　　D.按商品名称及规格

3.批发商与零售商在商品购进时设置的不同科目是（　　）。

A.库存商品　　B.物资采购

C.应交税费　　D.商品进销差价

4.为了正确反映零售企业库存商品资金实际占用额，必须设置（　　）账户。

A.库存商品　　B.在途物资

C.商品进销差价　　D.材料成本差异

5.零售商品的流转是商品流转的（　　）。

A.中间环节　　B.最终环节

C.原始环节　　D.经济环节

6.零售企业进货退补价业务，在会计核算上应调整的账户是（　　）。

A.库存商品　　B.商品进销差价

C.主营业务收入　　D.本年利润

7.零售企业发生进货退补价，核算时（假设原售价不变）无须调整（　　）账户。

A.库存商品　　B.银行存款

C.商品进销差价　　D.应交税费

8.大连华丰商场有限公司（一般纳税人）向海南省某专业户收购一批芒果，价款30万元，则计入的采购成本为（　　）。

A.30万元　　B.26.1万元

C.27.3万元　　D.35.1万元

9.购进商品发生溢余，先按实收数入库，将溢余数按（　　）转入“待处理财产损溢”账户。

A.含税进价　　B.不含税进价

C.含税售价　　D.不含税售价

10.下列已销商品进销差价的计算方法中，最为准确的是（　　）。

A.个别差价计算法　　B.综合差价率计算法

C.分类（或柜组）差价率计算法　　D.盘存商品实际进销差价计算法

11.下列已销商品进销差价的计算方法中，适用于经营商品品种较少的企业的是（　　）。

A.个别差价计算法　　B.综合差价率计算法

C.分类（或柜组）差价率计算法　　D.盘存商品实际进销差价计算法

12.售价金额核算法中按售价记账是指对（　　）账户按零售价进行记账。

A.在途物资　　B.主营业务成本

C.待处理财产损溢　　D.库存商品

13.针对鲜活商品的特点，经营鲜活商品的企业采用的会计核算方法一般为（　　）。

A.金额核算法　　B.数量核算法

C.数量售价金额核算法　　D.进价金额核算法

三、多项选择题

扫码答题

1.零售商品的经营特点有（　　）。

A.交易次数频繁　　B.一般为现金交易

C.经营种类有限　　D.采用数量进价金额核算法

2.零售商品核算的内容包括（　　）。

A.库存商品按含税售价记账　　B.设置“商品进销差价”账户

C.建立实物负责制　　D.加强商品的实地盘点制度

3.“商品进销差价”账户的金额包括（　　）。

A.不含税售价与不含税进价的差额　　B.向购买者收取的增值税销项税额

C.收取的增值税进项税额　　D.含税售价与不含税进价的差额

4.“商品进销差价”账户的借方登记（　　）。

A.购进商品的售价大于进价的差额

B.购进商品的售价小于进价的差额

C.核销已销商品应分摊的进销差价

D.使商品售价大于进价的差额减少的数额

5.零售企业发生进货退补价，核算时（假设原售价不变）应该调整（　　）科目。

A.库存商品　　B.在途物资

C.商品进销差价　　D.应交税费

6.已销商品进销差价的计算方法有（　　）。

A.个别差价计算法　　B.综合差价率计算法

C.分类（或柜组）差价率计算法　　D.盘存商品实际进销差价计算法

7.零售商品储存的核算包括（　　）。

A.商品的调价　　B.商品的溢缺

C.商品的盘点　　D.商品的内部调拨

8.商品调价核算时，需调整（　　）账户。

A.库存商品　　B.在途物资

C.商品进销差价　　D.应交税费

9.商品进销差价的作用有（ ）。

A.调整本年利润　　B.备抵主营业务成本

C.计算商品销售毛利　　D.备抵库存商品

10.鲜活商品的特点有（ ）。

A.易损耗变质　　B.售价变动频繁

C.季节性强　　D.数量零星

四、会计分录题

（一）龙洲超市20××年10月发生下列经济业务（增值税税率为13%，不考虑运费的进项税额）：

1.2日，采购部门转来北京某百货公司的专用发票，开列电磁炉2 000台，价格500元/台，货款共计100万元，增值税税额13万元，经审核无误，当即签发转账支票付讫。

2.3日，2日购进的电磁炉2 000台已经验收入库，该电磁炉零售价为600元/台。

3.6日，银行转来山东某批发企业的托收凭证，附专用发票，开列九阳豆浆机1 000台，每台价格400元，计货款40万元，增值税税额5.2万元，运费0.2万元，经审核无误，当即承付。

4.7日，收到山东某批发企业发来的九阳豆浆机1 000台，商品已全部验收完毕，该九阳豆浆机每台售价500元。

5.7日，银行转来晋江某服装批发公司的托收凭证，附专用发票，开列运动服2 000套，每套100元，计货款20万元，增值税税额2.6万元，运费0.4万元，经审核无误，当即承付。

6.8日，晋江某服装批发公司发来运动服，该商品验收后，实收1 950套，并填制购进短缺报告单，原因待查。其中该运动服每套售价150元。

7.9日，经查明，8日到货的运动服短缺的50套中，有20套是供货方少发，经联系，已经补发到库；另外短缺的30套是提货人员失职造成的，经领导审批，决定30%由提货人员赔偿，其余70%作为企业损失处理。

8.13日，银行转来南宁某制糖厂的托收凭证，附专用发票，开列白砂糖2万千克，价格5元/千克，计货款10万元，增值税税额1.3万元，运费0.2万元。经查实，与合同无误，当即承付。

9.16日，收到南宁某制糖厂发来的白砂糖，验收时，实收1.98万千克，短缺0.02万千克，填制商品购进短缺报告单，原因待查。其中白砂糖售价每千克8元。

10.17日，经查明，16日到货的白砂糖短缺的0.02万千克中，有0.01万千克是自然损耗，另外0.01万千克是对方少发，联系后，对方决定不再补发商品，已开来红字专用发票作退货处理，并收到退货款。

11.21日，业务部门转来福龙百货公司的专用发票，购进高露洁140克规格的药物牙膏5 000支，每支进价7元，售价10元，经与合同核实，无误，当即签发转账支票付讫。

12.25日，收到福龙百货公司发来的高露洁140克规格的药物牙膏5 000支，已全部验收入库。

13.27日，收到福龙百货公司发来的专用发票，更正本月21日所购高露洁140克规格的药物牙膏的单价，每只应为8元，应补付货款及税款0.565万元，核实后已转账支付。

（二）龙津某零售商场20××年10月发生下列经济业务（增值税税率为13%）：

1.2日，家电柜销售情况如下：冰箱组销售金额为5.65万元，其中现金收入1.65万元，信用卡签单4万元；彩电组销售金额为9.04万元，其中现金收入4.04万元，信用卡签单5万元；小电器组销售金额为2.26万元，全部为现金收入。

2.8日，各营业柜的商品销售情况如下：百货柜销售收入5.65万元，其中现金收入3万元，信用卡签单2万元，应收账款0.65万元；家电柜销售收入3.39万元，其中现金收入0.39万元，信用卡签单3万元；食品柜销售收入4.52万元，其中现金收入1.52万元，信用卡签单3万元。

3.14日，百货柜中日用品组的销售额为3.39万元，实收销货款3.36万元，短款300元，原因待查；化妆品组的销售额为2.26万元，实收销货款2.26万元。

4.15日，经查明，日用品组短款的300元，是收款人李某的责任，经研究决定，李某赔偿50%，剩余50%核销销售费用。

5.31日，该商场有关账户余额如下：

库存商品账户余额33.90万元
其中：百货柜11.30万元
　　　家电柜16.95万元
　　　食品柜5.65万元

受托代销商品账户余额5.65万元
其中：百货柜2.26万元
　　　家电柜3.39万元

主营业务收入账户余额565万元
其中：百货柜169.50万元
　　　家电柜339万元
　　　食品柜56.50万元

主营业务成本账户余额565万元
其中：百货柜169.50万元
　　　家电柜339万元
　　　食品柜56.50万元

商品进销差价账户余额125.20万元
其中：百货柜37.40万元
　　　家电柜73.70万元
　　　食品柜14.10万元

另外，经过盘点，得知实际结存商品的购进金额中，百货柜为12万元，家电柜为6万元，食品柜为5万元。各柜台的增值税税率均为13%。分别用综合差价率、分柜组差价率、盘存商品实际进销差价计算法调整商品销售成本及本月商品销售收入（保留两位小数）。

（三）零售图书发行的核算：上海某新华书店从中国经济出版社购进图书一批，码洋为60万元，出版社按码洋的75%收取货款，新华书店得到25%的进货折扣，实付价款45万元及增值税款4.05万元，以银行存款支付，图书已交书店经济类组验收，图书的税率为9%。本月销售图书码洋54.50万元，月末按固定折扣率20%计算主营业务成本。

（四）鲜活商品的核算：龙厦某零售超市20××年10月发生下列经济业务（增值税税率为13%）：

1.8日，从森宝肉类加工公司购入猪肉2万千克，价格20元/千克；牛肉0.6万千克，价格50元/千克；羊肉0.5万千克，价格60元/千克，计货款100万元，增值税税额9万元，当即签发转账支票付讫，由食品柜验收完毕。

2.10日，向漳州某水产专业户收购自产免税草鱼1万千克，价格10元/千克，计货款10万元，以现金支付，由海鲜柜验收完毕。

3.12日，向新疆某水果专业户收购自产免税哈密瓜2万千克，价格15元/千克，计货款30万元，以现金支付，由蔬果柜验收完毕。

4.15日，收到各柜缴来的销货现金及商品销售收入缴款单。其中，肉类11.30万元，水产类5.65万元，水果类5.65万元，并将现金全部存入银行，取得银行回单。

5.31日，汇总各柜交来的银行回单，累计各柜1—31日总结算收入：食品柜339万元，海鲜柜113万元，蔬果柜169.50万元。

6.31日，对各柜1—31日的累计总结算收入进行价税分离。

7.31日，食品柜对各类商品进行盘点，期初肉类25万元，本期进货总额250万元，期末盘点余额20万元；期初水产类3万元，本期进货总额62万元，期末盘点余额5万元；期初蔬果类2万元，本期进货总额121万元，期末盘点余额3万元，结转本期销售成本。

（五）厦门紫金百货有限公司是一家零售企业，是一般纳税人，增值税税率13%，20××年12月发生如下经济业务：

1.1日，从本市湖滨商贸批发公司购进男式西装1万件，货款300万元，增值税税额39万元，价税用银行存款支付，该批西装零售价总计452万元，收到增值税专用发票，商品已验收入库。

2.2日，从外地浙江小商品城公司购入小家电一批，进价200万元，进项税额26万元，该批小家电零售价总计339万元，另有运费3万元，公司用银行存款支付货款及运费，发票已收到但该批家电尚未到达本公司（不考虑运费的进项税额）。

3.5日，从西安加加批发商处购入手机一批，进价150万元，进项税额19.5万元，该批手机零售总价339万元，另有运费2万元，公司用银行存款支付货款及运费，收到增值税专用发票，商品已验收入库（不考虑运费的进项税额）。

4.11日，从本市某专业户处购入一批鲜活海产品，含税价50万元（是免税农产品，准予抵扣税率为9%），商品已入库，款项用银行存款支付。

5.8日，从浙江小商品城公司购入的小家电已运到本公司并验收入库，发现多500件，价值10万元。

6.15日，用银行存款归还10月欠南昌洪都批发公司的货款80万元、沈阳华侨批发公司的货款120万元。

7.17日，预收重庆嘉林公司的货款220万元。

8.22日，按零售价售给重庆嘉林公司男式西装，价款113万元；手机，价款90.4万元，同时结清货款并退回余款（都是含税价）。

9.25日，公司同意购入浙江小商品城公司多发的500件小家电，收到增值税专用发票，用银行存款补付价税款11.3万元。

10.25日，收到代售本市湖滨商贸批发公司商品的手续费5万元现金，存入银行。

11.31日，公司商场各柜台零售销货款统计：男式西装226万元、手机90.4万元、小家电339万元、鲜活海产品113万元，收取现金并存入银行（都是含税价）。

12.31日，对鲜活海产品进行盘点，按进价计算，结存成本5万元。

13.31日，按售价结转库存商品成本（1—31日柜台和向外省销售除鲜活海产品外的商品）。

14.31日，结转应分摊的已销商品的进销差价，该公司的商品综合差价率为15%（提示：用综合差价率按主营业务收入分摊）。

15.31日，调整1—31日柜台和向外省零售的商品销售收入及销项税款并进行分解（增值税税率13%）。

第五章　商品流转其他业务的核算

■ 学习目标

通过本章的学习，你应该达到以下目标：

知识目标：了解与熟悉商品流转其他业务的核算内容。

能力目标：理解与掌握商品加工、出租、代销、减值的核算方法，运用所学的其他业务核算方法，进行商品加工、出租、代销、减值的会计账务处理。

素养目标：培养学生诚信守法、公平公允的职业素养以及严谨的工作态度。

第一节 库存商品加工的核算

商品流通企业加工商品有委托加工和自行加工两种形式。委托加工是商品流通企业将库存商品作为原材料，委托其他企业加工，并按一定标准支付加工费，到期收回成品的业务。自行加工是商品流通企业所属有关部门组织人力和设备自行加工商品的业务。

一、委托加工商品的核算

商品流通企业在进行委托加工前，必须与加工企业签订合同，定明加工商品的品种、规格、数量、原材料耗用定额、交货期限、加工费标准及结算方式等，作为双方执行的依据。企业根据合同规定将商品作为原材料拨付加工时，应由业务部门填制“委托加工商品发料单”一式数联，通知仓库发货。委托加工业务在会计处理上主要包括拨付加工商品、支付加工费用和税金、收回加工商品和剩余物资等几个环节。

商品流通企业应设置“委托加工物资”科目核算。该科目借方登记企业支付的加工费及受托方代收代缴的消费税，贷方登记加工完成验收入库的商品和剩余物资的实际成本。期末借方余额反映企业委托外单位加工但尚未加工完成的物资的实际成本和发出加工物资的运杂费等。其明细科目账应按加工合同和受托加工单位设置。

（一）发出委托加工商品的核算

1.采用售价金额核算的商品流通企业

借：委托加工物资（实际成本）

　　商品进销差价（售价-实际成本）

　贷：库存商品——××商品（售价）

2.采用进价金额核算的商品流通企业

借：委托加工物资（实际成本）

　贷：库存商品——××商品（实际成本）

（二）支付加工费、增值税的核算

支付加工费及增值税时：

借：委托加工物资

　　应交税费——应交增值税（进项税额）

　贷：银行存款

（三）缴纳消费税的核算

根据消费税的有关规定，需要交纳消费税的委托加工商品，由受托方代收代缴消费税。委托加工的物资收回后直接用于销售的，委托方应将受托方代收代缴的消费税计入委托加工商品的成本：

借：委托加工物资——××

　贷：应付账款——××加工厂（或银行存款等）

（四）加工完成收回加工商品的核算

1.采用售价金额核算的商品流通企业

借：库存商品——××商品（售价）

贷：商品进销差价（售价-实际成本）

委托加工物资（收回的实际成本）

2.采用进价金额核算的商品流通企业

借：库存商品——××商品（收回的实际成本）

贷：委托加工物资（收回的实际成本）

【例 5-1】佳宝零售商场采用售价金额核算库存商品。该商场与三和服装厂签订了加工合同，委托服装厂加工夹克 350 套，每套需面料 1.5 米，共计 525 米，进价 6 元/米，售价 7.20 元/米，每套加工费 5 元。该企业应编制如下会计分录：

①发出委托加工物资。

借：委托加工物资——三和服装厂 3 150

商品进销差价——布匹组 630

贷：库存商品——布匹组 3 780

②按合同规定用银行存款支付加工费，共计 1 750 元。

借：委托加工物资——三和服装厂 1 750

贷：银行存款 1 750

③收回委托加工的夹克成品 350 套，应交纳加工费的增值税税额为 227.50 元。

借：应交税费——应交增值税（进项税额） 227.50

贷：银行存款 227.50

④计算委托加工收回的夹克成品的成本。

总成本=3 150+1 750=4 900（元）

单位成本=4 900÷350=14（元/套）

⑤收回 350 套夹克交服装组验收，总零售价为 5 950 元。

借：库存商品——服装组 5 950

贷：商品进销差价——服装组 1 050

委托加工物资——三和服装厂 4 900

二、自行加工商品的核算

零售企业自行加工商品业务，一般是由企业所属的不独立核算的单位进行的。自行加工商品业务所发生的支出，可通过“库存商品——自行加工商品”科目核算。发生的自行加工商品支出，如工资及其他加工费用等，能够确认由哪批自行加工商品负担的，可直接计入该批自行加工商品的加工成本，借记“库存商品——自行加工商品”科目，贷记“应付职工薪酬”“银行存款”等科目；不能直接确认由哪批自行加工商品负担的混合费用，先记入“其他业务成本”科目，借记“其他业务成本”科目，贷记“应付职工薪酬”“材料物资”“银行存款”等科目。期末，按一定的标准分配转账，属于某批自行加工商品应负担的部分，计入该批自行加工商品的成本，借记“库存商品——自行加工商品”科目，贷记“其他业务成本”科目。“其他业务成本”科目是损益类科目，核算企业除商品销售以外的其他销售或提供其他劳务所发生的支出，包括相关的成本、费用等。企业发生的其他业务成本，借记“其他业务成本”科目；期末，“其他业务成本”科目核算的各项费用支出按一定的标准分配转账时，贷记“其他业务成本”科目；“其他业务成本”科目的期末余额，反映尚未完工的加工等业务的实际成本。其明细账应按照其他业务的种类设置。

①领出加工商品。

借：库存商品——自行加工商品

　贷：库存商品——××商品

②支付加工费及其他费用。

借：库存商品——自行加工商品

　贷：应付职工薪酬

　　银行存款

③完工入库。

借：库存商品——××商品

　贷：库存商品——自行加工商品

第二节　出租商品的核算

出租商品业务是将商品出租收取租金以取得租赁收入的业务，一般是零售业的附带经营业务。商品流通企业出租商品时，应与承租企业或个人签订协议，或由承租人签字确认。若有必要，还应签订合同，同时收取押金。收回出租商品时，商品流通企业要记收租金收入，同时退还押金。对收回的出租商品，业务人员应进行验收，若发现损坏，应由承租人赔偿。

一、出租商品的一般核算

商品流通企业出租商品，其所有权并未转移。为正确反映出租商品情况，应设置“出租商品”科目，核算租出商品的进货原价。出租商品业务不多的企业，出租商品可在“库存商品”科目核算，不设置“出租商品”科目。

具体会计分录如下：

借：出租商品（进价）

　　商品进销差价（售价-进价）

　贷：库存商品（售价）

【例 5-2】重庆百货商场自行车组兼营儿童玩具车出租业务，本月由仓库拨出“仙女”牌玩具车 100 辆作为出租使用。该车每辆进价 250 元，售价为 350 元。会计部门根据“商品内部调拨单”等凭证编制如下会计分录：

借：出租商品	25 000	
商品进销差价——自行车组	10 000	
贷：库存商品——自行车组		35 000

二、出租商品押金的核算

商品流通企业出租儿童玩具车收取押金时，借记“银行存款”科目，贷记“其他应付款”科目。

【例 5-3】资料承【例 5-2】，根据租赁协议的规定，每辆儿童玩具车收取押金 400

元，押金总额 40 000 元，收款并存入银行。会计部门应编制如下会计分录：

借：银行存款 40 000

贷：其他应付款——×× 40 000

三、出租商品租金的核算

商品流通企业计收出租商品的租金收入时，借记“银行存款”或“应收账款”科目，贷记“其他业务收入”科目。

“其他业务收入”科目核算商品流通企业除商品销售以外的其他销售或业务收入，如材料物资及包装物销售、无形资产转让、固定资产出租、商品出租、包装物出租、运输和废旧物资出售等。该科目的贷方登记收入的增加，借方登记收入的减少；将收入结转“本年利润”科目后，本科目无余额。其明细账应按其他业务种类设置。

①收到租金。

借：银行存款

贷：其他业务收入

②月末结转。

借：其他业务收入

贷：本年利润

四、出租商品摊销的核算

商品流通企业将出租商品磨损的价值计入有关成本费用的过程，称为出租商品摊销。出租商品在使用过程中，因磨损使价值不断减少。这部分出租商品的摊销价值将从当期收入中得到补偿。出租商品摊销时，借记“其他业务成本”科目，贷记“出租商品”科目。出租商品摊销额的计算可采用分期（次）摊销法，即按出租商品的类别或品种，分别估计其使用期限（或次数）和预计残值，将其原进价与预计残值的差额分期（次）平均摊销。

【例 5-4】 资料承【例 5-2】，该企业出租的儿童玩具车按 5 个月进行分摊，每月的摊销额为 5 000 元（25 000÷5）。该企业编制如下会计分录：

借：其他业务成本 5 000

贷：出租商品 5 000

第三节 代销商品的核算

一、批发企业代销的核算

（一）委托代销商品的核算

委托代销商品有以下两种核算方式：

1. 视同买断方式的核算

视同买断方式，是指由委托方和受托方签订协议，委托方按协议价收取所代销商品的货款，实际售价可由受托方自定，实际售价与协议价之间的差额归受托方所有。当委托代销商品符合收入确认条件时，委托方应确认相关销售商品收入。如果委托方和受托方之间的协议明确规定，将来受托方未将商品售出时可以将商品退回给委托方，或受托方因代销商品出现亏损时可以要求委托方补偿，那么委托方在交付商品时不确认收入，受托方也不作购进商品处理。受托方将商品销售后，按实际售价确认销售收入，并向委托方开具代销清单；委托方收到代销清单时，再确认本企业的销售收入。

【例 5-5】20××年 8 月 21 日，佳和批发公司委托龙津公司销售甲商品一批，该批商品协议售价总额为 50 000 元，成本总额为 40 000 元，增值税税率为 13%。20××年 10 月 21 日，佳和批发公司收到龙津公司开来的代销清单时，开具增值税专用发票，发票上注明售价 50 000 元，增值税税款 6 500 元。龙津公司实际销售时开具的增值税专用发票上注明售价 70 000 元，增值税税款 9 100 元。假定按代销协议，龙津公司可以将没有代销出去的商品退回给佳和批发公司。佳和批发公司应编制如下会计分录：

①将商品交付龙津公司。

借：发出商品——甲商品 40 000

　贷：库存商品——甲商品 40 000

②收到代销清单。

借：应收账款——龙津公司 56 500

　贷：主营业务收入 50 000

　　　应交税费——应交增值税（销项税额） 6 500

同时结转成本：

借：主营业务成本 40 000

　贷：发出商品——甲商品 40 000

③收到龙津公司货款。

借：银行存款 56 500

　贷：应收账款——龙津公司 56 500

2.收取手续费方式的核算

对委托方来说，委托代销商品收取的手续费实际上是一种劳务收入。与视同买断方式相比，这种代销方式的主要特点是：受托方通常应按照委托方规定的价格销售，不得自行改变售价。在这种方式下，委托方发出商品时，商品所有权上的风险和报酬并未转移给受托方，因此，委托方在发出商品时通常不应确认销售收入，而应在收到受托方开出的代销清单时确认销售收入；受托方应在商品销售后，按合同或协议约定的方法，计算手续费并确认收入。

【例 5-6】资料承【例 5-5】并假定：（1）佳和批发公司与龙津公司签订的代销协议规定：龙津公司应按 50 000 元的价格对外销售，佳和批发公司按售价（不含税）的 10% 支付手续费；（2）20××年 10 月 21 日，龙津公司对外售出商品，向买方开具的增值税专用发票上注明甲商品售价 50 000 元，增值税税额 6 500 元。10 月 25 日，佳和批发公司收到龙津公司交来的代销清单，并向龙津公司开具了一张相同金额的增值税专用发票。10 月 29 日，佳和批发公司收到龙津公司支付的代销商品款（已扣手续费）。佳和批发公司应编制会计分录如下：

①发出商品。

借：发出商品——甲商品 40 000

贷：库存商品——甲商品 40 000

②收到代销清单。

借：应收账款——龙津公司 56 500

贷：主营业务收入 50 000

应交税费——应交增值税（销项税额） 6 500

同时结转成本：

借：主营业务成本 40 000

贷：发出商品——甲商品 40 000

计算应付的代销手续费：

借：销售费用——代销手续费 5 000

贷：应收账款——龙津公司 5 000

③结算货款及手续费。

借：银行存款 51 500

贷：应收账款——龙津公司 51 500

（二）受托代销商品的核算

受托代销商品是指企业接受其他单位委托，代销其他单位的商品。为了加强受托代销商品的管理，按照会计准则的规定，批发企业应设置“受托代销商品”和“代销商品款”科目进行核算。批发企业以收取手续费的方式处理代购代销业务所产生的收入，记入“主营业务收入”或“其他业务收入”科目。

【例 5-7】资料承【例 5-5】，龙津公司接受佳和批发公司的委托代销部分商品。假定龙津公司也为批发商业企业，该企业受托代销商品的核算也有以下两种方法：

方法一：视同买断方式。其会计分录为：

①收到代销商品。

借：受托代销商品——甲商品 50 000

贷：代销商品款 50 000

②销售代销商品。

借：银行存款 79 100

贷：主营业务收入 70 000

应交税费——应交增值税（销项税额） 9 100

借：主营业务成本 50 000

贷：应付账款——佳和批发公司 50 000

③结算货款及税款。

借：应付账款——佳和批发公司 50 000

应交税费——应交增值税（进项税额） 6 500

贷：银行存款 56 500

借：代销商品款 50 000

贷：受托代销商品——甲商品 50 000

方法二：收取手续费方式。其会计分录为：

①收到商品。

借：受托代销商品——甲商品　　50 000
　贷：代销商品款　　50 000

②实际销售商品。

借：银行存款　　56 500
　贷：应付账款——佳和批发公司　　50 000
　　应交税费——应交增值税（销项税额）　　6 500

借：代销商品款　　50 000
　贷：受托代销商品——甲商品　　50 000

③交付代销清单，收到增值税专用发票。

借：应交税费——应交增值税（进项税额）　　6 500
　贷：应付账款——佳和批发公司——甲商品　　6 500

④结算货款及手续费。

借：应付账款——佳和批发公司　　56 500
　贷：银行存款　　51 500
　　主营业务收入　　5 000

二、零售企业代销的核算

零售企业接受委托方的委托代销有两种方式：

一是收取手续费代销；

二是视同买断。

代销方式不同，实行售价金额核算的企业对代销商品的核算方法也不完全相同。

1.收取手续费代销

以收取手续费方式代销商品，即受托方根据所代销的商品数量向委托方收取手续费。这对受托方来说实际上是一种劳务收入。这种代销方式与视同买断方式相比，主要特点是：受托方通常按照委托方规定的价格销售，不得自行改变售价。在这种代销方式下，委托方应在受托方将商品销售后，向委托方开具代销清单时，确认收入；受托方在商品销售后按应收取的手续费确认收入。

零售企业应设置“受托代销商品”“代销商品款”科目，核算代销商品的增减情况。

“受托代销商品”科目核算企业接受其他单位委托代销的商品。该科目的借方登记收到的受托代销商品，贷方登记售出的受托代销商品。期末借方余额，反映企业受托代销商品的接收价或售价。其明细账应按委托单位设置。

“代销商品款”科目核算企业接受代销商品的价款。该科目的贷方登记收到受托代销商品的接收价，借方登记售出受托代销商品的接受价。期末贷方余额，反映企业尚未销售的代销商品的价款。其明细账应按委托单位设置。

收取手续费方式代销商品的会计处理与采用视同买断方式代销商品的会计处理相同。售出受托代销商品后，按售价借记“银行存款”科目，按增值税销项税额贷记“应交税费——应交增值税（销项税额）”科目，按应付委托单位的款项贷记“应付账款——××委托代销单位”科目。按收到的专用发票上注明的增值税税额借记“应交税费——应交增值税（进项税额）”科目并贷记“应付账款——××委托代销单位”科目；同时，按接收价借记“代销商品款”科目，按售价贷记“受托代销商品”科目，按接收价与售价的差额借记“商品进销差价”科目，计算代销手续费等收入，借记“应付账款——××委托代销单位”科目并贷记“其他业务收入”科目，按支付给委托单位的代销款项借记“应付账款——××委托代销单位”科目并贷记“银行存款”科目。

【例 5-8】红土地商场家电组接受广州电器厂的委托代销家用电器一批，该批电器的接收价为 60 000 元，含税售价为 67 800 元，该企业按代销主营业务收入的 10% 收取手续费。该商场受托代销业务有关会计分录如下：

①收到代销商品。

借：受托代销商品——广州电器厂 67 800
　贷：商品进销差价——家电组 7 800
　　　代销商品款——广州电器厂 60 000

②代销商品售出，含税售价为 67 800 元，收取的增值税税额为 7 800 元。

借：银行存款 67 800
　贷：应付账款——广州电器厂 60 000
　　　应交税费——应交增值税（销项税额） 7 800

同时：

借：代销商品款——广州电器厂 60 000
　　商品进销差价——家电组 7 800
　贷：受托代销商品——广州电器厂 67 800

③向委托单位开出代销清单后，收到委托单位开来的增值税专用发票。

借：应交税费——应交增值税（进项税额） 7 800
　贷：应付账款——广州电器厂 7 800

④计算代销手续费收入，同时与委托单位结算货款。

借：应付账款——广州电器厂 67 800
　贷：其他业务收入 6 000
　　　银行存款 61 800

2. 视同买断方式代销

视同买断方式代销商品，即由委托方和受托方签订协议，委托方按协议价收取所代销商品的货款，实际售价可由受托方自定，实际售价与协议价之间的差额归受托方所有。由于这种销售本质上仍是代销，委托方将商品交付给受托方时，商品所有权上的风险和报酬并未转移给受托方，因此，委托方在交付商品时不确认收入，受托方也不作购进商品处理。受托方将商品销售后，应按实际售价确认销售收入，并向委托方开具代销清单。委托方收到代销清单时，再确认本企业的销售收入。

采用视同买断方式收到代销商品时，按售价借记“受托代销商品”科目，按接收价贷记“代销商品款”科目，按售价与接收价之间的差额，贷记“商品进销差价”科目。

售出受托代销商品后，按售价借记“银行存款”“应收账款”等科目，按售价贷记“主营业务收入”科目。

结转营业成本时，按售价借记“主营业务成本”科目，贷记“受托代销商品”科目。同时，按接收价借记“代销商品款”科目，按收到的增值税专用发票上注明的增值税税额，借记“应交税费——应交增值税（进项税额）”科目，按应付给委托单位的款项，贷记“应付账款——××委托代销单位”科目，按支付给委托单位的代销款项，借记“应付账款——××委托代销单位”科目，贷记“银行存款”科目。月终计算分解代销商品的销项税额，借记“主营业务收入”科目，贷记“应交税费——应交增值税（销项税额）”科目；同时，应分摊已销代销商品的进销差价，借记“商品进销差价”科目，贷记“主营业务成本”科目。

【例 5-9】资料承【例 5-8】，红土地商场家电组接受广州电器厂的委托，按不含税接收价 50 000 元代销其家用电器，以视同买断方式核算。红土地商场按含税价 67 800 元进行销售。该企业应编制如下会计分录：

（1）收到代销商品。

借：受托代销商品——广州电器厂　67 800

　贷：商品进销差价——家电组　17 800

　　代销商品款——广州电器厂　50 000

（2）代销商品售出。

①收到款项。

借：银行存款　67 800

　贷：主营业务收入——家电组　67 800

②结转代销商品成本。

借：主营业务成本——家电组　67 800

　贷：受托代销商品——广州电器厂　67 800

③冲销结算。

借：代销商品款——广州电器厂　50 000

　贷：应付账款——广州电器厂　50 000

（3）向委托单位（广州电器厂）开出代销清单后，收到委托方（广州电器厂）开来的增值税专用发票，发票中注明的增值税税额为 6 500 元（50 000×13%）。

借：应交税费——应交增值税（进项税额）　6 500

　贷：应付账款——广州电器厂　6 500

（4）与对方单位结算款项。

借：应付账款——广州电器厂　56 500

　贷：银行存款　56 500

（5）月末计算分解代销商品的销项税额，增值税税率为 13%，则：

销项税额=67 800÷（1+13%）×13%=7 800（元）

借：主营业务收入——家电组　7 800

　贷：应交税费——应交增值税（销项税额）　7 800

（6）月末分摊已销代销商品的进销差价。

借：商品进销差价　17 800

　贷：主营业务成本　17 800

第四节 存货减值的核算

一、存货减值的含义

存货减值是指商品流通企业存货的可变现净值低于其成本。存货成本是指存货的历史成本。可变现净值是指企业在正常经营过程中，以存货预计售价减去预计后续加工成本及销售所必需的预计费用后的价值。可见，可变现净值是指存货未来的净现金流入，而不是指存货的售价或合同价。

成本与可变现净值孰低法是对期末存货按照成本与可变现净值两者之中的低者计价的方法。当成本低于可变现净值时，存货按成本计价；当可变现净值低于成本时，存货按可变现净值计价，并按照成本高于可变现净值的差额计提存货跌价准备，计入当期资产减值损失。以前减记存货价值的影响因素已经消失的，减记的金额应当予以恢复，并在原已计提的存货跌价准备金额内转回，转回的金额计入当期损益。

二、存货可变现净值的确定

商品流通企业在正常生产经营过程中直接用于出售的商品存货，应当以该存货的估计售价减去估计的销售费用和相关税费后的金额确定其可变现净值。在确定其可变现净值时，最关键的问题是确定估计售价。企业确定存货估计售价的情况有：

（1）如果企业与购买方签订了销售合同，并且销售合同订购的数量等于企业持有商品的数量，则该批商品的可变现净值应当以合同价格为计算基础。

（2）如果企业持有库存商品的数量多于销售合同订购的数量，超出部分的库存商品的可变现净值应当以商品的市场销售价格为计算基础。

（3）没有销售合同的库存商品，其可变现净值应当以商品的市场销售价格为计算基础。

三、存货跌价准备的计提方法

商品流通企业在计提存货跌价准备时，应当以单个存货项目为基础，即企业将每个库存商品项目的成本与其可变现净值逐一进行比较，按较低者计量库存商品，并且按成本高于可变现净值的差额计提存货跌价准备。

对于数量繁多、单价较低的库存商品，可以按照类别计提存货跌价准备，即按库存商品类别将其成本总额与可变现净值的总额进行比较，每个库存商品类别均取较低者确定其期末价值。

四、计提存货跌价准备的账务处理

商品流通企业应当设置“存货跌价准备”科目，核算存货的跌价准备。贷方登记计提的存货跌价准备金额，借方登记实际发生的存货跌价损失金额和冲减的存货跌价准备金额。期末余额一般在贷方，反映企业已计提但尚未转销的存货跌价准备。

当存货成本高于其可变现净值时，企业应当按照存货可变现净值低于成本的差额，借记“资产减值损失——计提存货跌价准备”科目，贷记“存货跌价准备”科目。

转回已计提的存货跌价准备金额时，按恢复增加的金额，借记“存货跌价准备”科目，贷记“资产减值损失——计提存货跌价准备”科目。在原计提的存货跌价准备金额内转回，意味着转回的金额以将存货跌价准备的余额冲减至零为限。

【例 5-10】三和商贸公司采用成本与可变现净值孰低法对甲库存商品进行期末计价。

（1）2022年年末，库存商品的账面成本为500 000元，根据当日市价确定的可变现净值为480 000元，“存货跌价准备”科目余额为零。存货跌价准备的计提及会计分录如下：

应计提的存货跌价准备=500 000−480 000=20 000（元）

借：资产减值损失——计提存货跌价准备	20 000	
贷：存货跌价准备		20 000

（2）假设2023年6月30日，甲商品的实际成本为600 000元，其可变现净值为570 000元。存货跌价准备的计提及会计分录如下：

存货跌价准备应保留的余额=600 000−570 000=30 000（元）

应补提的存货跌价准备=30 000−20 000=10 000（元）

借：资产减值损失——计提存货跌价准备	10 000	
贷：存货跌价准备		10 000

（3）假设2023年年末甲商品的实际成本为450 000元，其可变现净值为430 000元。存货跌价准备的计提及会计分录如下：

存货跌价准备应保留的余额=450 000−430 000=20 000（元）

应冲减的存货跌价准备=30 000−20 000=10 000（元）

借：存货跌价准备	10 000	
贷：资产减值损失——计提存货跌价准备		10 000

（4）假设2024年6月30日，甲商品部分已变质，经批准进行报废处理，实际成本为50 000元，已计提存货跌价准备5 000元，增值税税率13%，会计分录如下：

借：资产减值损失	45 000	
存货跌价准备	5 000	
贷：库存商品——甲商品		50 000

同时进项税额转出：

借：管理费用	6 500	
贷：应交税费——应交增值税（进项税额转出）		6 500

（5）假设2024年年末甲商品的实际成本为300 000元，其可变现净值为320 000元。“存货跌价准备”账户余额为15 000元。

由于预计可变现净值大于商品的实际成本，则按其实际成本计价，并将原“存货跌价准备”账户余额冲减至零。

会计分录如下：

借：存货跌价准备	15 000	
贷：资产减值损失——计提存货跌价准备		15 000

商品流通企业结转存货销售成本时，对于已计提存货跌价准备的，借记“存货跌价准备”科目，贷记“主营业务成本”“其他业务成本”等科目。

【例 5-11】2023 年，烟台某商品流通企业的甲产品库存为 100 台，每台成本 3 000 元。该存货已经计提的存货跌价准备为 40 000 元。2024 年，该企业将库存的 100 台甲产品以 3 500 元/台的价格售出。假定不考虑其他因素，该企业应编制如下会计分录：

借：主营业务成本　　260 000

　　存货跌价准备　　40 000

　贷：库存商品——甲产品　　300 000

提质增素小案例

獐子岛“扇贝”跑路事件

北斗：扇贝扇贝，听到请回答。

扇贝：北斗北斗，收到、收到！

端午节假期前的最后一个交易日，证监会发布了一个重磅处罚决定，目标正是曾多次上演“扇贝跑路”的A股上市公司“獐子岛”！

这次，证监会借助北斗导航卫星，终于破解了獐子岛的“扇贝之谜”，使之前一连串的弥天大谎被彻底揭开！

证监会对獐子岛公司给予警告，并处以60万元罚款，对15名责任人员处以3万元至30万元不等的罚款，对4名主要责任人采取5年至终身市场禁入。

同时，獐子岛发布公司公告：董事长总裁吴厚刚、海外贸易业务群执行总裁勾荣、证券事务代表张霖辞职。

之前是扇贝跑路了、扇贝饿死了、扇贝淹死了……这下变成了管理层高管集体跑路！你们说，惊不惊喜意不意外！

历经17个月，证监会可谓花费了大量的人力物力财力，直接借用了北斗导航定位系统，更是委托了中科宇图科技股份有限公司和中国水产科学研究院东海水产研究所这两家专业机构。

于是，獐子岛扇贝云游四海的故事终究成为了一个传说！

虽说獐子岛的造假性质没有瑞幸咖啡事件严重，但很多网友不满意的地方就是：獐子岛可是6年连续4次造假，对市场的影响非常恶劣，而证监会仅仅对獐子岛公司罚款60万元，对责任人员罚款30万元。

这是因为证监会目前查实的獐子岛违法违规行为，是发生在新证券法生效之前，所以只能按照当时有效的法律进行处罚。

不过，2020年3月1日生效的新证券法，大幅度提高了对信息披露违法违规的处罚力度。

对涉及虚假披露、误导性陈述的信息披露义务人，罚款额度从最低30万、最高60万元，提高到最低100万元、最高1 000万元。

随着大数据、云计算等技术逐渐成熟，相信未来的监管会更加高效！

资料来源　佚名. 历时 6 年 造假 4 次！獐子岛“扇贝去哪儿了”迎终极结局！[EB/OL].（2020-06-29）. https://finance.sina.com.cn/roll/2020-06-29/doc-iircuyvk0977880.shtml. 有删减.

课堂讨论：

（1）獐子岛是如何进行财务舞弊的，其造假行为对企业的存货产生了什么样的影响？

（2）财务人员应该如何正确、合理地反映存货的减值问题？

（3）“北斗”在证监会的调查中发挥了什么作用？

提质增素目标：

（1）理解存货期末计量的原则——成本与可变现净值孰低法的内涵，培养谨慎估计的职业素养。培养学生的自主探究能力和诚信守法的职业道德。

（2）充分感受我国科技进步对会计职业的极大助力，力争实现价值塑造与知识、能力相融合。

■ 本章小结

● 商品流转其他业务的核算是对商品批发和零售业务核算的补充，具体包括商品加工、出租、代销、减值业务的核算。

● 商品委托加工业务支付加工费时记入“委托加工物资”科目，商品自行加工业务支付加工费时记入“库存商品”科目。

● 出租商品取得租金收入时记入“其他业务收入”科目，出租商品摊销时记入“其他业务成本”科目。

● 代销商品业务处理通常有收取手续费和视同买断两种方式。企业在收取或支付代销手续费时，分别通过“其他业务收入”“销售费用”科目计入当期损益。视同买断方式下，委托方按协议价确认销售收入，而受托方则按实际对外售价确认收入。

● 商品流通企业的存货减值按成本与可变现净值孰低法计提存货跌价准备，并计入当期资产减值损失。

■ 主要概念

委托加工和自行加工　视同买断方式　收取手续费方式　存货减值　成本与可变现净值孰低法

■ 基本训练

一、填空题

1. 商品流通企业加工商品业务有两种方式，即________和________。

2. 委托加工商品通过设置________科目核算，该科目应按________和________设置明细账。

3. 自行加工商品通过设置________科目核算。

4. 商品流通企业出租商品应设置________科目核算租出商品的进货原价。

5. 商品流通企业出租商品时收取的租金收入贷记________科目。

6. 出租商品摊销时，借记________科目，贷记________科目。

7. 委托代销商品通常有两种核算方式：________的代销和________的代销。

8. 企业年末计提商品减值准备应记入________账户。

9. 商品流通企业年末计提存货跌价准备一般采用________。

10. 某零售企业采用成本与可变现净值孰低法计提存货跌价准备，20××年年末库存商品成本为1 000万元，当日其可变现净值为950万元，则年末应计提的存货跌价准备金额为________万元（注明借方/贷方）。

11.采用收取手续费方式的代销商品业务，在收到手续费时其收入应记入________科目。

扫码答题

二、单项选择题

1.企业加工商品业务有两种方式：委托其他单位加工和（　　）。

A.省外其他公司加工　　B.自行加工

C.国外其他公司加工　　D.同城其他生产企业加工

2.企业自行加工商品过程中所发生的加工费用，一般应借记（　　）账户。

A.库存商品　　B.其他业务支出

C.加工商品　　D.主营业务支出

3.商品流通企业按年末库存成本计提存货跌价准备，应记入的账户是（　　）。

A.主营业务成本　　B.库存商品　　C.资产减值损失　　D.管理费用

4.对于视同买断的代销方式，委托方确认收入应在（　　）。

A.发出商品时　　B.商品出售时

C.取得受托方开具的代销清单时　　D.签订合同时

5.某零售企业采用成本与可变现净值孰低法计提存货跌价准备，20××年年末库存商品成本为1 000万元，当日其可变现净值为990万元，则年末应计提的存货跌价准备的金额为（　　）。

A.借方10万元　　B.贷方10万元　　C.借方5万元　　D.贷方5万元

6.对于收取手续费的代销方式，委托方确认收入应在（　　）。

A.发出商品时　　B.商品出售时

C.取得受托方开具的代销清单时　　D.签订合同时

7.出租商品的成本价值摊销一般通过（　　）账户计入当期损益。

A.主营业务支出　　B.累计摊销

C.出租商品——摊销　　D.其他业务支出

扫码答题

三、多项选择题

1.“委托加工物资”账户借方登记发给外单位加工的商品的实际成本，包括发出商品的（　　）。

A.进货原价　　B.加工费用

C.加工税金　　D.应负担的运杂费

2.“委托加工物资”账户贷方登记（　　）。

A.加工完成验收入库商品的实际成本

B.收回剩余商品的实际成本

C.发出商品的进货原价

D.委托加工但尚未加工完成商品的实际成本

3.下列账户中期末无余额的有（　　）。

A.库存商品　　B.销售费用　　C.其他业务收入　　D.应交税费

4.下列科目中，属于资产类科目的有（　　）。

A.委托代销商品　　B.受托代销商品　　C.出租商品　　D.代销商品款

5.在受托代销商品的核算中，若采用收取手续费的方式，则账务处理涉及（　　）等科目。

A.主营业务收入　B.受托代销商品　C.代销商品款　D.其他业务收入

6.在受托代销商品的核算中，若采用视同买断的方式，则账务处理涉及（　）等科目。

A.主营业务收入　B.受托代销商品　C.代销商品款　D.其他业务收入

7.在受托代销商品的核算中，若采用视同买断的方式，则结转销售成本的账务处理涉及（　）等科目。

A.代销商品款　B.受托代销商品　C.主营业务成本　D.库存商品

8.在受托代销商品的核算中，若采用收取手续费的方式，则结转销售成本的账务处理涉及（　）等科目。

A.代销商品款　B.受托代销商品　C.主营业务成本　D.库存商品

9.“出租商品”账户的借方登记（　）。

A.出租商品摊销额　B.核销出租商品的进货原价数额

C.出租商品的进货原价　D.核销出租商品的摊销额

10.在出租商品的核算中，账户处理涉及（　）等科目。

A.库存商品　B.出租商品　C.主营业务收入　D.其他业务支出

四、会计分录题

（一）龙达公司20××年9月份发生的有关加工业务如下：

1.2日，与龙州市某服装厂签订委托加工合同，委托加工男式西装2 000套，每套用面料1.8米，共3 600米，价格100元/米，计货款36万元。业务部门已通知仓库发料。

2.4日，开出转账支票支付给龙州市某服装厂，加工费50元/套，共10万元，增值税税额1.3万元。

3.9日，龙州市某服装厂送来加工完毕的男式西装2 000套，验收入库。

4.12日，与龙州市某服装厂签订委托加工合同，发给对方全毛针织绒2 000千克，价格250元/千克，计货款50万元，委托其加工1 000件女式羊毛衫。

5.20日，龙州市某服装厂送来加工完毕的1 000件女式羊毛衫，加工费为10万元，增值税税额1.3万元，公司当即签发转账支票付讫。女式羊毛衫全部验收入库。

6.21日，本企业加工部门领用纯棉布料2 000米加工女裙，价格50元/米。

7.25日，加工部门计提加工该批女裙的人员工资1万元及相应福利费0.14万元，转账支付水电费用0.46万元。

8.30日，女裙加工完成，经验收合格入库。

（二）龙达公司20××年9月份发生的有关代销业务如下：

1.龙达公司委托龙州商场代销女式羊毛衫1 000件，该羊毛衫进价200元/件，售价为300元/件。合同规定代销手续费10%，同日将该1 000件羊毛衫发往龙州。15天后，收到龙州商场交来的“代销商品清单”，开具增值税专用发票，注明羊毛衫的总售价为30万元，增值税税额3.9万元。3天后，收到龙州商场汇来的货款。

2.龙达公司委托福州商场代销女式羊毛衫300件，该羊毛衫进价200元/件。合同规定该款式羊毛衫的协议价为300元/件，同日将该300件羊毛衫发往福州。8天后，收到福州商场交来的“代销商品清单”，实际对外销售时为350元/件。5天后，公司收到福州商场汇来的货款。

（三）龙达公司20××年9月份发生的有关出租商品业务如下：

1.龙达公司附带经营租赁业务，20××年10月，从库存商品拨出复印机100台用于出租，复印机进价为1万元/台，租金为5万元/月，出租时收取押金100万元。该批复印机的出租期为4年，每月摊销2万元，4年后归还复印机，返还押金。收回时复印机已经磨损严重而报废，已摊销96万元。

2.龙达公司附带经营租赁业务，10月，从库存商品调拨出A产品100台用于出租，A产品进价为1 000元/台，租金为1万元/月，出租时收取押金10万元。该批A产品的出租期为2年，每月摊销4 000元，2年后归还A产品，返还押金。收回时A产品已经磨损严重而报废，已摊销9.6万元。

（四）佳宝商贸公司采用成本与可变现净值孰低法对甲库存商品进行期末计价：

1.2023年年末库存商品的账面成本为100万元，根据当日市价确定的可变现净值为95万元，“存货跌价准备”科目余额为零。

2.假设2024年6月30日，甲商品的实际成本为200万元，其可变现净值为190万元。

3.假设2024年年末，甲商品的实际成本为180万元，其可变现净值为185万元。

4.假设2025年6月30日，部分甲商品已变质，经批准进行报废处理，实际成本为10万元，已计提存货跌价准备3万元。

5.假设2025年年末，甲商品的实际成本为100万元，其可变现净值为110万元，“存货跌价准备”账户贷方余额6万元。

6.假设2025年年末，该企业的甲商品库存为100台，成本为5 000元/台。该存货已经计提的存货跌价准备为3万元。年末，该企业将库存的100台甲商品以4 500元/台的价格售出，假定不考虑其他因素。

第六章　非商品存货的核算

■ 学习目标

通过本章的学习，你应该达到以下目标：

知识目标：了解与熟悉非商品存货业务的核算内容。

能力目标：理解与掌握包装物、低值易耗品的摊销方法，运用所学的摊销方法，进行包装物、低值易耗品摊销核算的账务处理。

素养目标：指导学生理解国家经济政策，培养学生具有经世济民的思想和见微知著的素质。

第一节 包装物的核算

一、包装物的概念

包装物是指为了包装本企业商品而储备的各种包装容器，包括专为储备商品不随商品流转而转移的酒坛、油罐、糖缸等，专供包装商品而一次耗用的纸绳、纸袋、纸盒等，还有随商品购销多次反复周转使用的麻袋、油桶、木箱等。

商品流通企业的包装物按其具体用途的不同可分为以下几种：

① 商品流转过程中用于包装商品并作为商品组成部分的包装物。

② 随同商品出售而不单独计价的包装物。

③ 随同商品出售而单独计价的包装物。

④ 出租或出借给购买单位使用的包装物。

下列各项不属于包装物核算的范围：

① 对于各种一次性消耗的包装材料，如纸、绳、铁丝、铁皮等，应作为材料物资核算。

② 用于储存和保管商品而不对外出售的包装物，应按价值大小和使用年限长短，分别在“固定资产”或“低值易耗品”科目核算。

③ 单独列作企业商品的自制包装物，应作为库存商品处理。

二、包装物的核算方法

商品流通企业应设置“周转材料”科目，用于核算企业库存的各种包装物的实际成本或计划成本。该科目的借方登记购进、自制、委托加工收回入库、盘盈的包装物成本；贷方登记领用、出售、摊销、报废、盘亏的包装物成本；期末借方余额，反映企业库存未用包装物的实际成本，并对其数量进行核算。其明细账应按包装物的种类设置。

（一）包装物购进的核算

商品流通企业购进包装物，分为单独购进和随货购进两种方式。随货购进又有单独计价和不单独计价之分。现分别说明其核算方法。

1.单独购进包装物的核算

商品流通企业单独购进的包装物，应按实际成本计价入账。其实际成本包括进价和运杂费等。如果运杂费金额较小，或难按品种划分，可在“销售费用”科目列支。

【例 6-1】某商品流通企业购进包装用油桶 100 个，共计 5 000 元，支付进项税额 650 元，发生运杂费 150 元。油桶已由仓库验收，其价税款及运杂费以银行存款支付。编制如下会计分录：

借：周转材料——油桶	5 150	
应交税费——应交增值税（进项税额）	650	
贷：银行存款		5 800

2.随货购进包装物的核算

随货购进包装物分为单独计价和不单独计价两种情况。商品流通企业随货购进单独计价的包装物，应根据销货单位“发货票”所列的商品价格、包装物成本分别入账。对购进商品和包装物所发生的运杂费，若不易划分归属，可将其作为销售费用入账。

【例 6-2】三和商场购进一批商品计 50 000 元，随货购进木箱 20 个，计 2 000 元，应支付进项税额 6 760 元，发生运杂费 2 000 元，准予扣除的进项税额为 180 元。商品及包装物一并验收入库，价税及运费以支票付清。该企业应编制如下会计分录：

借：库存商品——××商品	50 000	
周转材料——木箱	2 000	
应交税费——应交增值税（进项税额）	6 940	
销售费用——进货运杂费	2 000	
贷：银行存款		60 940

随货购进不单独计价的包装物，其价款已包含在商品进价中，包装物不单独核算，而在“库存商品”科目中反映。如果这些包装物在销售商品时不随货出售，待腾空后仍可继续作为包装物使用的，按估价入账，借记“周转材料”科目，贷记“其他业务收入”科目。

（二）包装物回收的核算

包装物的回收有两种情况：

一是商品流通企业自行回收复用，其核算方法与包装物单独购进相同，此处不再举例说明；

二是商品流通企业代其他单位回收包装物，回收的包装物不作包装物购进处理。

回收时所垫付的价款，以“其他应收款”科目反映，收取的回收手续费作“其他业务收入”处理。

【例 6-3】三和商场代制糖厂回收糖袋 2 000 条，每个回收价 5 元，共计 10 000 元，价款以现金付讫。该企业应编制如下会计分录：

借：其他应收款——某制糖厂	10 000	
贷：库存现金		10 000

代其他单位回收的包装物，虽不属本企业所有，也不作为包装物核算，但为了保护包装物的安全完整，应将其记入备查簿，所以，在回收糖袋时，应按其价值记：

借：代管商品物资——糖袋	10 000	

将回收的糖袋送交制糖厂，收到糖袋回收款及手续费（假定按回收款的10%计算）时，编制如下会计分录：

借：银行存款	11 000	
贷：其他业务收入——手续费收入		1 000
其他应收款——某制糖厂		10 000

同时，将代管商品物资表外科目核销：

贷：代管商品物资——糖袋		10 000

（三）包装物发出的核算

商品流通企业包装物的发出，有领用、出售等方式。

1.包装物领用的核算

对于领用的包装物，应区别下列情况分别处理：

（1）随同商品出售不单独计价的包装物领用时：

借：销售费用——包装费

　贷：周转材料

（2）随同商品出售单独计价的包装物领用时：

借：其他业务成本

　贷：周转材料

（3）周转用包装物领用时：

借：周转材料——在用包装物

　贷：周转材料——在库包装物

（4）一经领用即消耗掉的包装物领用时：

借：销售费用——包装费

　贷：周转材料

2.包装物出售的核算

商品流通企业包装物的出售有单独出售和随货出售两种。

（1）单独出售。为了避免资金积压，商品流通企业对经营过程中闲置或多余的包装物，经批准，可以单独出售。出售包装物，属于企业的附营业务。其收入通过“其他业务收入”科目核算，而其销售成本则记入“其他业务成本”科目。

【例 6-4】三和商场经批准出售一批多余包装物，账面净值为 3 000 元，取得包装物收入 5 000 元，应收增值税 650 元，所收价税款当即存入银行。根据有关凭证，该企业应编制如下会计分录：

借：银行存款	5 650	
贷：其他业务收入——出售包装物		5 000
应交税费——应交增值税（销项税额）		650

同时，结转包装物的成本：

借：其他业务成本——出售包装物	3 000	
贷：周转材料		3 000

（2）随货出售。包装物随货出售有单独计价和不单独计价两种情况。对于单独计价随货出售的包装物，应在发货票上分别列示商品、包装物的价格以及应收取的增值税，一并同购货单位进行结算。

【例 6-5】三和商场出售商品一批，售价为 30 000 元，随货出售包装物的账面净值为 400 元，售价为 500 元，应收取的增值税为 3 965 元，价税款已向银行办妥托收手续。根据有关凭证，该企业应编制如下会计分录：

借：应收账款——某购货单位	34 465	
贷：主营业务收入——××商品		30 000
其他业务收入——出售包装物		500
应交税费——应交增值税（销项税额）		3 965

结转包装物成本时，编制如下会计分录：

借：其他业务成本——出售包装物	400	
贷：周转材料		400

随货出售的包装物如果不单独计价，应在出库时，按其成本，借记“销售费用”科

目，贷记“周转材料”科目。

(四) 包装物摊销的核算

包装物在不断周转使用过程中，会因磨损而逐渐减少其价值，将这部分减少的价值采用一定的方法计算摊入销售费用，即包装物摊销。包装物摊销的方法一般有一次摊销法、分次（分期）摊销法、降等摊销法及按使用程度估价摊销法等。

1.一次摊销法

一次摊销法是指低值易耗品或包装物在领用时就将其全部账面价值计入相关资产成本或当期损益的方法。一次摊销法通常适用于价值较低或极易损坏的管理用具等。其领用时：

借：销售费用

　　管理费用

　贷：周转材料

2.分次（分期）摊销法

分次（分期）摊销法是指包装物的成本按照使用次数，分次摊入相关资产成本或当期损益的方法。其计算公式如下：

某种包装物月（次）摊销额=（该包装物原价-残值）÷估计使用月数（或次）

【例 6-6】三和商场有铁桶 100 个，价格 80 元/个，计 8 000 元，预计可使用 4 年，估计每个残值 2 元，包装物按月摊销，则：

铁桶每月摊销额=（8 000-200）÷（4×12）=162.50（元）

根据计算结果，编制如下会计分录：

借：销售费用——包装费　162.50

　贷：周转材料——包装物摊销　162.50

3.降等摊销法

降等摊销法是以包装物原账面等级金额与新鉴定等级金额之间的差额作为包装物摊销额的一种方法。采用此法的企业，应合理规定包装物等级标准，并严格执行清查盘点制度，使计算出的摊销额比较符合实际。

【例 6-7】某商品流通企业期初有一级铁桶 200 只，每只 60 元，共计 12 000 元。月底经实地盘点鉴定，其中 80 只降为二级，每只 40 元，降级差额 1 600 元（（60-40）×80)，作为包装物的摊销额。该企业应编制如下会计分录：

借：销售费用——包装费　1 600

　　周转材料——在用包装物（二级铁桶）　3 200

　贷：周转材料——在用包装物（一级铁桶）　4 800

由于降等摊销法事前统一规定包装物的等级，因此确定包装物的现值比较方便。但若企业包装物种类很多，要逐个鉴定新等级，其工作量繁重，所以，这种方法一般只适用于品种不多、数量较大、使用时间较长、等级容易划分的包装物。

4.按使用程度估价摊销法

按使用程度估价摊销法是根据包装物的使用程度，重新估价，将估价金额与账面金额的差额作为本期包装物摊销额的一种方法。此方法一般结合定期盘点工作进行。

按使用程度估价摊销法可与分次（分期）摊销法结合使用，即在年度内各月份使用分次（分期）摊销法计算摊销额，年末通过实地盘点对包装物重新估价，并据以调整账面价值，使账面价值与实际价值大体一致。

【例 6-8】某商品流通企业年内采用分期摊销法计算包装物铁桶的摊销额，年末，该批铁桶的账面净值为 3 600 元。平时摊销时铁桶少记摊销额 150 元，应予补摊。该企业应编制如下会计分录：

借：销售费用——包装费 150

　贷：周转材料——包装物摊销 150

若企业年末冲销多摊的数额，应作与补摊相反的会计分录。

由于按使用程度估价法能使包装物账面价值与实际价值基本一致，因此，计算的摊销额较为准确。但这种方法不能反映包装物的日常磨损情况，同时，包装物的盘点数量和估价标准必须准确可靠，否则就会影响摊销额的准确性，故它适用于包装物数量较少或品种单一的企业。

（五）包装物租借的核算

1.包装物租入、借入的核算

商品流通企业从其他单位租入、借入包装物，因包装物所有权不属于本企业，故不在“周转材料”科目核算，而采用代管财产的办法记入备查簿。记载时，应按租出、借入单位分户登记租、借包装物的品名和数量，归还后进行注销。

为了保证及时返还和承担妥善保管的经济责任，租入包装物时，一般要交付一定的押金。押金具有存出保证金性质，归还包装物即可收回，应以“其他应收款——存出保证金”科目核算。支付租金或折损费，以“销售费用”列支。

【例 6-9】某商品流通企业购进商品一批，同时租入包装箱 30 只，支付押金 800 元，支付租金 226 元，其中增值税税额为 26 元，以转账支票支付。该企业有关会计分录如下：

（1）支付押金：

借：其他应收款——存出保证金 800

　贷：银行存款 800

同时，将包装物记入“代管商品物资”备查簿。

（2）支付租金：

借：销售费用——包装费 200

　　应交税费——应交增值税（进项税额） 26

　贷：银行存款 226

（3）租赁期满归还包装物，并收回押金存入银行：

借：银行存款 800

　贷：其他应收款——存出保证金 800

同时，将“代管商品物资”备查簿中此笔包装物予以注销。

2.包装物出租、出借的核算

商品流通企业出租、出借包装物时，应根据包装物的出库凭证，借记“周转材料——出租包装物（或出借包装物）”科目，贷记“周转材料——库存包装物”科目。收取出租、出借包装物押金时，借记“银行存款”等科目，贷记“其他应付款——存入保证金”

科目。

出租包装物是商品流通企业的一项非基本经营业务。在包装物出租期间，企业应按规定收取租金，作为一项业务收入，记入“其他业务收入”科目。收取出租包装物的租金时，借记“银行存款”或“库存现金”科目，贷记“其他业务收入”科目。

因出租包装物而损耗的价值以及由企业负担的修理费用等支出，作为其他业务成本处理。支付修理费时，借记“其他业务成本”科目，贷记“银行存款”“库存现金”等科目。计提出租包装物摊销额时，借记“其他业务成本”科目，贷记“周转材料——包装物摊销”科目。

因出借包装物而发生的包装物价值损耗（即出借包装物摊销额）以及由企业负担的出借包装物修理费，在销售费用列支。计提出借包装物摊销额时，借记“销售费用”科目，贷记“周转材料——包装物摊销”科目。支付出借包装物修理费时，借记“销售费用——包装费”科目，贷记“银行存款”等科目。

租赁期或借用期满，企业应及时回收包装物，并加强回收包装物的检查与清点工作，重新办理入库手续，收回出租或出借包装物的会计分录与出租或出借包装物的会计分录相反。退还押金时，应冲销“其他应付款——存入保证金”科目。

【例 6-10】三和商场出租包装物 25 件，出借包装物 30 件，每件 50 元，每件收取押金 60 元，共计 3 300 元。收取租金 904 元，其中含增值税 104 元。以现金支付出租包装物修理费 80 元，出借包装物修理费 50 元。按分期摊销法计算出租包装物摊销额 125 元，出借包装物摊销额 150 元。该企业应编制如下会计分录：

(1) 租（借）包装物：

借：周转材料——出租包装物　　1 250

　　　　　　——出借包装物　　1 500

　贷：周转材料——库存包装物　　2 750

(2) 收到出租（出借）包装物押金：

借：银行存款　　3 300

　贷：其他应付款——存入保证金　　3 300

(3) 支付出租、出借包装物修理费：

借：其他业务成本——出租包装物修理费　　80

　　销售费用——出借包装物修理费　　50

　贷：库存现金　　130

(4) 摊销出租、出借包装物：

借：其他业务成本——出租包装物摊销额　　125

　　销售费用——出借包装物摊销　　150

　贷：周转材料——包装物摊销　　275

(5) 收到出租包装物租金：

借：银行存款　　904

　贷：其他业务收入——出租包装物租金收入　　800

　　　应交税费——应交增值税（销项税额）　　104

(6) 出租（出借）包装物到期归还，退还押金：

借：其他应付款——存入保证金 3 300

贷：银行存款 3 300

同时：

借：周转材料——库存包装物 2 750

贷：周转材料——出租包装物 1 250

——出借包装物 1 500

（六）包装物报废的核算

对于不能继续使用的包装物，商品流通企业应按规定手续申请报废。报废时，由保管部门填制“包装物报废单”，填列报废包装物的品名、规格、数量、报废原因、日期以及估计残值等。经批准后，会计部门据以进行注销包装物的账务处理。

1.周转用包装物报废的核算

周转用包装物报废时，将包装物摊余价值扣除残值后的差额作为摊销额，记入“销售费用”科目。

【例 6-11】三和商场有在用铁桶一批，账面价值为 1 000 元，因不能继续使用，经批准报废。该批铁桶已摊销价值为 800 元，变卖残料收到现金 100 元。该企业应编制如下会计分录：

借：销售费用——包装费 100

库存现金 100

贷：周转材料——在用包装物 200

2.出租或出借包装物报废的核算

出租、出借的包装物报废时，应将包装物的摊余价值扣除残料价值后的差额，作为报废包装物的摊销额，前者借记“其他业务成本”科目，后者借记“销售费用”科目；同时，将报废包装物的残料价值，借记“材料物资”等科目，将报废包装物的实际成本减去残料价值后的差额与已提摊销对冲，借记“周转材料——包装物摊销”科目，贷记“周转材料——出租/出借包装物”科目。

【例 6-12】三和商场出租木箱 100 个，每个账面价值为 100 元，计 10 000 元，累计摊销 8 000 元，因不能修复使用，经批准报废，变卖残料收回现金 500 元。该企业应编制如下会计分录：

借：库存现金 500

其他业务成本——出租包装物摊销 1 500

周转材料——包装物摊销 8 000

贷：周转材料——出租包装物 10 000

第二节 低值易耗品的核算

一、低值易耗品的概念

低值易耗品，是指单位价值在规定的标准范围内、使用年限较短的用具和设备，如柜台、货架、办公桌、仪表、简易设备和玻璃器皿等。为了便于管理，有些物品虽然单位价值较高，但使用年限较长，也作为低值易耗品，如苫布、磅秤、各种非机动车辆等。这些物品在有些制度中被列表指名作为低值易耗品管理。此外，用于储存和保管商品的包装物，凡符合低值易耗品标准的，也作为低值易耗品管理与核算。

二、低值易耗品的核算方法

商品流通企业应设置“周转材料”科目，用于核算企业库存的各种低值易耗品的实际成本或计划成本。该科目的借方登记购进、自制、委托加工收回入库、盘盈的低值易耗品成本；贷方登记领用、出售、摊销、报废、盘亏的低值易耗品成本；期末借方余额，反映企业库存未用低值易耗品的实际成本，并对其数量进行核算；同时还应设置“在库低值易耗品”“在用低值易耗品”和“低值易耗品摊销”三个明细科目。

（一）低值易耗品购进的核算

商品流通企业购进低值易耗品应按购进的实际成本入账，即把购进原价、运杂费和包装费作为低值易耗品的入账价格。

【例 6-13】三和商场购进低值易耗品，价款 2 000 元、运杂费 100 元，以现金支付，该企业应编制如下会计分录：

借：周转材料——在库低值易耗品 2 100

贷：库存现金 2 100

【例 6-14】资料承【例 6-13】，假定低值易耗品购入后全部交付使用，该企业应编制如下会计分录：

借：周转材料——在用低值易耗品 2 100

贷：周转材料——在库低值易耗品 2 100

（二）低值易耗品摊销、报废的核算

低值易耗品在企业经营过程中，会由于不断使用而发生磨损，其价值也随之逐渐减少。这部分减少的价值应摊入费用中。企业应根据低值易耗品的使用情况，分别计算其摊销额，并在“管理费用”科目下设置“低值易耗品摊销”明细账进行核算。

低值易耗品的摊销方法主要有一次摊销法、按使用期限分次摊销法等。

1.一次摊销法

一次摊销法是在低值易耗品领用时，将其全部价值摊入管理费用中的一种方法。

【例 6-15】三和商场购进工作服 50 套，每套 100 元，价款以银行存款支付，所购工作服交付使用，按一次摊销法进行摊销，编制如下会计分录：

（1）购入：

借：周转材料——在库低值易耗品 5 000

贷：银行存款 5 000

（2）领用：

借：管理费用——低值易耗品摊销 5 000

贷：周转材料——在库低值易耗品 5 000

采用一次摊销法最简便，但不利于实物管理，一般适用于价值低、使用期短的低值易耗品。

2.分次摊销法

分次摊销法是指某种低值易耗品的原价减去估计残值，差额按预计使用期限平均计算摊销额，分次（分期）摊入管理费用。其做法与包装物的分次（分期）摊销法相同。这种摊销法能均衡各期的费用负担，也较为合理，但计算工作量较大，一般适用于单位价值较高、使用期限较长、使用情况比较稳定的低值易耗品。

【例 6-16】三和商场购进柜台一批，价值 6 000 元，经验收后交付使用，价款以转账支票付讫。领用时采用分次摊销法分两次摊销。有关会计分录如下：

（1）购进时。

借：周转材料——在库低值易耗品　　6 000

　贷：银行存款　　6 000

（2）领用时。

借：周转材料——在用低值易耗品　　6 000

　贷：周转材料——在库低值易耗品　　6 000

（3）月份终了摊销当月领用低值易耗品价值的 50%。

借：管理费用——低值易耗品摊销　　3 000

　贷：周转材料——低值易耗品摊销　　3 000

（三）低值易耗品出售的核算

为了充分提高低值易耗品的使用效率、加速资金的周转，对于企业闲置不用的低值易耗品，可作价出售。其核算方法与出售包装物的核算方法相同。

【例 6-17】三和商场将闲置不用的 2 个柜台作价 600 元出售，其价款存入银行。柜台账面原值 720 元，已摊销 360 元。不考虑相关税费。该企业应编制如下会计分录：

①收到柜台售价款，存入银行。

借：银行存款　　600

　贷：其他业务收入——低值易耗品出售　　600

②注销柜台净值。

借：其他业务成本——低值易耗品出售　　360

　　周转材料——低值易耗品摊销　　360

　贷：周转材料——在用低值易耗品　　720

（四）低值易耗品修理与废弃的核算

为了延长低值易耗品的使用寿命，充分发挥其效能，应对低值易耗品及时进行维修保养。为修理低值易耗品而发生的开支，以“管理费用”等科目列支。

低值易耗品由于磨损而失去使用价值时，应按规定办理报废手续。报废时，应将其摊余价值扣除残料价值后的差额，作为低值易耗品的摊销额，记入“管理费用——低值易耗品摊销”等科目。

【例 6-18】三和商场领用低值易耗品一批，实际成本为 1 500 元，采用分次摊销法已摊销 750 元。领用的低值易耗品因不能继续使用，经批准报废并变卖，残值收入为现金 100 元。该企业应编制如下会计分录：

①借：库存现金　　100

　　贷：周转材料——在用低值易耗品　　100

②借：管理费用——低值易耗品摊销　650
　贷：周转材料——低值易耗品摊销　650

③借：周转材料——低值易耗品摊销　1 400
　贷：周转材料——在用低值易耗品　1 400

（五）低值易耗品盘点的核算

低值易耗品应经常进行实地盘点，以保证账实相符，及时发现管理工作中存在的问题。在盘点过程中，如发现低值易耗品溢余或短缺，应及时进行账务处理。账务处理方法与库存商品盘盈、盘亏的账务处理方法相同。

提质增素小案例　**《限制商品过度包装要求 生鲜食用农产品》强制性国家标准“十问”**

一、什么是生鲜食用农产品过度包装？

答：《限制商品过度包装要求 生鲜食用农产品》强制性国家标准规定，过度包装指的是包装空隙率、包装层数或包装成本超过要求的包装。

二、《限制商品过度包装要求 生鲜食用农产品》的适用对象有哪些？

答：依据《限制商品过度包装要求 生鲜食用农产品》中适用范围的规定，本标准适用于蔬菜（包含食用菌）、水果、畜禽肉、水产品和蛋等生鲜食用农产品商品的销售包装。

三、进口生鲜食用农产品是否也需要参照《限制商品过度包装要求 生鲜食用农产品》强制性国家标准的要求，符合包装物减量的要求？

答：根据《中华人民共和国标准化法》第二十五条，不符合强制性标准的产品、服务、不得生产、销售、进口或提供。因此，进口生鲜食用农产品在国内销售需要符合该强制性国家标准要求。

四、对于有些生鲜食用农产品，货架销售符合层数要求，但电商销售使用快递之后，快递包装是到消费者手上的。这个快递包装是否算销售包装？

答：鉴于生鲜食用农产品的生鲜、易腐等特性和产业需求，销售包装在生鲜食用农产品商品供应链中还有保鲜、保活等功能，《限制商品过度包装要求 生鲜食用农产品》国家标准中3.2条款“销售包装”的定义中特别注明“不包括物流防护包装以及冷却、气体调节、防潮等保鲜保活功能性用品”。快递包装为物流包装，因此不算销售包装。

五、哪些包装材料计入包装层数？哪些包装材料不计入包装层数？

答：包装层数的计算过程中，装入整个生鲜食用农产品的网兜/网套计为一层；两种材料叠加、抽屉式组合包装计为一层；敞口手提袋不计为一层；简单捆扎绳、标签、标识、贴体包装、包装衬垫、隔离物、填充物、缓冲物不计为一层；紧贴销售包装外的热收缩薄膜不计为一层。计算时，直接接触生鲜食用农产品的包装为第一层，依此类推，最外层包装为第N层，N即为包装的层数。

六、哪些包装材料计入包装成本？哪些包装不计入包装成本？

答：计入包装成本的销售包装包括：包装材料、拎袋、网袋/网兜、网套、捆扎物、衬垫、小型工器具、非生鲜食用农产品类赠品等，不包括冷却、气体调节、防潮等保鲜保活功能性用品。

七、农产品销售价格容易波动，以哪个销售价格作为判定包装成本是否超标的依据？

答：依据《限制商品过度包装要求 生鲜食用农产品》中“5.5包装成本”计算方法的说明“商品的销售价格是指合同价格，未签订合同的以实际交易价格为准，均为该商品所属批次的最高价格”，商品的销售价格为所属批次的最高合同价格。

八、标准发布日期至实施日期之间的过渡期怎么安排？

答：《限制商品过度包装要求 生鲜食用农产品》强制性国家标准自发布日期到实施日期之间的过渡期为6个月。考虑到实施之后，仍有部分实施之日前生产或进口的生鲜食用农产品继续销售，为避免浪费，在标准的第七章规定：本文件实施之日前生产或进口的生鲜食用农产品可销售至保质期结束。自实施之日起，市场上不允许再生产不符合新标准包装要求的生鲜食用农产品。因此，我们呼吁企业在过渡期内尽快完成整改达标。

九、消费者如何快速判断包装是否属于过度包装？

答：消费者一般可以通过“一看、二问、三算”，简单判断商品是否属于过度包装。“一看”，就是要看商品的外包装是否为豪华包装，包装材料是否属于昂贵的材质；“二问”，就是在不拆开包装的情况下，问清包装层数，判断蔬菜（包含食用菌）和蛋类包装是否超过3层，水果、畜禽肉、水产品类的包装是否超过4层；“三算”，就是要测量或估算外包装的体积，并与允许的最大外包装体积进行对比，看是否超标。以上三个方面，只要一个不符合要求，就可以初步判定为不符合标准的要求。我们呼吁消费者尽量不选购过度包装的商品，抵制过度包装行为，以自身行动践行绿色低碳消费理念。

十、包装空隙率如何快速判定？

答：（一）称量或者找出生鲜食用农产品的总质量。确定是否存在小包装以及最小包装总质量，根据生鲜食用农产品品类和最小包装总质量确定包装空隙率。

（二）计算出允许的最大外包装体积。

允许的最大外包装体积=商品必要空间系数×总质量/（1-包装空隙率）

（三）测量商品的外包装体积。

（四）将允许的最大外包装体积和实测的外包装体积进行比较，若实测外包装体积大于允许的最大外包装体积，则包装空隙率不符合标准要求，如果实测外包装体积小于等于允许的最大外包装体积，则包装空隙率合格。

资料来源 国家市场监督管理总局.《限制商品过度包装要求 生鲜食用农产品》强制性国家标准“十问”[EB/OL].（2023-09-22）.https://www.gov.cn/zhengce/202309/content_6905711.htm.

课堂讨论：

（1）过度包装有何危害和隐患？

（2）国家市场监督管理总局出台限制商品过度包装的相关法规的目的是什么？

提质增素目标：

（1）明确关于包装物核算的会计知识。

（2）提升在实务工作中理解国家政策的能力。

■ 本章小结

● 包装物若单独购进或随货单独计价购进，则记入“周转材料”科目核算；若随货不单独计价购进，则通过“库存商品”科目核算。

● 包装物领用一般记入“销售费用”科目；包装物随货出售单独计价，则记入“其他业务收入”科目；包装物若随货出售不单独计价，则记入“周转材料”科目。

● 包装物的摊销方法一般有一次摊销法、分次（分期）摊销法、降等摊销法及按使用程度估价摊销法等。

● 低值易耗品应以购进原价、运杂费和包装费作为入账成本，其摊销、报废成本记入“管理费用”等科目。

● 低值易耗品的摊销方法主要有一次摊销法、分次摊销法等。

■ 主要概念

包装物　低值易耗品　一次摊销法　分次（分期）摊销法　降等摊销法　按使用程度估价摊销法

■ 基本训练

一、填空题

1.随同商品出售不单独计价的包装物领用时借记________科目。

2.随同商品出售单独计价的包装物领用时借记________科目。

3.包装物的摊销方法主要有________、________、________等摊销法及按使用程度估价摊销法等。

4.收取出租、出借包装物的押金时贷记________科目。

5.“周转材料”账户下可设置________、________、________三个低值易耗品明细账户。

6.购进多种低值易耗品所发生的运费数额较小、难以划分品种的，可直接记入________账户。

7.低值易耗品的摊销方法有________、________等。

8.商品流通企业取得出租包装物的租金收入时应贷记________科目。

9.商品流通企业出售原材料、包装箱、低值易耗品等的收入应记入________科目。

二、单项选择题

扫码答题

1.某商品流通企业的低值易耗品摊销时采用一次摊销法，若本月购入1 500元的打印纸，则其摊销时应借记（　　）科目。

A.销售费用　　B.采购成本

C.管理费用　　D.财务费用

2.下列包装物的摊销方法中，手续相对简便但费用不均衡的是（　　）。

A.一次摊销法　　B.分期摊销法　　C.降等摊销法　　D.盘存估价摊销法

3.包装物购进时单独计价，而当随同商品出售不单独计价时，应当通过（　　）科目核算。

A.销售费用　　B.其他业务支出　　C.主营业务支出　　D.管理费用

4.某商品流通企业的低值易耗品采用一次摊销法，若本月购入800元的文件架，则其摊销时应借记（　　）。

A.销售费用　　B.采购成本　　C.管理费用　　D.财务费用

5.某批发企业的包装物采用分次摊销法，若2月2日领用5万元，使用期10个月，则5

月应摊销的金额是（ ）。

A.2万元 B.2.5万元 C.3万元 D.5万元

6.下列包装材料中，应在“原材料”科目内核算的是（ ）。

A.随同商品销售的包装材料

B.各种包装材料，如纸、铁丝等

C.用于储存或保管商品的包装材料

D.出租给外单位使用的包装材料

7.下列摊销方法中，适用于价值较低、使用期限较短的包装物的是（ ）。

A.一次摊销法 B.分期摊销法 C.降等摊销法 D.盘存估价摊销法

8.下列摊销方法中，适用于价值较高、使用期限较长、使用情况较稳定的包装物的是（ ）。

A.一次摊销法 B.分期摊销法 C.降等摊销法 D.盘存估价摊销法

9.下列摊销方法中，适用于品种较多且各期领用、报废额较均衡的包装物的是（ ）。

A.一次摊销法 B.分期摊销法 C.降等摊销法 D.盘存估价摊销法

扫码答题

三、多项选择题

1.下列几种情况的收入中，应通过“其他业务收入”账户核算的有（ ）。

A.材料销售 B.代购代销

C.包装物出租 D.库存产品销售

2.下列各项中，属于包装物核算范围的有（ ）。

A.生产过程中用于包装产品并作为产品组成部分的包装物

B.随同产品出售而不单独计价或单独计价的包装物

C.用于储存商品、材料的包装物

D.出租或出借给其他单位使用的包装物

3.下列各项中，属于包装物明细科目的有（ ）。

A.库存未用包装物 B.出租包装物

C.包装物摊销 D.出借包装物

4.下列几种情况中，应当通过“周转材料——包装物”账户核算的有（ ）。

A.单独购进

B.随同商品购进单独计价

C.随同商品购进但不单独计价

D.租入包装物

5.下列各项中，属于“周转材料——低值易耗品”账户核算范围的有（ ）。

A.文件柜 B.收款机 C.汽车 D.货架

四、会计分录题

（一）龙州商场20××年10月份发生以下关于材料物资的经济业务：

1.3日，以现金购入日光灯管2 000支，价格10元/支，计货款20 000元，增值税税额2 600元；拖把1 000支，价格5元/支，计货款5 000元，增值税税额650元；支付市内运杂费50元。已由总务部门验收完毕并入库。

2.6日，从本市购入木料一批，计货款50 000元，增值税税额6 500元，木料运杂费1 000元，款项一并以转账支票付讫，木料已由总务部门验收完毕并入库。

3.10日，购入三夹板50张，价格100元/张，计货款5 000元，增值税税额650元。款项一并以转账支票付讫，三夹板已由总务部门验收完毕并入库。

4.13日，出售多余木料一批，账面价值2 500元，出售价格3 000元，增值税税额390元，款项已收到，存入银行。

5.30日，“材料物资耗用汇总表”显示，维修部门领用修理用铁线圈一批，计5 000元；销售部门领用三夹板50张，计5 000元；销售部门领用日光灯灯管200支，计2 000元；行政部门办公室领用三夹板10张，计1 000元；行政部门领用信封、信纸一批，计1 000元。

（二）龙州商场20××年10月份发生以下关于包装物的经济业务：

1.2日，购进包装商品用纸一批，计货款5 000元，增值税税额650元；包装用绳子100捆，计货款2 000元，增值税税额260元，一并以转账支票付讫，所有包装物由总务部门验收完毕并入库。

2.5日，出租包装物铁桶一批，账面价值5 000元，收取押金5 000元，租期为20天，每天收取租金200元，增值税税额26元，每天摊销150元。押金款项已收到并存入银行，每天租金以现金收取。

3.14日，业务部门领用包装用绳子50捆，计账面价值1 000元。

4.15日，业务部门领用包装用纸一批，计账面价值2 000元。

5.16日，出售一批闲置的包装桶，计5 000元，增值税税额650元，款项已收到并存入银行，该包装桶账面价值4 000元。

6.19日，出售油500千克，计货款4 000元，增值税税额520元，随同油销售的铁桶50个，计货款400元，增值税税额52元。货款尚未收到。该油原进价3 000元，铁桶原进价300元。

7.20日，销售柴油80桶，计货款4 000元，增值税税额520元；随同柴油出售的不单独计价的铁桶账面价值为160元。价款全部收到并存入银行。该柴油每桶原进价40元。

8.21日，因企业经营需要，从其他单位租入包装箱100个，支付押金1 000元，租赁费用500元，到期一次性以现金支付。

9.23日，归还租入的包装箱100个，并以现金支付租赁费500元，收回押金1 000元。

10.25日，收回出租的包装物铁桶一批，转账支付退回押金5 000元。收回的铁桶已不能继续使用，作报废处理，残料出售收回现金1 000元。

11.26日，上个月出租给某单位的包装物纸箱已到期，但对方未能按时归还，没收逾期未退的包装物押金3 000元。

12.30日，业务部门领用包装纸2 000元，包扎商品用绳子1 000元，予以转账。

（三）龙州商场20××年10月份发生以下关于低值易耗品的经济业务：

1.3日，购入电子秤20只，价格60元/只，计货款1 200元，增值税税额156元，已验收入库，款项以转账支票付讫。

2.5日，购入铁皮橱20个，价格800元/个，计货款16 000元，增值税税额2 080元，已验收入库，款项尚未支付。

3.10日，购入小推车20辆，每辆500元，计款项10 000元，增值税税额1 300元，已验收入库，开具商业承兑汇票。

4.10日，领用电子秤10只，每只进价60元，采用一次摊销法。

5.12日，领用铁皮橱10个，每个进价800元，采用分次摊销法（分两次摊销）。

6.15日，领用本月购进的小推车10辆，预计使用2年，用分期摊销法摊销本月负担的费用。

7.21日，出售一组旧货架，含税收入2 320元，增值税税率13%，款项已经收到并存入银行，该货架账面原值5 000元，已经摊销了3 200元。

第七章　商品流通费用和税费的核算

■ 学习目标

通过本章的学习，你应该达到以下目标：

知识目标：了解与熟悉商品流通费用和税费的概念及内容。

能力目标：理解与掌握商品流通费用和税费的核算方法；运用所学的核算方法，进行期间费用、各种税费的会计账务处理。

素养目标：理解国家的税收优惠政策，增强学生的爱国情怀。

第一节　商品流通费用的核算

一、商品流通费用的概念

商品流通费用是指企业在进行购进、销售、调拨和存储等商品流通过程中所耗费的物化劳动和活劳动的货币表现，以及为组织商品流通所必需的其他货币支出。

二、商品流通费用的分类

商品流通费用是商品流通领域内的必要劳动消耗。凡与组织商品流通活动有密切联系的人力、财力、物力的正常消耗都属于商品流通费用的开支范围。商品流通费用分为销售费用、管理费用和财务费用。

（一）销售费用

销售费用是指商品流通企业在购进、销售商品和材料，以及提供劳务的过程中发生的各项费用，具体项目包括：

①在购进商品过程中所发生的运输费、装卸费、保险费、包装费及运输途中的合理损耗和入库前的挑选整理费用等进货费用；

②在销售商品过程中发生的运输费、装卸费、保险费、包装费、展览费和广告费、商品维修费、预计产品质量保证损失等销售费用；

③为销售本企业商品而专设的销售机构（含销售网点、售后服务网点等）的职工薪酬、业务费、折旧费等经营性费用；

④与专设销售机构相关的固定资产修理费用等后续支出；

⑤支付的委托代销手续费。

（二）管理费用

管理费用是指商品流通企业为组织和管理企业生产经营所发生的管理费用，包括企业在筹建期间内发生的开办费、董事会和行政管理部门在企业的经营管理过程中发生的或者应由企业统一负担的公司经费（包括行政管理部门职工工资及福利费、物料消耗、低值易耗品摊销、办公费和差旅费等）、工会经费、董事会费（包括董事会成员津贴、会议费和差旅费等）、聘请中介机构费、咨询费（含顾问费）、诉讼费、业务招待费等。

（三）财务费用

财务费用是指商品流通企业为筹集生产经营所需资金而发生的筹资费用，包括利息支出（减利息收入）、汇兑损益以及相关的手续费、企业发生的现金折扣或收到的现金折扣等。

上述销售费用、管理费用、财务费用属于期间费用，在发生时就计入当期损益。

三、商品流通费用的核算方法

商品流通企业应分别设置“销售费用”“管理费用”“财务费用”等科目，以核算商品流通费用的增减变动情况。“销售费用”“管理费用”“财务费用”均为损益类科目。发生各项费用时，分别借记以上科目；冲减本期费用和期末将“销售费用”“管理费用”“财务费用”的余额结转“本年利润”科目时，分别贷记“销售费用”“管理费用”“财务费用”科目；结转后，“销售费用”“管理费用”“财务费用”科目应无余额。

管理费用不多的商品流通企业，可不设置“管理费用”科目，该科目的核算内容可并入“销售费用”科目核算。

商品流通费用的明细核算，是在“销售费用”“管理费用”“财务费用”科目下，按费用项目设置明细账，以反映各项费用支出的详细情况。明细账的账页格式主要有两种：一种是三栏式；另一种是多栏式。多栏式账页就是在账页的“借方”栏可按费用项目设置若干小栏，不设“贷方”栏，如发生贷方金额，可在“借方”栏用红字记载。月末，各小栏蓝字金额合计数与红字金额合计数之差，就是当月的费用净发生额。销售费用明细分类账见表7-1。

表7-1　销售费用明细分类账

科目：销售费用

20××年		凭证		摘要	借方						合计	累计
月	日	种类	编号		运杂费	装卸费	整理费	包装费	展览费	…		

（一）销售费用的核算

商品流通企业应设置“销售费用”科目核算企业发生的各项采购及销售费用。该科目的借方登记发生的销售费用；贷方登记期末转入“本年利润”科目的销售费用；“销售费用”科目结转“本年利润”后无余额。

商品流通企业发生各项采购及销售费用时，借记“销售费用”科目，贷记“库存现金”“银行存款”等科目；期末，将归集的销售费用全部转入本年利润时，借记“本年利润”科目，贷记“销售费用”科目。

具体会计分录如下：

①发生并支付费用：

借：销售费用　—××

　贷：库存现金

　　　银行存款

②月末结转到“本年利润”科目：

借：本年利润

　贷：销售费用

【例7-1】20××年12月份，三和商场发生的销售费用及会计分录如下：

①开出转账支票，支付广告费等25 000元。编制会计分录：

借：销售费用——广告费　25 000

贷：银行存款 25 000

②结转本月专设销售机构职工工资及福利费48 000元。编制会计分录：

借：销售费用——工资及福利费 48 000

贷：应付职工薪酬 48 000

③月末结转销售费用。编制会计分录：

借：本年利润 73 000

贷：销售费用 73 000

（二）管理费用的核算

商品流通企业应设置“管理费用”科目核算企业发生的各项管理费用。该科目的借方登记发生的管理费用；贷方登记期末转入“本年利润”科目的管理费用；“管理费用”科目结转“本年利润”后无余额。

商品流通企业发生各项管理费用，借记“管理费用”科目，贷记“库存现金”“银行存款”“应付职工薪酬”“累计折旧”“应交税费”“累计摊销”“长期待摊费用”等科目。期末，将管理费用全部转入本年利润时，借记“本年利润”科目，贷记“管理费用”科目。

具体会计分录如下：

①发生并支付费用：

借：管理费用——××

贷：库存现金

银行存款

应付职工薪酬

累计折旧

应交税费——应交印花税、房产税等

累计摊销

长期待摊费用

②月末结转到“本年利润”科目：

借：本年利润

贷：管理费用

【例 7-2】20××年 12 月份，三和商场发生的管理费用及会计分录如下：

①开出支票，支付本月业务招待费，共计18 000元。编制会计分录：

借：管理费用——业务招待费 18 000

贷：银行存款 18 000

②按规定计提行政管理部门固定资产折旧费5 000元，结算行政管理部门人员工资及福利费10 000元。编制会计分录：

借：管理费用——工资及福利费 10 000

——折旧 5 000

贷：应付职工薪酬 10 000

累计折旧 5 000

③期末结转管理费用。编制会计分录：

借：本年利润　33 000

　贷：管理费用　33 000

（三）财务费用的核算

商品流通企业应设置“财务费用”科目核算企业发生的手续费、利息支出（减收入）、汇兑损失等各项财务费用。该科目的借方登记发生的财务费用；贷方登记期末转入“本年利润”科目的财务费用等；“财务费用”科目结转“本年利润”后无余额。

商品流通企业发生各项财务费用时，借记“财务费用”科目，贷记“银行存款”“应付利息”等科目；商品流通企业发生利息收入、汇兑收益、现金折扣时，借记“银行存款”“应付账款”等科目，贷记“财务费用”科目。期末，将本期发生的财务费用转入本年利润时，借记“本年利润”科目，贷记“财务费用”科目。

具体会计分录如下：

①支付利息、手续费等：

借：财务费用——××

　贷：银行存款

　　　应付利息

②月末结转到“本年利润”科目：

借：本年利润

　贷：财务费用

【例 7-3】20××年 12 月份，三和商场发生的财务费用及会计分录如下：

①用银行存款支付短期借款利息支出 25 000 元。编制会计分录：

借：财务费用——利息　25 000

　贷：银行存款　25 000

②用银行存款支付银行手续费 2 500 元。编制会计分录：

借：财务费用——手续费　2 500

　贷：银行存款　2 500

③银行通知该企业第四季度银行存款利息收入为 500 元。编制会计分录：

借：银行存款　500

　贷：财务费用　500

④月末结转财务费用。编制会计分录：

借：本年利润　27 000

　贷：财务费用　27 000

应收、应付账款附有现金折扣的，应按照扣除现金折扣前的应收、应付款总额入账。

【例 7-4】三和商场于 20××年 6 月 18 日，购入一批家电产品并已验收入库。增值税专用发票上列明，该批家电的价款为 2 000 000 元，增值税税额为 260 000 元。按照购货协议的规定，三和商场如在 15 天内付清货款，将获得 1% 的现金折扣。三和商场编制会计分录如下：

借：库存商品　2 000 000

　　应交税费——应交增值税（进项税额）　260 000

　贷：应付账款——某公司　2 260 000

如果三和商场于20××年6月28日，按照扣除现金折扣后的金额，用银行存款付清了所欠货款。该百货商场编制会计分录如下：

借：应付账款——某公司　　2 260 000

　贷：银行存款　　2 240 000

　　　财务费用　　20 000

（四）商品流通费用重点项目的核算

1.进货费用的核算

进货费用是指商品流通企业在采购商品过程中发生的运输费、装卸费、保险费以及其他采购商品的费用。

（1）直接计入当期的期间费用统一核算（常用方法）。

设置“销售费用”科目，商品流通企业在采购商品时发生的运输费、装卸费、保险费以及其他采购费用，可以在发生时将进货费用直接计入当期损益，即“销售费用——运杂费”科目。

采购时发生运杂费等：

借：销售费用——运杂费

　贷：银行存款（或应付账款）

（2）进货采购费用先归集后分摊。

设置“库存商品——结存费用”科目，进货的采购费用先进行归集，期末根据所购商品的存销情况进行分摊。对于已售商品的进货费用，计入当期损益；对于未售商品的进货费用，计入期末存货成本。

进货费用可按以下公式计算分摊：

进货费用结存额=期初结存进货费用+本期进货费用

进货费用分摊率=进货费用结存额÷（期初库存商品额+本期商品购进额）

期末库存商品应摊进货费用=期末库存商品余额×进货费用分摊率

期末库存商品应摊进货费用经计算后，其账务处理方法有两种：

①将结存费用留在“销售费用”科目内，编制资产负债表时，将其并入库存商品项目；

②设置“库存商品——结存费用”专户，月末将结存费用由“销售费用”科目转入该专户，借记“库存商品——结存费用”，贷记“销售费用”科目，次月初再由此专户转回“销售费用”科目，作相反会计分录。

【例 7-5】某商品流通企业经营铁矿石的运杂费按存销比例进行分摊，月初运杂费结存为 2 040 元，该月铁矿石进货运杂费为 20 120 元。月初铁矿石库存商品余额为 55.4 万元，全月铁矿石进货额为 102.6 万元，铁矿石期末余额为 55.3 万元。该企业设置“库存商品——结存费用”专户核算。

本期运杂费合计=2 040+20 120=22 160（元）

本期运杂费分摊率=22 160÷（554 000+1 026 000）=0.014

期末库存商品应摊运杂费=553 000×0.014=7 742（元）

本期销售商品应摊运杂费=22 160−7 742=14 418（元）

根据计算结果，编制会计分录如下：

①将本期已销铁矿石应负担的运杂费结转“本年利润”科目：

借：本年利润　14 418

　贷：销售费用——运杂费　14 418

②将本期结存铁矿石应保留的运杂费转入“库存商品——结存费用”专户：

借：库存商品——结存费用　7 742

　贷：销售费用——运杂费　7 742

2.借款费用的核算

借款费用是指企业因借款而发生的利息及其相关成本，包括借款利息、折价或者溢价的摊销、辅助费用以及因外币借款而发生的汇兑差额等。

商品流通企业发生借款费用可以采取两种处理方法：

一是借款费用于发生时直接确认为当期费用，即借款费用计入财务费用，如【例7-3】的处理方法；

二是借款费用予以资本化。借款费用资本化是指借款费用在企业的财务报表中作为购置、建造某些资产的一部分历史成本，即在资产负债表日，按摊余成本和实际利率计算确定的利息费用，借记“在建工程”等科目，贷记“长期借款”“应付债券”等科目。

3.职工薪酬的核算

（1）工资的核算。

工资是指企业使用职工的知识、技能、时间和精力而给予的一种补偿。它是企业对职工的一种负债。工资的核算包括工资的结算和工资的分配两方面内容。

工资的结算即正确计算和发放职工工资。商品流通企业与职工的工资结算内容有：应付职工工资的计算、代扣款项的计算及实发金额的计算和发放。每月应付职工工资额往往不等于实发金额，这是因为在职工的工资结算中，会计部门还要为有关部门代扣一些款项。会计部门根据应付职工薪酬以及各项代扣款项，算出每人的实发工资，编制工资结算凭证，进行工资结算的核算。

商品流通企业应设置“应付职工薪酬”科目核算工资结算及分配情况。该科目的贷方登记企业分配的工资费用，借方登记实际发放的工资及代扣款项，该科目期末一般无余额。

为了进行工资结算的核算，需要编制工资结算凭证作为核算的原始依据。工资结算凭证主要有“工资结算单”或“工资结算卡片”和“工资结算汇总表”等。

【例 7-6】某企业 20××年 5 月工资结算汇总表，见表 7-2。

表 7-2　**工资结算汇总表**　单位：元

20××年 5 月

部门	应付职工薪酬	代扣款项				实收工资
		房租	水电	…	小计	
销售人员	150 850	2 380	1 470	（略）	（略）	（略）
在建工程人员	14 200	100	150			
管理人员	34 480	480	300			
其他业务部门	3 840	100	40			
合计	203 370	3 060	1 960			

根据表7-2编制以下会计分录：

①分配工资。

借：销售费用 150 850
　　管理费用 34 480
　　在建工程 14 200
　　其他业务成本 3 840
　贷：应付职工薪酬 203 370

②结转各种代扣款项。

借：应付职工薪酬 5 020
　贷：其他应付款——房管局 3 060
　　　　　　　——公用事业部门 1 960

③开出支票支付代扣款项。

借：其他应付款——房管局 3 060
　　　　　　——公用事业部门 1 960
　贷：银行存款 5 020

（2）应付社会保险费及住房公积金的核算。

【例 7-7】根据表 7-2，该企业按职工工资总额 6%、16%、1.5%、12% 计提医疗保险费、养老保险费、失业保险费和住房公积金，缴纳给当地社保机构和住房公积金管理机构。

应付各种社会保险费=203 370×（6%+16%+1.5%）=47 791.95（元）

应付住房公积金=203 370×12%=24 404.4（元）

借：销售费用 53 551.75
　　在建工程 5 041
　　管理费用 12 240.40
　　其他业务成本 1 363.20
　贷：应付职工薪酬——社会保险费 47 791.95
　　　　　　　　——住房公积金 24 404.40

（3）其他应付职工薪酬的核算。

其他应付职工薪酬是指工会经费、职工教育经费、解除职工劳动关系补偿等。商品流通企业支付工会经费、职工教育经费用于工会运作和职工培训费时，借记“应付职工薪酬”科目，贷记“银行存款”“库存现金”等科目。

（4）非货币性福利的核算。

非货币性福利是指企业以自产产品或外购商品发放给职工作为福利，将自己拥有的资产无偿提供给职工使用，为职工无偿提供医疗保健服务等。商品流通企业的非货币性福利应按照以下原则处理：

①以外购商品作为非货币性福利提供给职工的，应当按照该商品的公允价值确定应付职工薪酬金额。

②无偿向职工提供住房等资产使用的，应当根据受益对象，将住房每期应计提的折旧计入相关资产成本或费用。租赁住房等资产供职工无偿使用的，应当根据受益对象，将每

期应付的租金计入相关资产成本或费用，并确认应付职工薪酬金额。

③提供给职工整体使用的资产应计提的折旧、应付的租金，应当根据受益对象分期计入相关资产成本或费用；难以认定受益对象的，直接计入管理费用。

需要说明的是，在以自产产品或外购商品发放给职工作为福利的情况下，商品流通企业在进行账务处理时，应当先通过“应付职工薪酬”科目归集当期应计入成本费用的非货币性薪酬金额，以确定完整准确的企业人工成本金额。

【例 7-8】奔腾爱特为一家电脑销售商品流通企业，有职工 150 名，其中销售人员 120 名，总部管理人员 30 名。20××年 10 月，企业决定以其电脑作为福利发放给职工。该电脑单位成本为 10 000 元，单位计税价格（公允价值）为 14 000 元，适用的增值税税率为 13%。该企业有关非货币性福利的会计处理如下：

（1）决定发放非货币性福利。

借：销售费用（120×14 000×（1+13%））　　1 898 400

　　管理费用（30×14 000×（1+13%））　　474 600

　贷：应付职工薪酬　　2 373 000

（2）实际发放非货币性福利。

借：应付职工薪酬　　2 373 000

　贷：主营业务收入　　2 100 000

　　　应交税费——应交增值税（销项税额）　　273 000

同时结转成本：

借：主营业务成本　　1 500 000

　贷：库存商品　　1 500 000

【例 7-9】某商品流通企业为所属各部门经理级别以上职工每人提供一辆汽车供其免费使用，同时为副总裁以上高级管理人员每人租赁一套住房。该企业总部共有部门经理以上职工 40 名，副总裁以上高级管理人员 10 名。假定每辆汽车每月计提折旧 2 000 元，每套住房月租金为 16 000 元。该企业有关非货币性福利的会计处理如下：

（1）确认应付职工薪酬。

每月确认应付职工薪酬=40×2 000+10×16 000=240 000（元）

借：管理费用　　240 000

　贷：应付职工薪酬——非货币性福利　　240 000

（2）每月计提折旧。

借：应付职工薪酬——非货币性福利　　80 000

　贷：累计折旧　　80 000

（3）每月支付住房租金。

借：应付职工薪酬——非货币性福利　　160 000

　贷：银行存款　　160 000

第二节 商品流通税费的核算

一、税费的概念及种类

（一）税费的概念

税费是国家根据税法规定的税率向企业和个人征收的各种税费。国家财政收入的主要来源是企业和个人上缴的各种税金，企业缴纳的税金也形成企业的一项重要支出。商品流通企业依照税法规定及时足额缴纳各种税金，这对于加强企业经济核算、保证国家财政收入、促进国民经济发展有着重要的作用。

（二）税费的种类

根据我国现行税法的规定，商品流通企业缴纳的税费主要有增值税、消费税、企业所得税、关税、城市维护建设税、房产税、城镇土地使用税、车船税、印花税、代扣代缴的个人所得税、教育费附加等。

（三）科目设置

商品流通企业应设置“应交税费”“税金及附加”等科目核算税金支出及其缴纳情况。

“税金及附加”是损益类科目，反映商品流通企业销售商品应负担的税金，包括消费税、城市维护建设税、关税和教育费附加等。该科目的借方登记应缴纳的各种税金及附加，贷方登记期末结转至“本年利润”科目的金额，结转后该科目无余额。

“应交税费”科目核算商品流通企业应交税费的形成及缴纳情况。该科目的贷方登记应缴纳的各种税费，借方登记实际缴纳的税费，期末余额在贷方，表示企业尚未缴纳的税金；期末余额在借方，表示多缴或尚未抵扣的税金。其明细账应按应交税费的种类设置。

二、增值税的核算

（一）征税范围

增值税是指对在我国境内销售货物或提供应税劳务，销售服务、无形资产、不动产以及进口货物的单位和个人，就其取得的货物或应税劳务的增值额征收的一种流转税。凡从事销售或者进口货物，提供应税劳务的单位和个人均为增值税纳税人。

我国现行增值税条例规定，将纳税人按其经营规模的大小及会计核算健全与否分为一般纳税人和小规模纳税人。

商品流通企业一般纳税人是指从事货物批发或零售的纳税人，年应税销售额在500万元以上且会计核算健全，经税务机关审核认定为增值税一般纳税人的企业或个人。其适用13%的税率。

商品流通企业小规模纳税人是指年应税销售额在500万元以下，会计核算不健全，不能按规定报送有关税务资料的从事货物批发或零售的纳税人。其适用3%的征收率。

企业应税服务年销售额超过规定标准（500万元）的纳税人为一般纳税人，未超过规定标准的纳税人为小规模纳税人。根据规定，交通运输业、建筑业等适用9%的税率，租赁有形动产等适用13%的税率，其他部分服务业适用6%的税率。

（二）税率

我国现行《增值税暂行条例》规定：

一般纳税人的增值税税率为13%、9%、6%。

小规模纳税人的征收率为3%。

（三）应纳增值税税额的计算

一般纳税人：当期应纳增值税税额=当期销项税额-当期进项税额

小规模纳税人：当期应纳增值税税额=当期销售额×征税率（3%）

（四）增值税的核算

关于增值税的核算，具体会计分录见第三、四、五章所提到的例子。

需要特别注意的是，购入免税农产品（农业生产者自产）的核算：

进项税额=购买价×9%

验收入库商品的成本=购买价-进项税额

会计分录如下：

借：在途物资（或库存商品）

　　应交税费——应交增值税（进项税额）

　贷：银行存款（或库存现金）

【例 7-10】某商场（一般纳税人）向海南一种植户收购芒果，买价共10万元，用银行存款支付，收购的芒果已验收入库，准予抵扣税率为9%，则：

进项税额=购买价×9%=10×9%=0.9（万元）

验收入库商品的成本=购买价-进项税额=10-0.9=9.1（万元）

会计分录如下：

借：库存商品	91 000	
应交税费——应交增值税（进项税额）	9 000	
贷：银行存款		100 000

（五）小微企业的税收减免政策

根据2017年修订的《中华人民共和国增值税暂行条例》及实施细则、《财政部 税务总局关于实施小微企业普惠性税收减免政策的通知》（财税〔2019〕13号），小微企业普惠性税收减免有关说明如下：

（1）对月销售额10万元以下（含本数）的增值税小规模纳税人，免征增值税。

（2）由省、自治区、直辖市人民政府根据本地区实际情况，以及宏观调控需要确定，对增值税小规模纳税人可以在50%的税额幅度内减征资源税、城市维护建设税、房产税、城镇土地使用税、印花税（不含证券交易印花税）、耕地占用税和教育费附加、地方教育附加。

（3）增值税小规模纳税人已依法享受资源税、城市维护建设税、房产税、城镇土地使用税、印花税、耕地占用税、教育费附加、地方教育附加其他优惠政策的，可叠加享受规定的优惠政策。

对月销售额不超过10万元（按季纳税销售额不超过30万元）的小微企业免征增值税。具体会计核算如下：

①开出增值税普通发票（含税收入）。

借：银行存款（应收账款）

贷：主营业务收入

应交税费——应交增值税（减免税额）

②结转减免税额。

借：应交税费——应交增值税（减免税额）

贷：其他业务收入（或补贴收入）——免税收入

【例 7-11】某商场（小规模纳税人）本月含税销售额共计 25 750 元，全部为现金收入。

不含税销售额=含税销售额÷（1+3%）=25 750÷（1+3%）=25 000（元）

分析：该商场本月不含税销售额为 2.5 万元，小于 10 万元，符合小微企业的减免政策。

减免增值税税额=不含税销售额×3%=25 000×3%=750（元）

借：库存现金	25 750	
贷：主营业务收入		25 000
应交税费——应交增值税（减免税额）		750

同时：

借：应交税费——应交增值税（减免税额）	750	
贷：其他业务收入（或补贴收入）——免税收入		750

三、消费税的核算

《中华人民共和国消费税暂行条例》规定，消费税实行单环节征收，只在生产环节和进口环节征收。对商品流通企业中零售金银首饰等、超豪华小汽车与批发和进口卷烟、电子烟的企业征收消费税，其他批发、零售商品的企业不征收消费税。

（一）税率（额）

对零售金银首饰等、超豪华小汽车的企业征收消费税的税率如下：

① 金银首饰、铂金首饰和钻石及钻石饰品的税率为 5%；

② 超豪华小汽车的税率为 10%。

对批发卷烟、电子烟的企业征收消费税的税率（额）如下：

① 卷烟的税率（额）为 11% 加 0.005 元/支；

② 电子烟的税率为 11%。

对进口卷烟、电子烟的企业征收消费税的税率（额）如下：

①卷烟的税率（额）为甲类卷烟 56% 加 0.003 元/支，乙类卷烟 36% 加 0.003 元/支。

②电子烟的税率为 36%。

（二）应纳消费税税额的计算

应纳消费税税额的计算公式为：

应纳消费税税额=应税消费品的销售额×消费税税率

或 应纳消费税税额=应税消费品的销售数量×定额税率+应税消费品的销售额×比例税率

具体会计分录如下：

①计提时：

借：税金及附加

贷：应交税费——应交消费税

②上交时：

借：应交税费——应交消费税

贷：银行存款

【例 7-12】上海老凤祥珠宝股份有限公司某金银首饰零售商场，20××年 11 月份零售金银首饰不含税收入为 100 万元，增值税税率为 13%，消费税税率为 5%，货款已交存银行，税款于次月 6 日由银行存款交纳。

①确认收入。

借：银行存款　1 130 000

贷：主营业务收入　1 000 000

应交税费——应交增值税（销项税额）　130 000

②计提消费税。

应纳消费税税额=100×5%=5（万元）

借：税金及附加　50 000

贷：应交税费——应交消费税　50 000

③上交消费税。

借：应交税费——应交消费税　50 000

贷：银行存款　50 000

四、城市维护建设税的核算

城市维护建设税是为了加强城市的维护与建设而征收的一种税。它是对缴纳增值税、消费税的单位和个人以其实际缴纳的增值税和消费税税额为计税依据，专门用于城市的公用事业和公共设施的维护建设而征收的一种税，因此是一种附加税。

城市维护建设税的计税依据是纳税人实际缴纳的增值税和消费税税额，不包括非税款项。城市维护建设税税率按纳税单位所在地的不同实行地区差别比例税率。

纳税人所在地在城市市区的，税率为 7%；

纳税人所在地在县城、建制镇的，税率为 5%；

纳税人所在地不在城市市区、县城、建制镇的，税率为 1%。

城市维护建设税的应纳税额按以下公式计算：

应纳税额=（实际缴纳的增值税+实际缴纳的消费税）×适用税率

具体会计分录如下：

①计提时：

借：税金及附加

贷：应交税费——应交城市维护建设税

②上交时：

借：应交税费——应交城市维护建设税

贷：银行存款

【例 7-13】三和商场 20××年 9 月份购进商品 350 000 元，销售额为 950 000 元，增值税税率为 13%，城市维护建设税税率为 7%，未发生应交的消费税。

应交增值税=（950 000−350 000）×13%=78 000（元）

应交城市维护建设税=78 000×7%=5 460（元）

该企业编制的会计分录如下：

①计提时：

借：税金及附加	5 460	
贷：应交税费——应交城市维护建设税		5 460

②上交时：

借：应交税费——应交城市维护建设税	5 460	
贷：银行存款		5 460

五、教育费附加的核算

教育费附加以实际缴纳的增值税、消费税的税额为计征依据，按3%的征收率，与增值税、消费税同时缴纳。地方教育附加的征收率2%。

①计提时：

借：税金及附加

贷：应交税费——应交教育费附加

——应交地方教育附加

②上交时：

借：应交税费——应交教育费附加

——应交地方教育附加

贷：银行存款

【例 7-14】资料承【例 7-13】，该商品流通企业的教育费附加征收率为3%，地方教育附加征收率为2%。

应交教育费附加=78 000×3%=2 340（元）

应交地方教育附加=78 000×2%=1 560（元）

①计提时：

借：税金及附加	3 900	
贷：应交税费——应交教育费附加		2 340
——应交地方教育附加		1 560

②上交时：

借：应交税费——应交教育费附加	2 340	
——应交地方教育附加	1 560	
贷：银行存款		3 900

六、房产税、城镇土地使用税和车船税的核算

（一）房产税

房产税是以房产为征税对象，依据房产价格或房产租金收入向房产所有人或经营人征收的一种税。房产税的纳税人包括产权所有人、经营管理单位、承典人、房产代管人或者使用人。房产税的计税依据是房产的计税价值或房产的租金收入。从价计征，按房产原值

一次减除10%～30%后的余值计算缴纳；从租计征，以房产租金收入为计税依据。房产税的税率有两种：按房产原值一次减除10%～30%的余值计征的，税率为1.2%；按房产出租的租金收入计征的，税率为12%。

（二）城镇土地使用税

城镇土地使用税是以城镇土地为征税对象，对拥有土地使用权的单位和个人征收的一种税。城镇土地使用税的纳税人包括承担缴纳城镇土地使用税义务的所有单位和个人。以纳税人实际占用的土地面积为计税依据，土地面积的计量标准是“平方米”。

城镇土地使用税采用地区幅度定额税率，即采用有幅度的差别税额，按大、中、小城市和县城、建制镇、工矿区分别规定每平方米土地年应纳税额。具体标准如下：大城市1.5～30元/平方米；中等城市1.2～24元/平方米；小城市0.9～18元/平方米；县城、建制镇、工矿区0.6～12元/平方米。

（三）车船税

车船税是对在我国境内拥有并使用车船的单位和个人，按照车船的种类、数量、吨位等实行定额征收的一个税种。车船税的应纳税额应根据不同类型的车船及其适用的计税标准分别计算。其中，乘用车应纳税额的计算公式如下：

应纳税额=应税车辆数量×单位税额

①计提时：

借：税金及附加——车船税

　贷：应交税费——应交车船税

②上交时：

借：应交税费——应交车船税

　贷：银行存款

【例7-15】某商品流通企业有客车10辆，净吨位为20吨的载货汽车5辆，三轮摩托车1辆。该企业所在地的省人民政府规定，客车每辆全年税额为90元，货车每吨全年税额为50元，三轮摩托车每辆全年税额为35元。该企业编制会计分录如下：

①按规定计算车船税。

应纳税额=10×90+5×20×50+35=5 935（元）

借：税金及附加——车船税	5 935	
贷：应交税费——应交车船税		5 935

②上交车船税。

借：应交税费——应交车船税	5 935	
贷：银行存款		5 935

七、印花税的核算

印花税是对企业在经济活动和经济往来中书立、领受的凭证征收的一个税种。因纳税人主要是通过在应税凭证上粘贴印花税票来完成纳税义务，故名印花税。凡发生书立、使用、领受应税凭证的行为，就必须依照印花税法的有关规定履行纳税义务。

应纳税凭证包括：买卖、承揽、建设工程、融资租赁、租赁、运输、仓储、保管、借款、财产保险、技术合同或者具有合同性质的凭证；产权转移书据；营业账簿；证券交易等。纳税人应根据应纳税凭证的性质，按比例税率计算应纳税额。

按比例税率计算应纳印花税税额的公式为：

应纳税额=计税金额×适用税率

购买印花税票并贴花划销或直接向税务机关缴纳时：

借：税金及附加——印花税

贷：银行存款

【例 7-16】福台商品流通企业 20××年 2 月与供应商订立商品买卖合同两份，所载金额为 300 万元，税率为 0.03%；与银行订立借款合同一份，所载金额为 100 万元，税率为 0.005%。税款以银行存款付讫，则：

订立买卖合同应纳税额=3 000 000×0.03%=900（元）

订立借款合同应纳税额=1 000 000×0.005%=50（元）

编制会计分录如下：

借：税金及附加——印花税	950	
贷：银行存款		950

八、企业所得税的核算

企业所得税是对企业、事业单位和社会团体以及其他组织取得的生产经营所得和其他所得征收的一种税。商品流通企业所得税的计算和会计处理将在本书第八章中讲述。

小型微利企业减按 20% 的税率征收企业所得税。自 2023 年 1 月 1 日至 2024 年 12 月 31 日，对小型微利企业年应纳税所得额不超过 100 万元的部分，减按 25% 计入应纳税所得额，按 20% 的税率缴纳企业所得税。自 2022 年 1 月 1 日至 2024 年 12 月 31 日，对小型微利企业年应纳税所得额超过 100 万元但不超过 300 万元的部分，减按 25% 计入应纳税所得额，按 20% 的税率缴纳企业所得税。

上述小型微利企业是指从事国家非限制和禁止行业，且同时符合年度应纳税所得额不超过 300 万元、从业人数不超过 300 人、资产总额不超过 5 000 万元等三个条件的企业。

从业人数，包括与企业建立劳动关系的职工人数和企业接受的劳务派遣用工人数。所称从业人数和资产总额指标，应按企业全年季度平均值确定。具体计算公式如下：

季度平均值=（季初值+季末值）÷2

全年季度平均值=全年各季度平均值之和÷4

年度中间开业或者终止经营活动的，以其实际经营期作为一个纳税年度确定上述相关指标。

提质增素小案例　支持小微企业和个体工商户发展 多项税收优惠政策延续优化至2027年年底

财政部、国家税务总局日前联合发布一系列公告，明确多项支持小微企业和个体工商户发展的税费政策，为经营主体减负担、增动能，促进重点群体创业就业。

为继续减轻小微企业和个体工商户税费负担，公告明确，2027 年年底前，对个体工商户年应纳税所得额不超过 200 万元的部分，减半征收个人所得税；对增值税小规模纳税人、小型微利企业和个体工商户减半征收资源税（不含水资源税）、城市维护建设税、房产税、城镇土地使用税、印花税（不含证券交易印花税）、耕地占用税和教育费附加、地方教育附加；对小型微利企业减按25%计算应纳税所得额，按20%的税率缴纳企业所得税。与此同时，小规模纳税人减免增值税政策也延续至2027年年底，即对月销售额10万元以下（含本数）的增值税小规模纳税人，免征增值税；增值税小规模纳税人适用3%征收率的应税销售收入，减按1%征收率征收增值税；适用3%预征率的预缴增值税项目，减按1%预征率预缴增值税。

为继续推动缓解小微企业和个体工商户融资难、融资贵问题，公告明确，2027年年底前，对金融机构向小型企业、微型企业及个体工商户发放小额贷款取得的利息收入，免征增值税。对金融机构与小型企业、微型企业签订的借款合同免征印花税。纳税人为农户、小型企业、微型企业及个体工商户借款、发行债券提供融资担保取得的担保费收入，以及为上述融资担保提供再担保取得的再担保费收入，免征增值税。

为支持创业就业，两部门还发布了公告，明确延续执行投资初创科技型企业有关税收政策至2027年年底，对于初创科技型企业需符合的条件，从业人数继续按不超过300人、资产总额和年销售收入按均不超过5 000万元执行。为支持应届高校毕业生等重点群体创业就业，公告明确，自2023年1月1日至2027年12月31日，脱贫人口、持《就业创业证》或《就业失业登记证》的人员，从事个体经营的，自办理个体工商户登记当月起，在3年内按每户每年2万元为限额依次扣减其当年实际应缴纳的增值税、城市维护建设税、教育费附加、地方教育附加和个人所得税。限额标准最高可上浮20%，各省、自治区、直辖市人民政府可根据本地区实际情况在此幅度内确定具体限额标准。企业招用上述人员，也享受相应税收优惠政策。公告还明确了进一步扶持自主就业退役士兵创业就业的税收政策。

资料来源 曲哲涵，王观．支持小微企业和个体工商户发展 多项税收优惠政策延续优化至2027年底[EB/OL]．(2023-08-04)．https://www.gov.cn/govweb/zhengce/202308/content_6896550．有删减．

课堂讨论：

（1）国家为什么要延续多项税收优惠政策？

（2）对比分析税收优惠政策延续与不延续的区别。

提质增素目标：

（1）通过所得税的计算，进行数据比较并思考，深入理解所得税会计的内涵。

（2）对比税法思维逻辑与会计思维逻辑。

■ 本章小结

● 商品流通企业在进行商品流转经营活动过程中所耗各种费用支出，主要表现为销售费用、管理费用和财务费用。

● 商品流通企业在进行商品流转经营活动过程中负有依法纳税的义务，主要涉及缴纳的税种有增值税、城市维护建设税、城镇土地使用税、车船税、印花税、教育费附加、企业所得税等。

■ 主要概念

商品流通费用　税金及附加　增值税　城市维护建设税

■ 基本训练

一、填空题

1. 商品流通费用是指企业在进行购进、销售、调拨和存储等商品流通过程中所耗费的________和________的货币表现，以及为组织商品流通所必需的其他货币支出。

2. 商品流通费用分为________、________和________。

3. 每月编制的________是工资核算的依据。

4. 根据我国现行税法的规定，商品流通企业缴纳的税费主要有：________、________、________、城镇土地使用税、车船税、印花税、教育费附加等。

5. 商品流通企业一般纳税人的认定标准要求其年销售额在________万元以上。

6. 我国现行《增值税暂行条例》规定，一般纳税人的增值税税率为________。小规模纳税人的征收率为________。

7. 增值税是对商品生产和流通中各环节的________或商品________进行征税。

8. 增值税的纳税人按其经营规模及会计核算健全与否，划分为________和________。

9. 商品流通企业属于小规模纳税人的，其适用的征收率为________。

10. 我国现行《消费税暂行条例》规定，消费税实行单环节征收，只在________和________征收。商品流通企业中只有________和________的企业征收消费税，其他批发、零售商品的企业不征收消费税。

11. 城市维护建设税按纳税单位所在地的不同实行地区差别比例税率。纳税人所在地在市区的，税率为________；纳税人所在地在县城、建制镇的，税率为________；纳税人所在地不在市区、县城、建制镇的，税率为________。

12. 城市维护建设税以单位和个人实际缴纳的________和________税额为计税依据。

13. 按有关规定，一般纳税人向农业生产者购买免税的农副产品或者向小规模纳税人购买农副产品，准予按照买价的________计算进项税额，从当期的销项税额中扣除。

扫码答题

二、单项选择题

1. 目前，我国商品流通企业增值税税率中的征收率为（　　）。

A.3%　　B.6%

C.9%　　D.13%

2. 三华商场20××年实现销售收入405万元，且不能够准确核算增值税的进项税额和销项税额，则该商场的增值税税率可核定为（　　）。

A.3%　　B.6%　　C.9%　　D.13%

3. 某市金凤商贸公司本月实际上交增值税5万元，则其应交的城市维护建设税为（　　）。

A.500元　　B.2 500元　　C.3 000元　　D.3 500元

4. 按照商品流通企业一般纳税人的标准，要求其年销售额为（　　）。

A.50万元以上　　B.100万元以上　　C.450万元以上　　D.500万元以上

5. 某市华龙商贸公司本月实际上交增值税税额10万元，则其应交的城市维护建设税为（　　）。

A.1 000元　　B.3 000元　　C.5 000元　　D.7 000元

6. 某商品流通企业为修理一固定资产而支付2 000元，则该2 000元应借记（　　）账户核算。

A.“固定资产”　B.“在建工程”　C.“管理费用”　D.“销售费用”

7. 某商品流通企业为小规模纳税人，其购入货物50 000元，增值税税额为1 500元，开具增值税普通发票，则该批货物的记账成本为（　　）。

A.50 000元　B.51 500元　C.48 000元　D.585 000元

8. 三联商贸公司是小规模纳税人，4月1日从本地购入一批商品，其中价款为5万元，增值税税额为0.65万元，开具增值税普通发票，运费为0.20万元，则该批商品的采购成本是（　　）。

A.5万元　B.5.15万元　C.5.85万元　D.6万元

9. 下列行业中，增值税税率为9%的是（　　）。

A.建筑业　B.金融保险业　C.邮电通信业　D.娱乐业

10. 下列税种中，属于附加税性质的是（　　）。

A.城市维护建设税　B.增值税

C.消费税　D.印花税

三、多项选择题

扫码答题

1. 下列各项中，应记入“财务费用”账户核算的有（　　）。

A.利息支出　B.汇兑净损失

C.支付给金融机构的手续费　D.滞纳金

2. 下列各项中，不属于企业支付给员工的工资总额的项目有（　　）。

A.退休费　B.创造发明奖

C.津贴　D.技术创造奖

3. 下列项目中，不能作为费用开支核算的有（　　）。

A.固定资产折旧　B.捐赠支出

C.支付的罚款和滞纳金　D.非正常损失

4. 下列各项中，属于“管理费用——劳动保险费”核算范围的有（　　）。

A.职工退休金

B.职工因公负伤赴外地就医路费

C.6个月以上病假人员工资

D.职工死亡丧葬补助费、抚恤费

5. 小规模纳税人应符合的条件包括（　　）。

A.年应税销售额在500万元以下

B.年应税销售额在700万元以下

C.不能按规定报送有关税务资料

D.会计核算不健全

6. 某企业委托外单位加工一批应税消费品，其中材料成本为20 000元，加工费为3 400元，消费税税率为5%，则下列各项中，不是该应税消费品的应纳消费税税额的有（　　）。

A.1 231.58元　B.1 000元　C.1 170元　D.1 052.63元

7.某企业12月份缴纳的增值税为34 000元，消费税为26 000元，主营业务收入为540 000元，其中城市维护建设税税率为7%，则下列各项中，不是该月份应交城市维护建设税税额的有（　　）。

A.1 820元　　B.2 380元　　C.4 200元　　D.37 800元

四、会计分录题

龙永贸易公司为增值税一般纳税人，适用的增值税税率为13%，201×年12月发生以下经济业务：

1.业务部门签发转账支票，支付宣传费5万元。

2.行政部门购买办公用纸张0.2万元，以现金支付。

3.业务部门招待来访客户0.5万元，以现金支付。

4.提取现金并发放工资，具体如下：经营人员15万元，行政人员5万元，实发工资20万元。

5.按2%提取工会经费，按8%提取职工教育经费。

6.提取本月固定资产折旧费5万元。

7.签发转账支票，支付广告费1万元。

8.本月包装物出租取得收入5万元，适用的增值税税率为13%，签发转账支票缴纳。

9.销售金银首饰100万元，增值税税额为13万元，消费税税率为5%，货款已收并存入银行。

10.本月主营业务应交增值税9万元，应交消费税5万元，城市维护建设税税率为7%，教育费附加征收率为3%。

11.本月应交房产税1万元，应交城镇土地使用税0.5万元，应交车船税0.3万元。

12.与外单位签订一保管合同，保管金额为80万元，印花税为0.08万元。

13.支付本季度银行贷款利息5万元，其中前两个月已预提贷款利息3万元。

14.用银行存款支付本月增值税8万元。

15.将本月未交的增值税1万元转入未交增值税明细账户。

第八章　商品流通企业利润的核算

■ 学习目标

通过本章的学习，你应该达到以下目标：

知识目标：了解与熟悉商品流通企业利润的概念。

能力目标：理解与掌握商品流通企业利润的构成，运用所学的利润核算方法，进行利润结转分配的会计账务处理。

素养目标：让学生意识到国家是企业和人民的强有力的后盾，增强爱国情怀。

第一节 利润概述

一、利润的概念

利润是企业一定会计期间的经营成果，是衡量企业经营业绩的重要指标。利润包括收入减去费用后的净额、直接计入当期利润的利得与损失等，即企业一定期间经营业绩和获利能力的综合反映。利润指标可以评价商品流通企业管理层的经营业绩，并为投资者、债权人等财务会计报告使用者进行决策提供重要的依据。

二、利润的构成

商品流通企业的利润既可以通过商品购销经营活动获得，也可以通过投资活动取得，还可以从与商品购销经营活动无直接关系的交易或事项中取得。商品流通企业的利润包括营业利润、利润总额和净利润。

（一）营业利润

营业利润是指商品流通企业从事商品购销经营活动所产生的利润，是企业利润的主要来源。它能较恰当地反映商品流通企业管理者的经营业绩，有助于投资者、债权人进行盈利预测，并做出正确决策。其计算公式如下：

营业利润=营业收入−营业成本−税金及附加−销售费用−管理费用−财务费用±投资收益±公允价值变动损益±资产减值损失

其中：营业收入包括主营业务收入和其他业务收入；营业成本包括主营业务成本和其他业务成本。

（二）利润总额

利润总额是指营业利润加上营业外收入，减去营业外支出后的金额。其计算公式如下：

利润总额=营业利润+营业外收入−营业外支出

（三）净利润

净利润（或净亏损）是指商品流通企业当期利润总额减去所得税费用后的金额，即企业的税后利润。其计算公式如下：

净利润=利润总额−所得税费用

第二节 营业利润的核算

一、营业收入

营业收入是指商品流通企业在商品购销经营活动中由于销售商品、提供劳务、让渡资产使用权等所取得的收入。营业收入一般分为主营业务收入和其他业务收入。

1.主营业务收入

它是指商品流通企业从事商品销售、提供劳务等活动取得的收入，对企业的经济效益有较大的影响。

具体会计分录如下：

①销售商品时：

借：银行存款（或应收账款、应收票据）

　贷：主营业务收入

　　　应交税费——应交增值税（销项税额）

②月末结转到“本年利润”：

借：主营业务收入

　贷：本年利润

2.其他业务收入

它是指企业各类主营业务以外不独立核算的其他业务或副营业务所取得的收入，如材料销售收入、技术转让收入、固定资产出租收入和包装物出租收入等。其他业务收入具有发生次数不多、每笔收入金额不大、收入不稳定、服务对象不固定以及占营业收入比重低的特点。

具体会计分录如下：

①销售材料、取得租金收入时：

借：银行存款（或应收账款、应收票据）

　贷：其他业务收入

　　　应交税费——应交增值税（销项税额）

②月末结转到“本年利润”：

借：其他业务收入

　贷：本年利润

二、营业成本

营业成本是指商品流通企业在一定期间内为取得一定的主营业务收入和其他业务收入所发生的物化劳动和必要的活劳动的货币支出。与营业收入的分类相对应，营业成本一般分为主营业务成本和其他业务成本。

1.主营业务成本

它是指商品流通企业确认销售商品、提供劳务等主营业务收入时应结转的成本（即已销售商品的进价成本）。

具体会计分录如下：

①结转已销售商品成本时：

借：主营业务成本

　贷：库存商品

②月末结转到“本年利润”：

借：本年利润

　贷：主营业务成本

2.其他业务成本

它是指商品流通企业在从事材料销售、技术转让、固定资产和包装物出租等过程中为取得收入而发生的各项业务成本，如出租包装物的摊销额、出租固定资产的折旧额等。

具体会计分录如下：

①结转已销材料、摊销成本时：

借：其他业务成本

　贷：周转材料

　　　累计折旧

　　　累计摊销

　　　应付职工薪酬

②月末结转到“本年利润”：

借：本年利润

　贷：其他业务成本

三、税金及附加

税金及附加是指按规定税率计提的各种税金及附加费，主要包括消费税、城市维护建设税和教育费附加等。

具体会计分录如下：

①计提时：

借：税金及附加

　贷：应交税费——应交消费税

　　　　　　——应交城市维护建设税

　　　　　　——应交教育费附加

②上交时：

借：应交税费——应交消费税

　　　　　——应交城市维护建设税

　　　　　——应交教育费附加

　贷：银行存款

③月末结转到“本年利润”：

借：本年利润

　贷：税金及附加

四、期间费用

期间费用是指不计入商品成本、直接计入发生当期损益的费用，具体包括管理费用、销售费用和财务费用。

管理费用是指商品流通企业为组织和管理企业商品经营活动而发生的各种费用；销售费用是指商品流通企业销售商品、材料及提供劳务的过程中发生的各种费用；财务费用是指商品流通企业为筹集商品经营所需资金等而发生的各种费用。

具体会计分录如下：

①发生时：

借：销售费用

　　管理费用

　　财务费用

　贷：银行存款等

②月末结转到“本年利润”：

借：本年利润

　贷：销售费用

　　　管理费用

　　　财务费用

五、资产减值损失

资产减值损失是指商品流通企业计提各项资产减值准备所形成的损失，包括存货、长期股权投资、固定资产、在建工程、工程物资、无形资产、商誉等资产发生减值确认的减值损失。

具体会计分录如下：

①计提减值时：

借：资产减值损失

　贷：存货跌价准备

　　　固定资产减值准备等

②资产价值恢复时：

借：存货跌价准备

　贷：资产减值损失

③月末结转到“本年利润”：

借：本年利润

　贷：资产减值损失

六、信用减值损失

信用减值损失是指因应收账款的账面价值高于其可收回金额而造成的损失，其对应科目是“坏账准备”。信用减值损失是企业因购货人拒付、破产、死亡等原因无法收回，而遭受的损失。

具体会计分录如下：

借：信用减值损失

　贷：坏账准备

七、公允价值变动损益

公允价值变动损益是指交易性金融资产及其他以公允价值计量的资产和负债由于公允价值变动形成的损益。

具体会计分录如下：

①公允价值高于账面价值时：

借：相关资产科目

　贷：公允价值变动损益

②公允价值低于账面价值时：

借：公允价值变动损益

　贷：相关资产科目

③月末结转到“本年利润”：

公允价值高于账面价值时：

借：公允价值变动损益

　贷：本年利润

公允价值低于账面价值时：

借：本年利润

　贷：公允价值变动损益

八、投资收益

投资收益是指商品流通企业以各种方式对外投资所取得的收益（或发生的损失）。其中包括：企业根据长期股权投资准则确认的投资收益或投资损失；企业确认的采用公允价值模式计量的投资性房地产的租金收入和处置损益；企业处置交易性金融资产、交易性金融负债、指定为以公允价值计量且其变动计入当期损益的金融资产或金融负债实现的损益；其他债权投资实现的损益；企业的债权投资和买入返售金融资产在持有期间取得的投资收益和处置损益。

第三节　利润总额的核算

一、利润总额的组成

商品流通企业的利润总额是由营业利润和营业外收支组成的。

在利润总额公式中，有关营业利润的内容在本章第二节有详细说明，下面对营业外收支作重点介绍。

二、营业外收入的核算

（一）营业外收入

营业外收入是指商品流通企业发生的与其商品经营活动无直接关系的各项净收入。其主要包括以下内容：

1. 处置非流动资产收入

其包括处置固定资产收入和出售无形资产收入。处置固定资产收入是指企业出售固定资产所取得的价款或报废固定资产的材料价值和变价收入等，扣除处置固定资产的账面价值、清理费用、处置相关税费后的净收益；出售无形资产收入是指企业出售无形资产所取得的价款，扣除出售无形资产的账面价值、出售相关税费后的净收益。

2. 债务重组收入

其是指重组债务的账面价值与重组后债务的入账价值和预计负债金额之和的差额。

3. 罚没收入

其是指企业取得的滞纳金和各种形式的罚款收入，在弥补由于对方违反制度或协议而造成的经济损失后的罚款净收入。

4. 政府补助收入

其是指商品流通企业从政府无偿取得的货币性资产或非货币性资产，但不包括政府作为企业所有者投入企业的资本。

5. 无法支付的应付款项

其是指企业的应付款项中由于债权人破产、消亡等原因无法偿还的款项。这种款项并不是企业在生产经营活动中取得的收入，而是无法支付给债权人的款项，因此这部分款项转作营业外收入。

6. 捐赠收入

其是指企业接受捐赠产生的收入。

7. 盘盈收入

其是指对于现金、商品等资产清查盘点中盘盈的部分，报经批准后计入营业外收入的金额。

商品流通企业应设置“营业外收入”科目，对营业外收入进行核算。“营业外收入”科目核算企业发生的与其生产经营无直接关系的各项收入。该科目贷方登记企业发生的营业外收入，借方登记期末转入“本年利润”科目的营业外收入；结转后“营业外收入”科目无余额。其明细账应按营业外收入的项目设置。

商品流通企业确认营业外收入时，增加“营业外收入”；期末，将营业外收入转入“本年利润”科目，减少“营业外收入”。

具体会计分录如下：

①取得营业外收入时：

借：银行存款（库存商品、固定资产等）

　贷：营业外收入

②月末结转到“本年利润”：

借：营业外收入

　贷：本年利润

【例 8-1】20××年 12 月份，福台商贸有限公司发生如下营业外收入事项：

（1）将固定资产报废清理的净收入 18 000 元转作营业外收入。

（2）应付四通公司货款 20 000 元，因该公司撤销而无法偿付，经批准予以转销。

（3）期末，将营业外收入 38 000 元转入本年利润。

根据上述资料，该企业会计处理如下：

借：待处理财产损溢	18 000	
应付账款	20 000	
贷：营业外收入		38 000
借：营业外收入	38 000	

贷：本年利润 38 000

（二）政府补助的核算

1.与资产相关的政府补助

与资产相关的政府补助通常为货币性资产形式，企业应当在实际收到款项时，按照到账的实际金额入账。根据配比原则，商品流通企业取得与资产相关的政府补助时，不能全额确认为当期收益，应当随着相关资产的使用逐渐计入以后各期的收益。具体会计分录如下：

①收到政府补助款时：

借：银行存款

贷：递延收益

②购建长期资产时：

借：在建工程

固定资产

无形资产

贷：银行存款

③计提折旧并分配递延收益时：

借：递延收益

贷：营业外收入

【例 8-2】20××年 9 月 1 日，某市政府批准了福台商贸有限公司的申请并拨付 1 000 万元的财政拨款到其银行账户，要求用于购置大型科研设备。20××年 9 月 30 日，该企业购入科研设备一台，实际成本为 1 200 万元，其中 200 万元以自有资金支付，使用寿命为 10 年，采用直线法计提折旧（假设无残值），该企业应编制会计分录如下：

①实际收到财政拨款，确认政府补助。

借：银行存款 10 000 000

贷：递延收益 10 000 000

②购入设备。

借：固定资产 12 000 000

贷：银行存款 12 000 000

③自 20××年 10 月起每月计提折旧，同时分摊递延收益。

计提折旧：

借：研发支出 100 000

贷：累计折旧 100 000

分配递延收益：

借：递延收益 83 333

贷：营业外收入 83 333

2.与收益相关的政府补助

与收益相关的政府补助是指除与资产相关的政府补助之外的政府补助，它通常以银行转账的方式拨付，在实际收到款项时按照到账的实际金额确认和计量。用于补偿企业以后期间费用或损失的，在取得时先确认为递延收益，然后在确认相关费用的期间计入当期营业外收入；用于补偿企业已经发生的费用或损失的，取得时直接计入当期营业外收入。

【例 8-3】按照国家的相关规定，厦门东普商贸公司销售的商品适用增值税先征后返政策，即先按规定征收增值税，然后按实际缴纳增值税税额返还 70%。20××年 10 月，厦门东普商贸公司实际缴纳增值税 50 万元。20××年 11 月，该公司收到实际返还的增值税税额 35 万元，收到返还的增值税税额时编制会计分录如下：

借：银行存款　　350 000

　贷：营业外收入　　350 000

三、营业外支出的核算

营业外支出是指企业发生的与其经营活动无直接关系的各项净支出。营业外支出不属于经营资金的垫支耗费，不能作为产品补偿的组成部分，只是对企业经营成果的扣减。在会计核算中，不应混淆经营费用与营业外支出的界限。

（一）营业外支出的内容

营业外支出包括以下内容：

1. 处置非流动资产损失

它是指企业将多余的、闲置的和不需要的固定资产、无形资产等非流动资产处理或变卖给其他单位，其收入的价款低于账面价值所发生的损失。

2. 债务重组损失

它是指重组债务的账面价值与重组后债务的入账价值和预计负债金额之和的差额。

3. 盘亏损失

它主要是指固定资产清查盘点中盘亏的固定资产，在查明原因处理时按确定的损失计入营业外支出的金额。

4. 罚款支出

它是指企业由于违反税收法规、经济合同等而支付的各种滞纳金和罚款。

5. 捐赠支出

它是指企业对外进行公益性捐赠发生的支出。

6. 非正常损失

它是指企业由于特殊原因，如自然灾害等造成的损失。企业遭受自然灾害所产生的损失，分为固定资产损失和非固定资产损失。自然灾害所造成的固定资产损失，包括固定资产的毁损价值扣除残值后的净损失以及固定资产的修复费用，经批准后列作营业外支出；自然灾害所造成的非固定资产损失，包括被毁坏的流动资产的价值扣除废料残值后的数额、自然灾害造成的停工费用和善后清理费用，经批准后列作营业外支出。

（二）营业外支出的核算方法

营业外支出应当按照实际发生的数额进行核算。发生营业外支出时，在相对应的会计期间，应当冲减企业当期的利润总额。

具体会计分录如下：

①发生各种营业外支出时：

借：营业外支出

贷：银行存款

固定资产清理

待处理财产损溢

②期末结转到“本年利润”：

借：本年利润

贷：营业外支出

【例 8-4】20××年 11 月份，福台商贸有限公司发生如下营业外支出事项：

（1）发生固定资产意外灾害损失 500 000 元；

（2）以银行存款 40 000 元支付税款滞纳金；

（3）期末，将营业外收入 60 000 元和营业外支出 540 000 元转入本年利润。

根据上述资料，该商品流通企业会计处理如下：

借：营业外支出	540 000	
贷：固定资产清理		500 000
银行存款		40 000
借：营业外收入	60 000	
贷：本年利润		60 000
借：本年利润	540 000	
贷：营业外支出		540 000

四、利润结转的核算

为了进行本年利润总额的核算，商品流通企业应设置“本年利润”科目，用于核算企业本年度实现的利润（或亏损）总额。该科目的贷方登记期末转入的“主营业务收入”“公允价值变动损益”“投资收益”“营业外收入”等，借方登记期末转入的“主营业务成本”“管理费用”“销售费用”“财务费用”“资产减值损失”“营业外支出”“所得税费用”等。结转以后，“本年利润”科目余额如在贷方，则表示本年度自年初至期末累计实现的净利润；余额如在借方，则表示本年度自年初至本期末累计发生的净亏损。年度终了，应将所结算的本年实现的净利润（或净亏损）转入“利润分配”科目，年终结转后，本科目应无余额。

本年利润的结转方法有两种：账结法和表结法。

（一）账结法

账结法是通过编制记账凭证来完成损益结转工作的方法。采用账结法确定本年利润，应在期末将该期间各损益类科目的余额转入“本年利润”科目，通过“本年利润”科目计算出本期的利润总额或亏损总额。

结转收入类科目时，借记“主营业务收入”“其他业务收入”“投资收益”“公允价值变动损益”“营业外收入”等科目，贷记“本年利润”科目。

结转费用类科目时，借记“本年利润”科目，贷记“主营业务成本”“税金及附加”“其他业务成本”“销售费用”“管理费用”“财务费用”“资产减值损失”“投资收益”“公允价值变动损益”“营业外支出”“所得税费用”等科目。

结转后，期末各损益类科目应无余额。“本年利润”科目如为贷方余额，反映企业自年初至期末累计实现的净利润；如为借方余额，反映企业自年初至期末累计发生的净亏损。

账结法的优点是各月均可通过“本年利润”科目提供其利润额，记账业务程序完整。但从实用角度讲，采用账结法编制结转损益分录的工作量较大。

【例 8-5】福台商贸有限公司的利润每月采用账结法核算。20××年 12 月 31 日，该公司转账前各损益类科目余额见表 8-1。

表 8-1　**转账前各损益类科目余额**

20××年 12 月 31 日　单位：元

科目	贷方余额	借方余额
主营业务收入	40 000 000	
其他业务收入	900 000	
投资收益	80 000	
营业外收入	20 000	
主营业务成本		32 000 000
税金及附加		500 000
其他业务成本		20 000
管理费用		3 200 000
销售费用		700 000
财务费用		300 000
资产减值损失		500 000
营业外支出		80 000

根据表 8-1 的资料，该公司月末应编制会计分录如下：

(1) 结转收入类科目。

借：主营业务收入　40 000 000
　　其他业务收入　900 000
　　投资收益　80 000
　　营业外收入　20 000
　贷：本年利润　41 000 000

(2) 结转费用类科目。

借：本年利润　37 300 000
　贷：主营业务成本　32 000 000
　　　税金及附加　500 000
　　　其他业务成本　20 000
　　　管理费用　3 200 000
　　　销售费用　700 000
　　　财务费用　300 000
　　　资产减值损失　500 000
　　　营业外支出　80 000

经过以上结转后，该公司12月份“本年利润”科目增加贷方余额3 700 000元（41 000 000−37 300 000），即12月份实现的利润总额。

（二）表结法

表结法是通过利润表来完成损益结转工作的方法。采用表结法，月末结账时各损益类科目的本期发生额不转入“本年利润”科目，通过利润表计算出从月初到月末的本年累计利润，然后减去上月末本表中的本年累计利润，就是本月的利润或亏损。年终将各损益类科目的全年累计余额一次转入“本年利润”科目，同时结平各损益类科目。

需要说明的是，即使企业平时采用表结法确定其利润或亏损，但年终时仍需要采用账结法，将损益类各科目的全年累计余额转入“本年利润”科目，在“本年利润”科目集中反映本年的利润及其构成情况。

第四节　所得税费用的核算

一、所得税费用概述

商品流通企业所得税费用是对企业商品经营活动的所得征收的一种税费。它是企业的一项资产流出，属于一项费用，在净利润中扣除。

企业应交所得税税额的计算公式如下：

应交所得税税额=应纳税所得额×所得税税率

应纳税所得额是在企业会计利润基础上调整确定的。其计算公式如下：

应纳税所得额=会计利润+纳税调整增加额−纳税调整减少额

其中：纳税调整增加额主要包括税法规定允许扣除项目中，企业已计入当期费用但超过税法规定扣除标准的金额（如超过税法规定标准的业务招待费支出），以及企业已计入当期损失但税法规定不允许扣除项目的金额（如税收滞纳金、罚款、罚金）等。

纳税调整减少额主要包括按税法规定允许弥补的亏损和准予免税的项目，如前5年内的未弥补亏损和国债利息收入等。

二、科目设置

所得税费用核算主要涉及3个科目。

（1）“所得税费用”科目是核算企业确认的应从当期利润总额中扣除的所得税费用。

（2）“递延所得税资产”科目是核算企业确认的可抵扣暂时性差异产生的所得税资产。

（3）“递延所得税负债”科目是核算企业确认的应纳税暂时性差异产生的所得税负债。

三、所得税费用的确认与计量

利润表中的所得税费用由两部分组成：当期所得税和递延所得税。用公式表示如下：

所得税费用=当期所得税+递延所得税

当期所得税=当期应交所得税=当期应纳税所得额×适用的所得税税率

$$\text{递延所得税}=\text{当期递延所得税负债的增加}+\text{当期递延所得税资产的减少}-\text{当期递延所得税负债的减少}-\text{当期递延所得税资产的增加}$$

【例 8-6】一项固定资产的账面价值为 200 万元，计税基础为 260 万元，形成可抵扣暂时性差异 60 万元，这意味着企业在未来期间就该项资产可以在其自身取得经济利益的基础上多扣除 60 万元。从整体上来看，未来期间应纳税所得额会减少，如果所得税税率为 25%，应交所得税也会减少 15 万元（60×25%），应确认递延所得税资产 15 万元。

【例 8-7】福台商贸有限公司 20××年度按企业会计准则计算的税前会计利润为 2 000 万元，所得税税率为 25%。当年按税法规定应扣除的工资费用为 360 万元，该企业全年实发工资 400 万元。假定该企业全年无其他纳税调整因素。该企业递延所得税负债年初数为 40 万元，年末数为 50 万元，递延所得税资产年初数为 25 万元，年末数为 20 万元。

当期应交所得税税额=［2 000+（400−360）］×25%=510（万元）

递延所得税费用=（50−40）−（20−25）=15（万元）

所得税费用=510+15=525（万元）

根据计算结果编制如下会计分录：

借：所得税费用	5 250 000	
贷：应交税费——应交所得税		5 100 000
递延所得税资产		50 000
递延所得税负债		100 000

【例 8-8】资料承【例 8-7】，年末，将所得税费用转入本年利润。该企业应编制会计分录如下：

借：本年利润	5 250 000	
贷：所得税费用		5 250 000

四、年终净利润的结转

年终，企业按上述步骤和方法算出“本年利润”余额后，应将“本年利润”科目的最终余额（即净利润）转入“利润分配”科目。若为贷方余额，编制借记“本年利润”科目、贷记“利润分配——未分配利润”科目的会计分录；若为借方余额，则编制借记“利润分配——未分配利润”科目、贷记“本年利润”科目的会计分录。结转后，“本年利润”科目应无余额。

第五节 利润分配的核算

一、利润分配的程序

通过企业的生产经营活动，投资者投入企业的资本不仅要保持原投资的完整，而且要力求超出原投资的价值，即获得盈利。企业当期的利润总额扣除所得税后的净额为当期实现的净利润。

企业当年实现的净利润，加上年初未分配利润，即为可供分配的利润。按照有关规定，商品流通企业税后的利润（即净利润），除国家另有规定外，应按下列顺序分配：

①弥补企业以前年度亏损；

②提取法定盈余公积；

③支付优先股股利；

④提取任意盈余公积；

⑤支付普通股股利（或向投资者分配利润）。

二、盈余公积的核算

（一）盈余公积的性质和内容

盈余公积是指企业按照规定从净利润中提取的积累资金。获取盈利既是企业的经营目标，也是企业生存和发展的基础。一个企业取得盈利后，首先应当根据国家税法的规定按时足额地缴纳所得税，扣除所得税后的净利润，需要按照企业的章程、规定提取盈余公积。一般来说，商品流通企业出于以下原因，需要按规定或自愿提取盈余公积：

①任何企业都不可以将获取的净利润一次性全部分配给股东，企业应根据生产发展的需要，按照一定的比例从净利润中提取相应的积累资金，用于满足企业扩大再生产的资金需要。

②在面临激烈竞争的环境下，企业经营也必然会随着市场的变化出现波动。有时，企业会受到各种因素的影响，出现不景气甚至严重亏损。提取盈余公积，建立储备资金，企业可以在必要时，通过动用这部分盈余公积来保证企业的正常生产经营，弥补企业经营中的亏损。

③在企业没有净收益的会计期内，保证发放一定数额的股利，以稳定股东并维护企业的形象。

盈余公积按取得方式和用途的不同，可分为法定盈余公积和任意盈余公积。

1. 法定盈余公积

法定盈余公积是指企业按照规定比例从净利润中提取的盈余公积。其之所以为“法定”，是因为它是由我国《公司法》明确规定的，所有企业必须计提。只有当企业计提的盈余公积累计达到注册资本的50%时，才可以不再提取。按照《公司法》的有关规定，公司制企业应当按照净利润（弥补以前年度亏损后，下同）的10%提取法定盈余公积；非公司制企业法定盈余公积的提取比例可超过净利润的10%。值得注意的是，在计算提取法定盈余公积的基数时，不应包括企业年初的未分配利润。

2. 任意盈余公积

公司制企业可根据股东大会的决议提取任意盈余公积。非公司制企业经类似权力机构批准，也可提取任意盈余公积。提取任意盈余公积既不会使公司的留存收益减少，也不会使其增加，其目的在于在获利较多的年度，多提公积，积蓄财力，以便在发生特殊情况时或亏损的年度，使各期股利水平不致差距过大。

法定盈余公积和任意盈余公积的区别在于：法定盈余公积的计提是按照国家有关法律、法规进行的，计提的标准也要符合有关的规定；但任意盈余公积是否计提、计提多少，完全取决于公司股东大会的决定。

（二）盈余公积的用途

商品流通企业提取的盈余公积主要有以下几方面的用途：

1. 弥补亏损

根据有关法规的规定，商品流通企业发生亏损，可以用发生亏损后5年内实现的税前利润来弥补，发生的亏损在5年内仍不足以弥补的，应使用随后实现的所得税税后利润弥补。通常，企业发生的亏损用所得税税后利润仍不足以弥补的，可以用所提取的盈余公积来弥补，但是，用盈余公积弥补亏损应当由董事会提议，股东大会批准，或者由类似的机构批准。

2. 转增资本（股本）

当商品流通企业提取的盈余公积累积比较多时，可以将盈余公积转增资本（股本），但是必须经股东大会或类似机构批准，并按股东原有股份（或投资）比例结转，用盈余公积转增资本（股本）后，留存的盈余公积不得少于注册资本的25%。

3. 发放现金股利或利润

商品流通企业无利润，原则上不得分配现金利润或股利。但当企业累积的盈余公积比较多，而未分配利润比较少时，为了维护企业形象，给投资者以合理的回报，符合规定条件的企业，也可以用盈余公积来派现。

三、盈余公积提取、使用的核算

（一）盈余公积提取的核算

商品流通企业应设置“盈余公积”科目核算盈余公积的提取和使用情况。该科目贷方登记企业提取盈余公积的数额；借方登记企业盈余公积使用的数额；期末贷方余额反映企业提取盈余公积的结余额。其明细账应按盈余公积的种类设置。

商品流通企业按规定提取盈余公积时，应通过“利润分配”和“盈余公积”等科目处理。

【例 8-9】三和商场 20××年实现净利润 1 000 万元。经股东大会批准，该企业按当年净利润的 10% 提取法定盈余公积。假定不考虑其他因素，编制会计分录如下：

本年提取盈余公积=1 000×10%=100（万元）

借：利润分配——提取法定盈余公积　　1 000 000

　贷：盈余公积——法定盈余公积　　1 000 000

提取、使用任意盈余公积的会计处理，可参照法定盈余公积的相应办法进行。

（二）盈余公积使用的核算

1.弥补亏损的核算

商品流通企业用盈余公积弥补亏损时，借记“盈余公积”科目，贷记“利润分配——盈余公积补亏”科目。

【例 8-10】安海企业 20××年经营亏损 150 万元，经股东大会批准，用以前年度提取的盈余公积弥补当年的亏损。编制会计分录如下：

借：盈余公积——法定（或任意）盈余公积　　1 500 000

　贷：利润分配——盈余公积补亏　　1 500 000

2.转增资本（或股本）的核算

经股东大会决议，商品流通企业可以将盈余公积转为资本（或股本）。

【例 8-11】某商品流通企业因扩大经营规模的需要，经股东大会批准，将盈余公积 35 万元转增股本。假定不考虑其他因素，编制会计分录如下：

借：盈余公积——法定（或任意）盈余公积　　350 000

贷：股本 350 000

3.分派现金股利或利润的核算

企业经股东大会或类似机构决议，用盈余公积分派现金股利或利润时，应当借记“盈余公积——法定（或任意）盈余公积”科目，贷记“应付股利”等科目。

四、股利分派的核算

（一）股利的性质

股利是公司按股东所持有股份比例分配给股东的留存收益。分配股利通常是在企业经营获利、具备一定留存收益时，由公司董事会根据本公司营业展望及未来计划决定股利分发形式、金额和时间。

股份有限公司原则上应从累计盈利中分派股利，无盈利不得支付股利，即坚持所谓“无利不分”的原则。若公司用盈余公积弥补亏损以后，为了维护其股票信誉，经股东大会特别决议，也可用盈余公积支付股利，不过这样支付股利后留存的法定盈余公积不得低于注册资本的25%。

股利支付方式有多种，常见的有现金股利和股票股利。

（二）股利分派的核算

1.现金股利的核算

商品流通企业分派现金股利，属于重大财务事项，何时分派、分派多少均应由董事会做出分配预案，经股东大会批准后，由公司正式宣告。一般来说，董事会和股东大会可根据企业是否有足额的可供分配利润、是否有较为充裕的营运资金等条件，决定是否发放现金股利。

商品流通企业经股东大会或类似机构决议，分配给股东或投资者的现金股利或利润，借记“利润分配——应付现金股利或利润”科目。

【例 8-12】20××年 4 月 26 日，某商业股份有限公司公布上一年度利润分配实施公告：以上一年年末公司总股本 9 500 万股为基数，向所有股东每 10 股派发 5 元现金红利（含税）。股权登记日为 20××年 7 月 15 日，除息日为 20××年 7 月 16 日，现金红利发放日为 20××年 7 月 20 日。该公司会计处理如下：

（1）股利宣布日。

借：利润分配——应付现金股利 47 500 000

　贷：应付股利 47 500 000

（2）股权登记日和除息日，不作任何会计分录。

（3）股利发放日。

借：应付股利 47 500 000

　贷：库存现金 47 500 000

2.股票股利的核算

股票股利是指公司以增发股票作为股利分配给股东，以替代现金股利或作为现金股利的补充。股票股利实质上是发行公司将其应分配给股东的盈利固化，即将留存收益转增资本。由于股票股利未涉及公司任何资产的分配，也未影响公司各个股东权益的变动，并使公司在不增加现金支出的情况下按规定进行股利分配，因此股票股利对公司的发展起到了促进作用。在多数国家中，股票股利有多种形式，其中以普通股股票分配给普通股股东最为常见。

经股东大会或类似机构决议，分配给股东的股票股利在办理增资手续后，借记“利润分配——转作股本的股利”科目，贷记“股本”科目。

第六节　未分配利润的核算

一、未分配利润的概念

未分配利润是指未进行分配的净利润。它属于企业所有者权益，是企业扩充生产经营规模、准备应付意外事项所需资金的来源。

商品流通企业在制订利润分配方案时，出于多方面的考虑，往往不能把净利润全部分配，于是形成了未分配利润。未分配利润有两层含义：

一是这部分净利润没有分给企业投资者；

二是这部分净利润未指定用途，企业可以随时支配使用。

在数量上，未分配利润是期初未分配利润，加上本期实现的净利润，减去提取的各种盈余公积和已分配利润的余额。

二、未分配利润形成的核算

1.年度终了结转“本年利润”

当企业盈利时：

借：本年利润

　贷：利润分配——未分配利润

当企业亏损时：

借：利润分配——未分配利润

　贷：本年利润

2.分配利润（按股东大会批准的分配方案）

借：利润分配——提取法定盈余公积

　　　　　　——提取任意盈余公积

　　　　　　——应付现金股利或利润

　贷：盈余公积——法定盈余公积

　　　　　　　——任意盈余公积

　　　应付股利

3.年度终了结转利润分配明细。

借：利润分配——未分配利润

　贷：利润分配——提取法定盈余公积

　　　　　　　——提取任意盈余公积

　　　　　　　——应付现金股利或利润

【例 8-13】三和商场 20××年实现的净利润 1 000 万元按 10% 提取法定盈余公积，并分配给投资者利润500万元。编制会计分录如下：

①结转当年实现的净利润。

借：本年利润 10 000 000

　贷：利润分配——未分配利润 10 000 000

②提取法定盈余公积及分配利润。

借：利润分配——提取法定盈余公积 1 000 000

　　　　　——应付现金股利或利润 5 000 000

　贷：盈余公积——法定盈余公积 1 000 000

　　　应付股利 5 000 000

③年度终了结转利润分配明细。

借：利润分配——未分配利润 6 000 000

　贷：利润分配——提取法定盈余公积 1 000 000

　　　　　　——应付现金股利或利润 5 000 000

提质增素小案例　关于瑞幸咖啡财务造假调查处置工作情况的通报

2020年4月，瑞幸咖啡（Luckin Coffee Inc.）自曝财务造假，受到广泛关注。根据国务院金融委（2023年10月撤销，职责划入中央金融委员会办公室）关于对资本市场财务造假行为"零容忍"的精神要求，证监会会同财政部、国家市场监督管理总局等部门，依法对瑞幸咖啡境内运营主体、关联方及相关第三方公司涉嫌违法违规行为进行了立案调查，同时根据国际证监会组织（IOSCO）跨境监管合作机制安排，配合美国证券监管部门开展跨境协查。

相关部门调查显示，瑞幸咖啡境内运营主体及相关管理人员、相关第三方公司大规模虚构交易，虚增收入、成本、费用，虚假宣传等行为，违反了我国《会计法》《反不正当竞争法》的相关规定。

严厉打击资本市场财务造假，保护投资者合法权益，是全球证券监管部门的共同职责。证监会将全面落实国务院金融委对资本市场违法犯罪行为"零容忍"的要求，继续加强与境内外监管执法部门的密切协作，依法稳妥推进瑞幸咖啡财务造假事件调查处置工作，严厉打击、绝不姑息，坚决维护公平公正市场秩序和法治健康市场生态。

资料来源　证监会.关于瑞幸咖啡财务造假调查处置工作情况的通报［EB/OL］.（2020-07-31）. http://www.csrc.gov.cn/csrc/c100028/c1000725/content.

课堂讨论：

（1）瑞幸是如何进行财务造假的，收入的造假行为对企业的利润及分配会产生什么样的影响？

（2）证监会对瑞幸的处罚依据是什么？

提质增素目标：

（1）培养学生诚实守信的职业素养，告诫学生财务工作人员要遵纪守法，在未来的职业生涯中坚决不能财务造假。

（2）查找有关资料，解读证监会、国家金融监督管理总局的行政处罚决定，以及国际证监会的决定，了解财务造假的严重后果。

本章小结

● 利润是企业一定会计期间的经营成果，是衡量企业经营业绩的重要指标。企业利润的计算与结转是通过“本年利润”科目核算的。

● 商品流通企业所得税费用是对企业商品经营活动的所得征收的一种税费。其计算公式为：应交所得税税额=应纳税所得额×所得税税率。

● 企业当年实现的净利润，加上年初未分配利润，即为可供分配的利润。按照我国《公司法》的规定，应按下列顺序分配：①弥补企业以前年度亏损；②提取法定盈余公积；③支付优先股股利；④提取任意盈余公积；⑤支付普通股股利（或向投资者分配利润）。

主要概念

营业利润　利润总额　净利润　营业收入　营业成本　期间费用　资产减值损失　公允价值变动损益　债务重组收入　政府补助收入　债务重组损失　盈余公积

基本训练

一、填空题

1.商品流通企业的利润一般包括________、________和________。

2.商品流通企业的期间费用具体包括________、________和________。

3.商品流通企业营业外收入主要包括处置非流动资产收入、________、债务重组收入、________、________、无法支付的应付款项、________和盘盈收入。

4.商品流通企业可供分配的利润应按下列顺序分配：①________；②________；③支付优先股股利；④________；⑤支付普通股股利（或向投资者分配利润）。

5.法定盈余公积按照税后利润的________提取。

6.企业弥补亏损的渠道主要有三个：一是________；二是________；三是________。

7.盈余公积转增资本（股本）后，留存的盈余公积不得少于注册资本的________。

二、会计分录题

龙州商场12月份发生下列经济业务：

1.销售商品取得销售收入500万元，增值税税额65万元，均已存入银行，结转销售成本400万元，应交城市维护建设税0.91万元，应交教育费附加0.39万元。

2.出售一批闲置的包装箱，计2万元，增值税税额0.26万元，款项已收到并存入银行，该包装箱的账面价值为1.5万元。

3.转让持有的短期投资而取得款项100万元，款项已收到，该款项的账面价值为80万元。

4.获得国家相关补助10万元，已存入银行。

5.固定资产盘亏5台设备，账面价值8万元，经批准作营业外支出处理。

6.收到合作单位合同违约的违约罚款1.5万元。

7.结转相关期间费用、收入、成本，其中12月份管理费用借方发生额为24万元，销售费用借方发生额为45万元，财务费用借方发生额为5万元。

8.计算所得税费用，并转入本期利润。

9.按净利润的10%提取法定盈余公积，按5%提取任意盈余公积。

10.按净利润的50%向普通股股东分派现金股利。

11.将“利润分配”各明细账账户余额转入未分配利润。

第九章　财务会计报告

■ 学习目标

通过本章的学习，你应该达到以下目标：

知识目标：了解与熟悉商品流通企业财务会计报告的内容及编报要求。

能力目标：理解与掌握商品流通企业财务会计报告的结构、内容和编制方法；运用所学的编制方法，进行各种财务会计报告的编制。

素养目标：让学生意识到创新创造的重要性，培养学生长风万里破浪前进的勇气和魄力。

第一节 财务会计报告概述

一、财务会计报告的概念

财务会计报告是指商品流通企业对外提供的反映企业某一特定日期的财务状况和某一会计期间的经营成果、现金流量等会计信息的文件。编制财务会计报告的目的是向财务会计报告使用者提供与企业财务状况、经营成果和现金流量等有关的会计信息，反映企业管理层受托责任履行情况，有助于财务会计报告使用者做出经济决策。

二、财务会计报告的体系

商品流通企业的财务会计报告包括财务报表及其附注和其他应当在财务会计报告中披露的相关信息和资料。其中，财务报表包括资产负债表、利润表、所有者权益（或股东权益）变动表、现金流量表。各种财务报表的关系如图9-1所示。

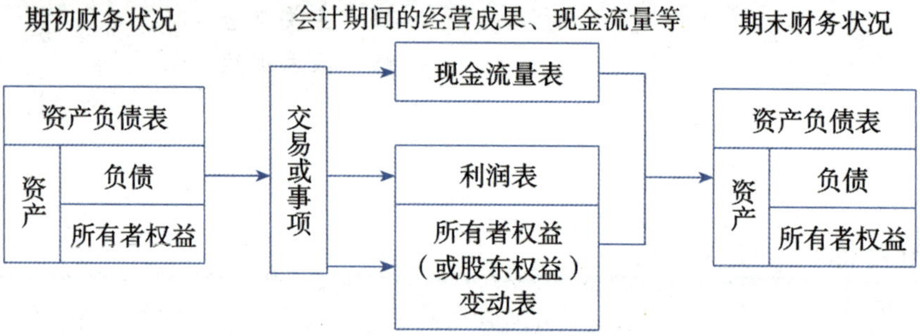

图9-1 各种财务报表的关系

三、财务会计报告的编报要求

为了确保商品流通企业财务会计报告的质量，商品流通企业在编制财务会计报告时应当以持续经营为基础，考虑报表项目的重要性和不同会计期间会计信息的一致性，报表中所涉及的资产项目和负债项目的金额、收入项目和费用项目的金额在列报时不能相互抵销而以总额列报（但满足抵销条件的除外）。当期财务会计报表的列报，至少应当提供所有列报项目上一可比会计期间的数据。除以上基本要求外，财务会计报告的编报还应满足下列几点要求：

1. 数字真实

企业应当根据真实的交易、事项及会计账簿记录等资料填列报表项目，不得虚报或隐瞒。

2. 内容完整

企业应当按照完整的会计账簿记录等资料填列报表项目，不得漏报或任意取舍。

3. 计算准确

企业应当根据核对无误的会计账簿记录等资料分析、计算后，填列报表项目，报表之间、报表各项目之间应保持一定的勾稽关系。

4. 说明清楚

报表附注和财务情况说明书应当按照会计法规的规定，对报表中需要说明的事项做出真实、完整、清楚的说明，以便报表使用者理解。

5. 编报及时

财务会计报告应当在规定的时间内编报。

第二节　资产负债表

一、资产负债表的概念

资产负债表是反映企业某一特定日期财务状况的财务报表。它主要提供如下会计信息：

①企业的资产总额及结构；

②企业的负债总额及结构；

③企业的所有者（或股东）权益总额及结构。

利用资产负债表的有关数据，可以分析企业的资产结构、营运能力、偿债能力、保值增值能力和每股净资产等指标。

二、资产负债表的结构

商品流通企业资产负债表由表首和基本主体组成。

（一）表首

表首包括报表名称、编制单位、编制日期、编制编号、货币名称和计量单位等内容。

（二）基本主体

基本主体是资产负债表的核心内容，它的格式可分为账户式和报告式，分项列明企业的资产、负债和所有者权益。我国的资产负债表采用账户式格式。

所谓账户式资产负债表，是指科目分列于报表左右，排列成“T”字形的形式，反映资产、负债和所有者权益的基本状况。资产项目列在报表的左方，负债和所有者权益项目列在报表的右方，左方资产总额等于右方负债和所有者权益总额之和。账户式资产负债表的简明格式见表9-1。

表 9-1　　账户式资产负债表

资产		负债和所有者权益	
流动资产	×××	流动负债	×××
非流动资产	×××	非流动负债	×××
		所有者权益	×××
资产总计	×××	负债和所有者权益总计	×××

根据财务会计报告列报准则的规定，商品流通企业的资产负债表还应将各项目再分为“上年年末余额”和“期末余额”两栏，以反映和比较不同时点资产、负债和所有者权益

的增减变动状况。

商品流通企业的资产负债表采用科目式结构，为适应财务报表使用者的需要，根据各项资产、负债、所有者权益在经营中的作用以及管理要求分类排列，以便取得经营管理所需的资料。

1.“资产”方

资产负债表的“资产”方分为流动资产和非流动资产。

（1）流动资产。

流动资产是指可以在一年或者超过一年的一个营业周期内变现或者耗用的资产。资产满足下列条件之一的，应当归为流动资产：

① 预计在一个正常营业周期中变现、出售或耗用。

② 主要为交易目的而持有。

③ 预计在资产负债表日起一年内（含一年，下同）变现。

④ 自资产负债表日起一年内，交换其他资产或清偿负债的能力不受限制的现金或现金等价物。

资产负债表中列示的流动资产项目通常包括货币资金、交易性金融资产、应收票据、应收账款、预付款项、其他应收款、存货和一年内到期的非流动资产等。流动资产各项目按流动性和变现能力的大小排列。流动性较强、变现能力较强的资产项目排列在前，流动性较差、变现能力较差的资产项目排列在后。

由于流动资产在企业经营活动中不断周转，直接影响企业的经营活动，因此在资产方排为第一类。

（2）非流动资产。

非流动资产是指流动资产以外的资产。资产负债表中列示的非流动资产项目通常包括长期股权投资、固定资产、在建工程、工程物资、无形资产、长期待摊费用以及其他非流动资产等。

2.“负债和所有者权益”方

资产负债表的“负债和所有者权益”方可分为以下三个类别：

（1）流动负债。

流动负债是指需在一年或者超过一年的一个营业周期内偿还的债务。负债满足下列条件之一的，应当归为流动负债：

① 预计在一个正常营业周期内清偿。

② 主要为交易目的而持有。

③ 自资产负债表日起一年内到期应予以清偿。

④ 企业无权自主地将清偿推迟至资产负债表日后一年以上。

资产负债表中列示的流动负债项目通常包括短期借款、应付票据、应付账款、预收款项、应付职工薪酬、应交税费、其他应付款、一年内到期的非流动负债等。

（2）非流动负债。

非流动负债是指偿还期在一年以上或者超过一年的一个营业周期以上的债务。非流动负债项目通常包括长期借款、应付债券、长期应付款、预计负债、递延所得税负债以及其他非流动负债等。长期负债通常是不需要即期支付的债务。

(3) 所有者权益。

所有者权益是指企业资产扣除负债后的剩余权益，反映企业在某一特定日期股东拥有的净资产的总额。所有者权益项目通常包括实收资本、资本公积、盈余公积和未分配利润等。

资产负债表的“负债和所有者权益”方项目是按照需要偿还出资额的先后顺序排列的。流动负债需要在一年内或一个营业周期内偿还，所以排在最前；所有者权益只有在企业解散时才需要偿还，所以排在最后。负债部分也是按照债务清偿缓急排列的，先流动负债，后非流动负债。

在资产负债表中，资产各项目上年年末余额总计和期末余额总计，应分别与负债和所有者权益各项目上年年末余额总计和期末余额总计相等。

三、资产负债表的编制方法

(一)“上年年末余额”的填列方法

“上年年末余额”栏内各项目数字，应根据上年年末资产负债表“期末余额”栏内所列数字填列。如果本年度资产负债表规定的各个项目的名称和内容同上年度不一致，应对上年年末资产负债表各项目的名称和数字按本年度的规定进行调整，将调整后的数字填入本表“上年年末余额”栏内。

(二)“期末余额”的填列方法

资产负债表“期末余额”的填列方法如下：

1. 根据总账科目余额直接填列

例如，交易性金融资产、长期待摊费用、递延所得税资产、短期借款、交易性金融负债、应付票据、应付职工薪酬、应交税费、递延所得税负债、实收资本、资本公积、库存股、盈余公积等项目，应当根据相关总账科目的余额直接填列。

2. 根据几个总账科目的余额计算填列

例如，“货币资金”项目，应当根据“库存现金”“银行存款”“其他货币资金”等科目的期末余额合计填列。

3. 根据有关明细科目的余额计算填列

例如，“应付账款”项目，应当根据“应付账款”“预收账款”等科目所属明细科目期末贷方余额合计填列。

4. 根据总账科目和明细科目的余额分析计算填列

例如，“长期应收款”项目应当根据“长期应收款”总账科目余额，减去“未实现融资收益”总账科目余额，再减去所属相关明细科目中将于一年内到期的部分填列；“长期借款”项目应当根据“长期借款”总账科目余额扣除“长期借款”科目所属明细科目中将于一年内到期的部分填列；“应付债券”项目应当根据“应付债券”总账科目余额扣除“应付债券”科目所属明细科目中将于一年内到期的部分填列；“长期应付款”项目，应当根据“长期应付款”总账科目余额，减去“未确认融资费用”总账科目余额，再减去所属相关明细科目中将于一年内到期的部分填列。

5. 根据总账科目与其备抵科目抵销后的净额填列

例如，“存货”项目应当根据“在途物资”“库存商品”“周转材料”等科目期末余额，减去“存货跌价准备”科目期末余额后的金额填列；“固定资产”项目应当根据“固定资产”科目期末余额，减去“累计折旧”“固定资产减值准备”等科目期末余额后的金额填列。

【例 9-1】闽台商业贸易股份有限公司 20××年度发生的经济业务及编制的会计分录如下：

（1）购入库存商品一批，进价 150 000 元，增值税税额为 19 500 元，该商品售价为 180 000 元，款项以银行存款支付，商品已验收入库。编制会计分录如下：

借：在途物资——××公司 150 000
　　应交税费——应交增值税（进项税额） 19 500
　贷：银行存款 169 500
借：库存商品——××商品 180 000
　贷：在途物资——××公司 150 000
　　　商品进销差价 30 000

（2）长期借款发生利息费用 75 000 元。按借款费用资本化的规定，计算出工程应负担的长期借款利息为 30 000 元，计入财务费用的利息费用为 45 000 元，利息尚未支付。编制会计分录如下：

借：在建工程 ——××工程 30 000
　　财务费用 45 000
　贷：长期借款 75 000

（3）出售交易性金融资产获得价款 300 000 元，确认投资收益 150 000 元，价款已存入银行。交易性金融资产中成本为 140 000 元，公允价值变动为 10 000 元。编制会计分录如下：

借：银行存款 300 000
　贷：交易性金融资产——成本 140 000
　　　　　　　　　——公允价值变动 10 000
　　　投资收益 150 000
同时：
借：公允价值变动损益 10 000
　贷：投资收益 10 000

（4）购入食品制冷设备（非生产性固定资产）一台，取得增值税普通发票，价款共计 450 000 元，全部款项已用银行存款支付，设备直接交付使用。编制会计分录如下：

借：固定资产 450 000
　贷：银行存款 450 000

（5）假定该企业按年计提折旧，本年计提固定资产折旧 225 000 元，其中，计入销售费用的厂房及设备折旧为 150 000 元，计入管理费用的办公用房及设备折旧为 75 000 元。编制会计分录如下：

借：销售费用 150 000
　　管理费用 75 000
　贷：累计折旧 225 000

（6）实际发放职工工资300 000元，并将其分配计入相关成本费用项目（其中：计入销售费用的人员工资为150 000元，计入管理费用的人员工资为75 000元，计入在建工程的人员工资为75 000元）。编制会计分录如下：

借：销售费用	150 000	
管理费用	75 000	
在建工程	75 000	
贷：应付职工薪酬		300 000
借：应付职工薪酬	300 000	
贷：库存现金		300 000

（7）本年销售商品收入1 500 000元，应收取的增值税税额为195 000元。其中，货款750 000元、增值税税额97 500元为现款结算，余款尚未收取。同时，结转商品销售成本。编制会计分录如下：

借：银行存款	847 500	
应收账款	847 500	
贷：主营业务收入		1 500 000
应交税费——应交增值税（销项税额）		195 000
借：主营业务成本	1 500 000	
贷：库存商品		1 500 000

（8）结转已销售商品实现的进销差价900 000元。编制会计分录如下：

借：商品进销差价	900 000	
贷：主营业务成本		900 000

（9）计算利润总额，计提并缴纳所得税（假定无递延所得税）。编制会计分录如下：

利润总额=1 500 000+150 000+10 000−（1 500 000−900 000+10 000+300 000+150 000+45 000）
=555 000（元）

计提应交所得税=555 000×25%=138 750（元）

借：所得税费用	138 750	
贷：应交税费——应交所得税		138 750
借：应交税费——应交所得税	138 750	
贷：银行存款		138 750

（10）将各收支科目转入“本年利润”科目。编制会计分录如下：

借：主营业务收入	1 500 000	
投资收益	160 000	
贷：本年利润		1 660 000
借：本年利润	1 243 750	
贷：主营业务成本		600 000
销售费用		300 000
管理费用		150 000
财务费用		45 000
公允价值变动损益		10 000

贷：所得税费用　　138 750

（11）分别按净利润的10%、5%提取法定盈余公积和任意盈余公积。编制会计分录如下：

借：利润分配——提取法定盈余公积　　41 625
　　　　　　——提取任意盈余公积　　20 812.50
　贷：盈余公积　　62 437.50

（12）将“本年利润”科目余额转入“利润分配——未分配利润”科目。编制会计分录如下：

借：本年利润　　416 250
　贷：利润分配——未分配利润　　416 250

（13）将“利润分配”科目中已分配的利润转入“利润分配——未分配利润”科目。编制会计分录如下：

借：利润分配——未分配利润　　62 437.50
　贷：利润分配——提取法定盈余公积　　41 625
　　　　　　　——提取任意盈余公积　　20 812.50

（14）以银行存款偿还长期借款25 000元。编制会计分录如下：

借：长期借款　　25 000
　贷：银行存款　　25 000

根据上述经济业务登记账簿（略），编制资产负债表、利润表、现金流量表和所有者权益变动表（不考虑其他相关税费），分别见表9-2、表9-3、表9-4和表9-6。

表9-2　　资产负债表　　会企01表

编制单位：闽台商业贸易股份有限公司　20××年12月31日　　单位：元

资产	期末余额	上年年末余额	负债和所有者权益（或股东权益）	期末余额	上年年末余额
流动资产：			流动负债：		
货币资金	364 250	300 000	短期借款	20 000	20 000
交易性金融资产	0	150 000	交易性金融负债	0	0
应收票据	60 000	60 000	应付票据	0	0
应收账款	1 147 500	300 000	应付账款	30 000	30 000
预付款项	40 000	40 000	预收款项	35 000	35 000
其他应收款	0	0	应付职工薪酬	5 000	5 000
存货	2 150 000	2 600 000	应交税费	475 500	300 000
一年内到期的非流动资产	0	0	其他应付款	10 000	10 000
其他流动资产	0	0	一年内到期的非流动负债	0	0
流动资产合计	3 761 750	3 450 000	其他流动负债	0	0

续表

资产	期末余额	上年年末余额	负债和所有者权益（或股东权益）	期末余额	上年年末余额
非流动资产：			流动负债合计	575 500	400 000
债权投资	0	0	非流动负债：		
其他债权投资	0	0	长期借款	1 100 000	1 050 000
长期应收款	0	0	应付债券	0	0
长期股权投资	0	0	长期应付款	0	0
投资性房地产	0	0	预计负债	0	0
固定资产	975 000	750 000	递延所得税负债	0	0
在建工程	855 000	750 000	其他非流动负债	0	0
工程物资	0	0	非流动负债合计	1 100 000	1 050 000
生产性生物资产	0	0	负债合计	1 675 500	1 450 000
无形资产	0	0	所有者权益（或股东权益）：		
开发支出	0	0	实收资本（或股）	1 900 000	1 900 000
商誉	0	0	资本公积	0	0
长期待摊费用	0	0	减：库存股	0	0
递延所得税资产	0	0	盈余公积	662 437.50	600 000
其他非流动资产	0	0	未分配利润	1 353 812.50	1 000 000
非流动资产合计	1 830 000	1 500 000	所有者权益（或股东权益）合计	3 916 250	3 500 000
资产总计	5 591 750	4 950 000	负债和所有者权益（或股东权益）总计	5 591 750	4 950 000

第三节 利润表

一、利润表的概念

利润表是反映企业一定会计期间经营成果的报表。它主要提供如下会计信息：

①企业的营业收入情况；

②企业的营业成本、税金及附加、期间费用等情况；

③投资损益的情况；

④直接计入当期损益的利得和损失情况；

⑤所得税费用情况；

⑥净利润的情况。

利用利润表的有关数据，可以分析企业的获利能力、发展能力及销售利润率、成本费用利润率等指标。

二、利润表的结构

利润表的结构分为单步式和多步式两种。我国的利润表采用多步式结构。

利润表包括表首、表体两部分。

利润表根据“收入-费用=利润”的公式编制而成，按营业利润、利润总额和净利润分步计算列示。多步式利润表见表9-3。

表9-3 利润表 会企02表

编制单位：闽台商业贸易股份有限公司 20××年度 单位：元

项 目	本期金额	上期金额
一、营业收入	1 500 000	（略）
减：营业成本	600 000	
税金及附加		
销售费用	300 000	
管理费用	150 000	
研发费用		
财务费用	45 000	
其中：利息费用		
利息收入		
加：其他收益		
投资收益（损失以“-”号填列）	160 000	
其中：对联营企业和合营企业的投资收益		
以摊余成本计量的金融资产终止确认收益（损失以“-”号填列）		
净敞口套期收益（损失以“-”号填列）		
公允价值变动收益（损失以“-”号填列）	-10 000	
信用减值损失（损失以“-”号填列）		
资产减值损失（损失以“-”号填列）		
资产处置收益（损失以“-”号填列）		
二、营业利润（亏损以“-”号填列）	555 000	
加：营业外收入		
减：营业外支出		
三、利润总额（亏损总额以“-”号填列）	555 000	

续表

项　目	本期金额	上期金额
减：所得税费用	138 750	
四、净利润（净亏损以“-”号填列）	416 250	
（一）持续经营净利润（净亏损以“-”号填列）		
（二）终止经营净利润（净亏损以“-”号填列）		
五、其他综合收益的税后净额	（略）	
（一）不能重分类进损益的其他综合收益		
（二）将重分类进损益的其他综合收益		
六、综合收益总额	（略）	
七、每股收益：	（略）	
（一）基本每股收益	（略）	
（二）稀释每股收益	（略）	

三、利润表的编制方法

（一）利润表中“上期金额”栏内各项目内容和数字的填列方法

利润表中“上期金额”栏内各项目数字，应根据上年度利润表“本期金额”栏内所列数字填列。如果上年度利润表中各项目的名称和内容同本年度不一致，应对上年度利润表中各项目的名称和数字按本年度的规定进行调整，调整后填入本表“上期金额”栏内。

（二）利润表中“本期金额”栏内各项目内容和数字的填列方法

利润表的编制依据主要是各损益类账户的本期发生额。现说明具体项目的内容和填列方法：

（1）“营业收入”项目，反映企业经营主要业务和其他业务所确认的收入总额。本项目应根据“主营业务收入”和“其他业务收入”账户的贷方净发生额分析填列。

（2）“营业成本”项目，反映企业经营主要业务和其他业务发生的实际成本总额。本项目应根据“主营业务成本”和“其他业务成本”账户的借方净发生额分析填列。

（3）“税金及附加”项目，反映企业经营业务应负担的消费税、城市维护建设税、资源税、土地增值税和教育费附加及房产税、城镇土地使用税、车船税、印花税等。本项目应根据“税金及附加”账户的借方净发生额分析填列。

（4）“销售费用”项目，反映企业在销售商品过程中发生的包装费、广告费等费用和为销售本企业商品而专设的销售机构的职工薪酬、业务费等经营费用。本项目应根据“销售费用”账户的借方净发生额分析填列。

（5）“管理费用”项目，反映企业为组织和管理生产经营发生的管理费用。本项目应根据“管理费用”账户的借方净发生额扣除下述“研发费用”项目的金额后填列。

（6）“研发费用”项目，反映企业进行研究与开发过程中发生的费用化支出，以及计入管理费用的自行开发无形资产的摊销。本项目应根据“管理费用”账户下的“研究费用”明细账户的发生额，以及“管理费用”账户下的“无形资产摊销”明细账户的发生额分析填列。

（7）“财务费用”项目，反映企业为筹集生产经营所需资金等而发生的筹资费用。本项目应根据“财务费用”账户的相关明细账户的发生额分析填列。

（8）“其他收益”项目，反映计入其他收益的政府补助，以及其他与日常活动相关且计入其他收益的项目。本项目应根据“其他收益”账户的发生额分析填列。企业作为个人所得税的扣缴义务人，根据《中华人民共和国个人所得税法》收到的扣缴税款手续费，应作为其他与日常活动相关的收益在该项目中填列。

（9）“投资收益”项目，反映企业以各种方式对外投资所取得的收益。本项目应根据“投资收益”账户的发生额分析填列。如为投资损失，本项目以“-”号填列。

（10）“净敞口套期收益”项目，反映净敞口套期下被套期项目累计公允价值变动转入当期损益的金额或现金流量套期储备转入当期损益的金额。本项目应根据“净敞口套期损益”账户的发生额分析填列；如为套期损失，以“-”号填列。

（11）“公允价值变动收益”项目，反映企业按照相关准则的规定应当计入当期损益的资产或负债的公允价值变动净收益，如交易性金融资产当期公允价值的变动额。本项目应根据“公允价值变动损益”账户的贷方净发生额分析填列。如为净损失，以“-”号填列。

（12）“信用减值损失”项目，反映企业计提的各项金融工具信用减值准备所确认的信用损失。本项目应根据“信用减值损失”账户的发生额分析填列。

（13）“资产减值损失”项目，反映企业各项资产发生的减值损失。本项目应根据“资产减值损失”账户的发生额分析填列。

（14）“资产处置收益”项目，反映企业出售划分为持有待售的非流动资产（金融工具、长期股权投资和投资性房地产除外，下同）或处置组（子公司和业务除外）时确认的处置利得或损失，以及处置未划分为持有待售的固定资产、在建工程、生产性生物资产及无形资产而产生的处置利得或损失。债务重组中因处置非流动资产产生的利得或损失和非货币性资产交换中换出非流动资产产生的利得或损失也包括在本项目内。本项目应根据“资产处置损益”账户的发生额分析填列；如为处置损失，以“-”号填列。

（15）“营业利润”项目，反映企业实现的营业利润。如为亏损，以“-”号填列。

（16）“营业外收入”项目，反映企业发生的除营业利润以外的收益，主要包括与企业日常活动无关的政府补助、盘盈利得、捐赠利得（企业接受股东或股东的子公司直接或间接的捐赠，经济实质属于股东对企业的资本性投入的除外）等。本项目应根据“营业外收入”账户的发生额分析填列。

（17）“营业外支出”项目，反映企业发生的除营业利润以外的支出，主要包括公益性捐赠支出、非常损失、盘亏损失、非流动资产毁损报废损失等。本项目应根据“营业外支出”账户的发生额分析填列。

（18）“利润总额”项目，反映企业实现的利润总额。如为亏损总额，以“-”号填列。

（19）“所得税费用”项目，反映企业根据所得税准则确认的应从当期利润总额中扣除的所得税费用。本项目应根据“所得税费用”账户的发生额分析填列。

（20）“净利润”项目，反映企业实现的净利润。如为净亏损，以“-”号填列。

（21）“其他综合收益的税后净额”项目及其各组成部分，应根据“其他综合收益”账户及其所属明细账户的本期发生额分析填列。

（22）“综合收益总额”项目，反映净利润和其他综合收益扣除所得税影响后的净额相加后的合计金额。

（23）“每股收益”项目，是指普通股股东每持有一股所能享有的企业利润或需承担的企业亏损。每股收益包括基本每股收益和稀释每股收益两类。

第四节 现金流量表

一、现金流量表的概念

现金流量表是反映企业在一定会计期间现金和现金等价物流入与流出情况的财务报表。它是以现金为基础（收付实现制）编制的。

现金流量表的作用具体体现在以下三个方面：

①有助于评价企业的支付能力、偿债能力和周转能力；

②有助于预测企业未来的现金流量；

③有助于分析企业收益质量及影响现金净流量的因素。

现金是指企业库存现金以及可以随时用于支付的存款和现金等价物。

二、现金流量的分类

现金流量是指一定会计期间企业现金和现金等价物流入和流出的数量。

现金流量按企业业务活动的性质可分为三类：

1. 经营活动产生的现金流量

它是指销售商品或提供劳务、购买商品或接受劳务、收到返还的税费、支付工资、支付各项税费等活动产生的现金流量。

2. 投资活动产生的现金流量

它是指取得和收回投资、处置固定资产和无形资产、处置子公司及其他营业单位、购建固定资产和无形资产、投资支付的现金等活动产生的现金流量。

3. 筹资活动产生的现金流量

它是指发行股票或接受投入资本、分派现金股利、取得和偿还银行借款、发行和偿还公司债务等活动产生的现金流量。

三、现金流量表的结构

商品流通企业现金流量表的结构分为正表和附注两部分。

（一）正表

商品流通企业现金流量表正表采用报告式结构。它包括六项内容：经营活动产生的现金流量、投资活动产生的现金流量、筹资活动产生的现金流量、汇率变动对现金及现金等价物的影响、现金及现金等价物净增加额和期末现金及现金等价物余额。其中，前三项是正表的核心内容，分别反映经营活动、投资活动和筹资活动的“现金流入”“现金流出”“现金流量净额”。

（二）附注

商品流通企业现金流量表的附注一般包括三部分内容：补充资料、取得或处置子公司及其他营业单位情况、现金及现金等价物情况。

四、商品流通企业现金流量表的编制方法

现金流量表正表的编制方法一般有工作底稿法、T形账户法、公式计算法和多栏式现金流量日记账法。其中，工作底稿法适用于大型商贸企业，公式计算法和多栏式现金流量日记账法适用于中小型商贸企业。

经营活动产生的现金流量的列报方法有两种：直接法和间接法。

我国现金流量表正表中“经营活动产生的现金流量”采用直接法编制。附注的补充资料中“将净利润调节为经营活动现金流量”采用间接法编制。

（一）“经营活动产生的现金流量”的编制方法

1.“销售商品、提供劳务收到的现金”项目

该项目的计算公式为：

$$\text{销售商品、提供劳务收到的现金}=\text{当期销售商品、提供劳务收到的现金}+\text{当期收到前期的应收账款和应收票据}+\text{当期预收账款}-\text{当期销售退回而支付的现金}+\text{当期收回前期核销的坏账损失}$$

或

$$\text{销售商品、提供劳务收到的现金}=(\text{“主营业务收入”净额}+\text{“其他业务收入”中销售材料的部分})\times(1+\text{增值税税率})+\text{应收账款}(\text{期初余额}-\text{期末余额})+\text{应收票据}(\text{期初余额}-\text{期末余额})+\text{预收账款}(\text{期末余额}-\text{期初余额})+\text{当期收回前期核销的坏账损失}-\text{当期核销坏账而减少的应收账款}-\text{当期以非现金资产清偿债务而减少的应收账款和应收票据}-\text{应收票据贴现息}$$

2.“购买商品、接受劳务支付的现金”项目

该项目的计算公式为：

$$\text{购买商品、接受劳务支付的现金}=\text{当期购买商品、接受劳务支付的现金}+\text{当期支付前期的应付账款和应付票据}+\text{当期预付账款}-\text{当期因购货退回收到的现金}$$

或

$$\text{购买商品、接受劳务支付的现金}=(\text{“主营业务成本”}+\text{“其他业务成本”中销售材料的成本})+\text{应交增值税进项税额}(\text{仅指付现金部分})-\text{存货}(\text{期初余额}-\text{期末余额})+\text{应付账款}(\text{期初余额}-\text{期末余额})+\text{应付票据}(\text{期初余额}-\text{期末余额})+\text{预付账款}(\text{期末余额}-\text{期初余额})-\text{当期购货退回收到的现金}-\text{当期以非现金资产清偿债务而减少的应付账款和应付票据}-\text{当期以债务转为资本而减少的应付账款和应付票据}$$

3.“支付给职工以及为职工支付的现金”项目

该项目的计算公式为：

$$\text{支付给职工以及为职工支付的现金}=\text{管理费用、销售费用中的应付职工薪酬等费用}+\text{应付职工薪酬}(\text{期初余额}-\text{期末余额})-\text{应付职工薪酬}[\text{在建工程、无形资产明细}(\text{期初余额}-\text{期末余额})]+\text{其他应收款}[\text{代垫款项明细}(\text{期末余额}-\text{期初余额})]$$

4.“支付的各项税费”项目

该项目的计算公式为：

$$\text{支付的各项税费}=\text{所得税费用}+\text{税金及附加}+\text{计入管理费用、存货、其他业务成本等的税费}+\text{应交增值税}+\text{除增值税外的应交税费}(\text{期初余额}-\text{期末余额})$$

（二）“投资活动产生的现金流量”的编制方法

（1）“收回投资收到的现金”项目，反映收回除现金等价物以外的投资而收到的现金，不包括长期债权投资收回的利息以及收回的非现金资产。本项目可根据“库存现金”“银行存款”“交易性金融资产”“长期股权投资”等科目的记录分析填列。

（2）“取得投资收益收到的现金”项目，反映商品流通企业因投资而取得的现金股利、利息以及分派利润收到的现金，不包括股票股利。本项目可以根据“投资收益”“应收股利”“应收利息”“库存现金”“银行存款”等科目的记录分析填列。

（3）“处置固定资产、无形资产和其他长期资产收回的现金净额”项目，反映商品流通企业处置上述资产取得的现金，减去为处置这些资产而支付的有关费用后的净额。因自然灾害所造成的固定资产等长期资产损失而收到的保险赔偿收入，也在本项目中反映。本项目可以根据“固定资产清理”“库存现金”“银行存款”等科目的记录分析填列。

（4）“收到其他与投资活动有关的现金”项目，反映商品流通企业除了上述各项以外，收到的其他与投资活动有关的现金流入。本项目可以根据“库存现金”“银行存款”和其他有关科目的记录分析填列。

（5）“购建固定资产、无形资产和其他长期资产支付的现金”项目，反映企业购买、建造固定资产、取得无形资产和其他长期资产支付的现金。本项目可以根据“固定资产”“无形资产”“专项工程支出”“库存现金”“银行存款”“其他货币资金”等科目的记录分析填列。为购建固定资产而发生的借款利息资本化的部分等，在筹资活动产生的现金流量中反映。

（6）“投资支付的现金”项目，反映商品流通企业进行除现金等价物以外的权益性投资和债权性投资支付的现金。本项目可以根据“交易性金融资产”“长期股权投资”“库存现金”“银行存款”等科目的记录分析填列。

（7）“支付其他与投资活动有关的现金”项目，反映商品流通企业除了上述各项目外，支付的其他与投资活动有关的现金流出。本项目可以根据有关科目的记录分析填列。

商品流通企业购买股票和债券时，实际支付的价款中包含的已宣告但尚未领取的现金股利或已到付息期但尚未领取的债券利息，应在投资活动的“支付其他与投资活动有关的现金”项目中反映；收回购买股票和债券时支付的已宣告但尚未领取的现金股利或已到付息期但尚未领取的债券利息，在投资活动的“收到其他与投资活动有关的现金”项目中反映。

（三）“筹资活动产生的现金流量”的编制方法

（1）“吸收投资收到的现金”项目，反映商品流通企业收到的投资者投入的现金，包括以发行股票、债券等方式筹集资金实际收到的款项净额（发行收入减去支付的佣金等发行费用后的净额）。以发行股票、债券等方式筹集资金而由商品流通企业直接支付的审计、咨询等费用，在“支付其他与筹资活动有关的现金”项目中反映，不从本项目内扣除。本项目可以根据“实收资本（或股本）”“库存现金”“银行存款”等科目的记录分析填列。

（2）“取得借款收到的现金”项目，反映商品流通企业举借各种短期、长期借款所收到的现金。本项目可以根据“短期借款”“长期借款”“应付债券”“库存现金”“银行存款”等科目的记录分析填列。

（3）“收到其他与筹资活动有关的现金”项目，反映商品流通企业除上述各项目外，收到的其他与筹资活动有关的现金流入，如接受现金捐赠等。本项目可以根据有关科目的记录分析填列。

（4）“偿还债务支付的现金”项目，反映商品流通企业以现金偿还债务的本金。本项目可以根据“短期借款”“长期借款”“应付债券”“库存现金”“银行存款”等科目的记录分析填列。商品流通企业偿还的借款利息、债券利息，在“分配股利、利润或偿付利息支付的现金”项目中反映。

（5）“分配股利、利润或偿付利息支付的现金”项目，反映商品流通企业实际支付的现金股利，支付给其他投资单位的利润以及支付的借款利息、债券利息等。本项目可以根据“应付股利”“财务费用”“长期借款”“库存现金”“银行存款”等科目的记录分析填列。

（6）“支付其他与筹资活动有关的现金”项目，反映商品流通企业除了上述各项目外，支付的其他与筹资活动有关的现金流出，如捐赠现金支出等。本项目可以根据有关科目的记录分析填列。

（四）“汇率变动对现金及现金等价物的影响”的编制方法

“汇率变动对现金及现金等价物的影响”项目，反映商品流通企业外币现金流量及境外子公司的现金流量折算为人民币时，所采用的按现金流量发生日的汇率或平均汇率折算的人民币金额与“现金及现金等价物净增加额”中外币现金净增加额按期末汇率折算的人民币金额之间的差额。

“现金及现金等价物净增加额”及“期末现金及现金等价物余额”的编制方法略。

五、现金流量表的编制实例

【例 9-2】资料承【例 9-1】，采用分析填列法，编制该公司现金流量表，见表 9-4。

表 9-4　　　　现金流量表　　　　会企 03 表

编制单位：闽台商业贸易股份有限公司　　20××年度　　单位：元

项目	本期金额	上期金额（略）
一、经营活动产生的现金流量：		
销售商品、提供劳务收到的现金	847 500	

续表

项目	本期金额	上期金额（略）
收到的税费返还	0	
收到其他与经营活动有关的现金	0	
经营活动现金流入小计	847 500	
购买商品、接受劳务支付的现金	169 500	
支付给职工以及为职工支付的现金	225 000	
支付的各项税费	138 750	
支付其他与经营活动有关的现金	0	
经营活动现金流出小计	533 250	
经营活动产生的现金流量净额	314 250	
二、投资活动产生的现金流量：		
收回投资收到的现金	300 000	
取得投资收益收到的现金	0	
处置固定资产、无形资产和其他长期资产收回的现金净额	0	
处置子公司及其他营业单位收到的现金净额	0	
收到其他与投资活动有关的现金	0	
投资活动现金流入小计	300 000	
购建固定资产、无形资产和其他长期资产支付的现金	525 000	
投资支付的现金	0	
取得子公司及其他营业单位支付的现金净额	0	
支付其他与投资活动有关的现金	0	
投资活动现金流出小计	525 000	
投资活动产生的现金流量净额	−225 000	
三、筹资活动产生的现金流量：		
吸收投资收到的现金	0	
取得借款收到的现金	0	
收到其他与筹资活动有关的现金	0	
筹资活动现金流入小计	0	
偿还债务支付的现金	25 000	
分配股利、利润或偿付利息支付的现金	0	
支付其他与筹资活动有关的现金	0	
筹资活动现金流出小计	25 000	
筹资活动产生的现金流量净额	−25 000	
四、汇率变动对现金及现金等价物的影响		
五、现金及现金等价物净增加额	64 250	

续表

项目	本期金额	上期金额（略）
加：期初现金及现金等价物余额	300 000	
六、期末现金及现金等价物余额	364 250	

表9-4中一些项目的计算过程如下：

①销售商品、提供劳务收到的现金=1 500 000+195 000+（300 000-1 147 500）=847 500（元）

②购买商品、接受劳务支付的现金=600 000+19 500-（2 600 000-2 150 000）=169 500（元）

③支付给职工以及为职工支付的现金=75 000+150 000=225 000（元）

④购建固定资产、无形资产和其他长期资产所支付的现金=450 000+75 000=525 000（元）

六、现金流量表补充资料的编制方法

商品流通企业应当采用间接法在现金流量表附注中披露将净利润调节为经营活动产生的现金流量的信息。

间接法是指以净利润为起算点，调整不涉及现金的收入、费用、营业外收支等有关项目，据此计算出经营活动产生的现金流量。调整公式如下：

经营活动产生的现金流量净额=本期净利润+不引起现金变动的费用、损失-不引起现金变动的收益+与经营有关的流动资产减少（或流动负债增加）-与经营有关的流动资产增加（或流动负债减少）

同时，企业还应在附注中以总额披露当期取得或处置子公司及其他营业单位的有关信息，以及披露现金和现金等价物的有关具体信息。

【例9-3】资料承【例9-1】和【例9-2】，公司将净利润调节为经营活动的现金流量，各项目计算结果及过程如下：

固定资产折旧、油气资产折耗、生产性生物资产折旧=150 000+75 000=225 000（元）

财务费用=45 000元

投资损失（减：收益）=-150 000元

存货的减少=450 000元

经营性应收项目的减少（减：增加）=-847 500元

将上述计算结果填入现金流量表中，见表9-5。

表9-5 现金流量表补充资料 单位：元

补充资料	本期金额	上期金额（略）
1.将净利润调节为经营活动现金流量：		
净利润	416 250	
加：资产减值准备	0	
信用减值准备	0	
固定资产折旧、油气资产折耗、生产性生物资产折旧	225 000	
无形资产摊销	0	
长期待摊费用摊销	0	
处置固定资产、无形资产和其他长期资产的损失（收益以“-”号填列）	0	

续表

补充资料	本期金额	上期金额（略）
固定资产报废损失（收益以“-”号填列）	0	
净敞口套期损失（收益以“-”号填列）	0	
公允价值变动损失（收益以“-”号填列）	0	
财务费用（收益以“-”号填列）	45 000	
投资损失（收益以“-”号填列）	-150 000	
递延所得税资产减少（增加以“-”号填列）	0	
递延所得税负债增加（减少以“-”号填列）	0	
存货的减少（增加以“-”号填列）	450 000	
经营性应收项目的减少（增加以“-”号填列）	-847 500	
经营性应付项目的增加（减少以“-”号填列）	175 500	
其他	0	
经营活动产生的现金流量净额	314 250	
2.不涉及现金收支的重大投资和筹资活动：		
债务转为资本	0	
一年内到期的可转换公司债券	0	
融资租入固定资产	0	
3.现金及现金等价物净变动情况：	0	
现金的期末余额	364 250	
减：现金的期初余额	300 000	
加：现金等价物的期末余额	0	
减：现金等价物的期初余额	0	
现金及现金等价物净增加额	64 250	

第五节　所有者权益变动表

一、所有者权益变动表的作用

所有者权益变动表是反映构成所有者权益各组成部分当期的增减变动情况的报表。当期损益、直接计入所有者权益的利得和损失，以及由所有者的资本交易导致所有者权益的变动，应一一加以列示。所有者权益变动表为会计信息使用者分析企业所有者权益的增减、准确判断企业资本保值增值等情况，提供了有用的信息。

二、所有者权益变动表的格式

所有者权益变动表的格式见表9-6。

表 9-6

所有者权益变动表

会企 04 表

编制单位：闽台商业贸易股份有限公司

20××年度

单位：元

项目	本年金额											下年金额											
	实收资本（或股本）	其他权益工具			资本公积	减：库存股	其他综合收益	专项储备	盈余公积	未分配利润	所有者权益合计	实收资本（或股本）	其他权益工具			资本公积	减：库存股	其他综合收益	专项储备	盈余公积	未分配利润	所有者权益合计
		优先股	永续债	其他									优先股	永续债	其他							
一、上年年末余额	1 900 000								600 000	1 000 000	3 500 000											
加：会计政策变更																						
前期差错更正																						
其他																						
二、本年年初余额	1 900 000								600 000	1 000 000	3 500 000											
三、本年增减变动金额（减少以“-”号填列）																						
（一）综合收益总额										416 250	416 250											
（二）所有者投入和减少资本																						
1.所有者投入的普通股																						
2.其他权益工具持有者投入资本																						
3.股份支付计入所有者权益的金额																						
4.其他																						
（三）利润分配																						
1.提取盈余公积									62 437.50	-62 473.50	0											
2.对所有者（或股东）的分配																						
3.其他																						
（四）所有者权益内部结转																						
1.资本公积转增资本（或股本）																						
2.盈余公积转增资本（或股本）																						
3.盈余公积弥补亏损																						
4.设定受益计划变动额结转留存收益																						
5.其他综合收益结转留存收益																						
6.其他																						
四、本年年末余额	1 900 000								662 437.50	1 353 812.50	3 916 250											

第六节　财务报表附注

一、财务报表附注的作用

财务报表附注是对在资产负债表、利润表、所有者权益变动表和现金流量表等报表中列示项目的文字描述或明细资料，以及对未能在这些报表中列示项目的说明等。

在财务会计报告中，无论主表还是附表，由于受格式、反映形式等因素的限制，有时所提供的信息不能完全满足报表使用者的需要。对此，需要用财务会计报告附注的形式完善财务会计报告，为会计信息的使用者理解财务报表提供帮助。财务会计报告附注既是对财务报表的补充说明，也是财务会计报告不可缺少的内容。很多情况下只有通过报表附注，才能对财务会计报告有全面、准确的理解，一些在报表中以表格形式难以表达的内容，也需要通过报表附注加以反映。

二、财务报表附注的具体内容

财务报表附注提供的信息十分广泛，一般商品流通企业财务报表附注主要包括以下内容：

（一）企业的基本情况

（1）企业注册地、组织形式和总部地址。

（2）企业的业务性质和主要经营活动。

（3）母公司以及集团最终母公司的名称。

（4）财务会计报告的批准报出者和财务会计报告批准报出日等。

（二）财务会计报告的编制基础

财务会计报告的编制基础包括会计年度、记账本位币、会计计量所运用的计量基础以及现金和现金等价物的构成。

（三）遵循企业会计准则的声明

商品流通企业应当声明编制的财务报表符合企业会计准则的要求，真实、完整地反映了企业的财务状况、经营成果和现金流量等有关信息。

（四）重要会计政策和会计估计

商品流通企业应当披露采用的重要会计政策和会计估计，不重要的会计政策和会计估计可以不披露。在披露重要的会计政策和会计估计时，应当披露重要会计政策的确定依据和财务报表项目的计量基础，以及会计估计中所采用的关键假设和不确定因素。

（五）会计政策和会计估计变更以及差错更正的说明

商品流通企业应当按照《企业会计准则第28号——会计政策、会计估计变更和差错更正》及其应用指南的规定，披露会计政策和会计估计变更以及差错更正的有关情况。

（六）报表重要项目的说明

商品流通企业对报表重要项目的说明，应当按照资产负债表、利润表、现金流量表、所有者权益变动表及其项目列示的顺序，采用文字和数字描述相结合的方式进行披露。报表重要项目的明细金额合计，应当与报表项目金额相衔接。

（七）其他需要说明的重要事项

其他需要说明的重要事项主要包括或有事项和承诺事项、资产负债表日后事项、关联方关系及其交易等，具体的披露要求必须遵循相关准则的规定。

提质增素小案例　华为发布2022年财报：收入6 423亿元，净利润356亿元

2023年3月31日，华为发布2022年年度报告，报告显示，华为整体经营平稳，实现全球销售收入6 423亿元人民币，净利润356亿元人民币。面向未来，华为持续加大研发投入，2022年研发投入达到1 615亿元人民币，占全年收入的25.1%，十年累计投入的研发费用超过9 773亿元人民币。

轮值董事长徐直军在财报会上表示："回顾2022年，严峻的外部环境和非市场因素，继续影响着公司经营。身处暴风雨中，我们在继续奔跑，努力保障业务连续，确保对客户的支持与服务；我们也努力多打粮食，使自己既能生存下来，也能为未来的发展打下基础。"

华为首席财务官孟晚舟表示："2022年，经营依然面临较大压力，总体而言，经营业绩符合预期。2022年年末，华为的资产负债率为58.9%，净现金余额为1 763亿元人民币，近万亿的总资产规模中，现金、短期投资、运营资产等高流动性资产构成了资产的主体部分，财务状况持续稳健，具有较强的韧性与弹性。2022年，研发费用总额为1 615亿元人民币，研发费用率为25.1%，处于历史高位。面向未来，我们有压力，更有信心！"

从具体业务看，2022年，华为在运营商业务领域实现销售收入2 840亿元人民币，华为企业业务实现销售收入1 332亿元人民币，终端业务实现销售收入2 145亿元人民币。

重点业务中，数字能源营收508亿元，云计算业务453亿元，智能汽车解决方案部件业务21亿元。

华为始终坚持与生态伙伴共同成长，基于开放、协作、利他、共赢的理念，持续开放鸿蒙、鲲鹏、昇腾、云服务等平台能力，优化开发者体验，全方位赋能和支持生态伙伴，与900多万开发者、4万多生态伙伴一起释放生态创造力，共同为客户创造更大价值。

徐直军强调："2023年，是华为生存与发展的关键之年。今天的华为，就像梅花，梅花飘香是因为她经历了严寒淬炼。我们面临的压力无疑是巨大的，但我们也有增长机会、有产业组合韧性、有差异化优势、有客户和伙伴的信任和敢于压强式投入。因此，我们有信心战胜艰难困苦，实现持续生存和发展。"

资料来源　第一财经．华为发布 2022 年财报：收入 6 423 亿 净利润 356 亿［EB/OL］.（2023-03-31）. https://finance.eastmoney.com/a/202303312679706873.

课堂讨论：

（1）案例中的数据分别是从哪些报表中得来的，财务报表又是如何编制的？

（2）财务报表为什么要定期向外界进行公布？

（3）结合当下华为的处境，对华为公司2022年的这些数据应如何进行分析和解读？

提质增素目标：

（1）引导学生意识到创新创造的重要性。

（2）时代的潮流奔涌向前，从国家到企业再到个人，都应无惧困难，踔厉奋发。

本章小结

● 财务会计报告是指商品流通企业对外提供的反映企业某一特定日期的财务状况和某一会计期间的经营成果、现金流量等会计信息的文件。

● 财务会计报告包括财务报表及其附注和其他应当在财务会计报告中披露的相关信息和资料。其中，财务报表包括资产负债表、利润表、所有者权益（或股东权益）变动表、现金流量表。

● 资产负债表是反映企业某一特定日期财务状况的财务报表。它主要提供如下会计信息：①企业的资产总额及结构；②企业的负债总额及结构；③企业的所有者（或股东）权益总额及结构。

● 利润表是反映企业一定会计期间经营成果的报表。它主要提供如下会计信息：①企业的营业收入情况；②企业的营业成本、税金及附加、期间费用等情况；③投资损益的情况；④直接计入当期损益的利得和损失情况；⑤所得税费用情况；⑥净利润情况。

● 现金流量表是反映企业在一定会计期间现金和现金等价物流入与流出情况的财务报表。它是以现金为基础（收付实现制）编制的。现金流量表的作用具体体现在以下三个方面：①有助于评价企业的支付能力、偿债能力和周转能力；②有助于预测企业未来的现金流量；③有助于分析企业收益质量及影响现金净流量的因素。

主要概念

财务会计报告　资产负债表　利润表　现金流量表　财务报表附注

基本训练

一、填空题

1.财务会计报告是指商品流通企业对外提供的反映企业某一特定时期的________和某一会计期间的________、________等会计信息的文件。

2.一份完整的财务会计报告由________、________和________组成。其中，________是财务会计报告的核心和主体。

3.一套完整的财务报表包括________、________、________、________和相关附表。

4.财务会计报告的信息内容要求有________、________、________、________、________等。

5.资产负债表由________和________组成。

6.利润表的结构可分为________和________两种。

7.现金流量表是反映企业一定期间内现金和现金等价物________和________情况的会计报表。

8.现金流量表可分为________和________两部分。

9.现金流量表的编制方法有两种：一是________；二是________。

二、单项选择题

1.编制现金流量表时，企业的罚款收入应在（　　）项目反映。

A.“销售商品、提供劳务收到的现金”

扫码答题

B.“收到其他与经营活动有关的现金”

C.“支付其他与经营活动有关的现金”

D.“购买商品、接受劳务支付的现金”

2.下列各项中，属于经营活动产生的现金流量的是（　　）。

A.销售商品收到的现金　　B.发行债券收到的现金

C.发生筹资费用所支付的现金　　D.分得股利所收到的现金

3.反映企业在报告期末的资产、负债和所有者权益情况的报表是（　　）。

A.利润表　　B.现金流量表

C.资产负债表　　D.所有者权益变动表

4.下列需要调整其明细余额后填列的会计科目是（　　）。

A.固定资产　　B.银行存款　　C.应付账款　　D.实收资本

5.下列各项中，会影响现金流量净额变动的是（　　）。

A.用原材料对外投资　　B.从银行提取现金

C.用现金支付购买材料款　　D.用固定资产清偿债务

6.下列项目中，会减少企业现金流量的是（　　）。

A.购买固定资产　　B.长期待摊费用摊销

C.固定资产折旧　　D.固定资产盘亏

7.对于现金流量表中的现金流量，正确的分类方法是（　　）。

A.经营活动、投资活动和筹资活动

B.现金流入、现金流出和非现金活动

C.直接现金流量和间接现金流量

D.经营活动、投资活动及收款活动

8.财务报表不包括（　　）。

A.资产负债表　　B.利润表

C.现金流量表　　D.财务情况说明书

9.“应收账款”科目所属明细科目期末有贷方余额，应在资产负债表（　　）项目内填列。

A.“预收款项”　　B.“预付款项”

C.“应付账款”　　D.“其他应付款”

10.“预付账款”科目所属明细科目期末有贷方余额，应在资产负债表（　　）项目内填列。

A.“预付款项”　　B.“应付账款”

C.“预收款项”　　D.“应收账款”

扫码答题

三、多项选择题

1.“收回投资收到的现金”项目反映（　　）。

A.企业出售长期股权投资收到的现金

B.企业收回长期债权投资本金收到的现金

C.企业收回长期债权投资利息收到的现金

D.企业收回用于长期投资的固定资产

2.下列各项中，属于筹资活动产生的现金流量的有（ ）。
A.购买固定资产所支付的现金
B.工程交付使用前的利息支出
C.融资租赁所支付的现金
D.经营租赁所支付的现金
3.下列各项中，影响经营活动现金流量的项目有（ ）。
A.发行长期债券收到的现金 B.偿还应付购货款
C.支付生产工人工资 D.支付所得税
4.下列各项中，属于经营活动产生的现金流量的有（ ）。
A.支付的所得税
B.购买机器设备所支付的增值税
C.购买土地使用权支付的耕地占用税
D.支付的印花税
5."不涉及现金收支的重大投资活动和筹资活动"项目需要列示（ ）。
A."债务转为资本"
B."一年内到期的可转换公司债券"
C."融资租入固定资产"
D."从银行提取现金"
6.企业的现金流量分为（ ）。
A.经营活动的现金流量 B.投资活动的现金流量
C.筹资活动的现金流量 D.借款活动的现金流量
7.资产负债表中的"应收票据"项目包括（ ）。
A.商业承兑汇票 B.银行承兑汇票
C.银行汇票 D.银行本票
8."销售商品、提供劳务收到的现金"项目反映（ ）。
A.本期销售商品、提供劳务收到的现金
B.前期销售商品本期收到的现金
C.前期提供劳务本期收到的现金
D.本期预收的账款
9."支付给职工以及为职工支付的现金"项目不反映（ ）。
A.企业生产工人的工资
B.在建工程人员的工资
C.支付的退休统筹金
D.支付的未参加统筹的退休人员的费用
10."货币资金"项目包括（ ）。
A.库存现金 B.银行汇票存款 C.银行本票存款 D.商业汇票
11.财务报表包括（ ）。
A.资产负债表 B.利润表 C.现金流量表 D.相关附表
12.财务会计报告包括（ ）。

A.财务报表　　B.财务报表附注　　C.财务情况说明书　D.预算报告

四、会计分录题

（一）练习资产负债表中部分指标的填列方法。

龙州商场20××年12月31日的部分总账账户的期末余额见表9-7。

表9-7　**龙州商场20××年12月31日的部分总账账户的期末余额**　单位：万元

账户名称	借方余额	账户名称	贷方余额
库存现金	1	商品进销差价	60
银行存款	49	存货跌价准备	10
应收账款	100	应付账款	85
预付账款	10	预收账款	30
库存商品	300	应付债券	60
委托加工物资	10	本年利润	55
低值易耗品	15	实收资本	300
债权投资	80		
利润分配	35		
合计	600		600

应收账款明细账借方总额130万元，贷方总额30万元；预付账款明细账借方总额15万元，贷方总额5万元；应付账款明细账借方总额15万元，贷方总额100万元；预收账款明细账借方总额8万元，贷方总额38万元；债权投资账户期末余额80万元，其中一年内到期的债权投资10万元；应付债券账户期末余额60万元，其中一年内到期的债券30万元。

根据上述资料计算资产负债表中下列各个项目的数值：

1.货币资金。

2.应收账款。

3.预付款项。

4.存货。

5.一年内到期的非流动资产。

6.债权投资。

7.应付账款。

8.预收款项。

9.一年内到期的非流动负债。

10.应付债券。

11.未分配利润。

（二）练习利润表的编制。

龙津百货20××年12月份有关损益类账户本期发生额及累计发生额见表9-8。

表 9-8　**龙津百货 20××年 12 月份有关损益类账户本期发生额及累计发生额**　单位：万元

账户名称	12月发生额		1—11月累计发生额	
	借方	贷方	借方	贷方
主营业务收入		200		1 200
主营业务成本	130		800	
其他业务收入		25		75
投资收益		20		30
营业外收入		5		15
税金及附加	5		80	
销售费用	20		150	
管理费用	10		60	
财务费用	5		25	
资产减值损失	10			
其他业务成本	20		50	
营业外支出			5	
所得税费用	12.50		37.50	
合计	212.50	250	1 207.50	1 320

综合实训

- 一、企业基础信息
- 二、企业会计制度说明
- 三、5月份期初余额表
- 四、5月份经济业务

一、企业基础信息

企业名称：北京景新商贸有限公司
企业增值税类型：小规模纳税人
适用会计准则：小企业会计准则
社会信用代码：911101016639759737
企业地址：北京市东城区新里南区33号
企业电话号码：010-45520599
银行名称及账号：基本户：交通银行北京东城支行 410088994012639122121
工资户：交通银行北京东城支行 419081948707119272000
公积金户：交通银行北京东城支行 418403212611941678000
主要人员信息：总经理：郑妮芳
财务经理：周建方
会计：林海峰
出纳：伊志茂

二、企业会计制度说明

北京景新商贸有限公司是一家经营办公用品的企业，系小规模纳税人，征收率为3%，适用《小企业会计准则》，企业月销售额10万元以上，季度销售额超过30万元，不按照《财政部 税务总局关于实施小微企业普惠性税收减免政策的通知》（财税〔2019〕13号）的规定执行增值税减免。

1. 会计科目及其明细设置参照5月份期初余额表中的科目设置，其中“财务费用”涉及的利息收入放在贷方以正数记账，不以负数或者红字表示。

2. 商品进销差价不设置明细科目，期末结转销售商品成本采用月末加权计算进销差异率。

3. 固定资产折旧：管理部门占60%，销售部门占40%。

4. 其他未载明事项暂不考虑。

三、5月份期初余额表

5月份期初余额表见表综-1：

表综-1　　5月份期初余额表　　金额单位：元

科目名称	科目代码	初始建账余额		累计借方	累计贷方	期初余额	
		借	贷			借	贷
库存现金	1001	5 332	0	12 000	12 129.12	5 202.88	0
银行存款	1002	296 664.20	0	480 000	452 816.49	323 847.71	0

续表

科目名称	科目代码	初始建账余额		累计借方	累计贷方	期初余额	
		借	贷			借	贷
交通银行北京东城支行	100201	296 664.20	0	480 000	452 816.49	323 847.71	0
应收账款	1122	37 000	0	900 000	901 000	36 000	0
北京中环有限公司	112201	37 000	0	900 000	901 000	36 000	0
北京佳圆咨询服务公司	112202	0	0	0	0	0	0
北京雅致软件有限公司	112203	0	0	0	0	0	0
预付账款	1123	0	0	0	0	0	0
北京办公用品制造有限公司	112301	0	0	0	0	0	0
其他应收款	1221	8 881.80	0	35 527.20	35 527.20	8 881.80	0
社保费个人部分	122101	4 093.80	0	16 375.20	16 375.20	4 093.80	0
住房公积金个人部分	122102	4 788	0	19 152	19 152	4 788	0
材料采购	1401	0	0	0	0	0	0
商品进销差价	1407	0	127 182	97 991.40	79 661.40	0	108 852
库存商品	1405	315 700	0	158 760	204 260	270 200	0
固定资产	1601	70 700	0	0	0	70 700	0
面包车	160101	53 000	0	0	0	53 000	0
电脑	160102	15 000	0	0	0	15 000	0
打印机	160103	1 200	0	0	0	1 200	0
传真机	160104	1 500	0	0	0	1 500	0
累计折旧	1602	0	5 225	0	5 225	0	10 450
应付账款	2202	0	30 000	39 544	32 000	0	22 456
北京爱得利有限公司	220201	0	30 000	39 544	32 000	0	22 456
应付职工薪酬	2211	0	57 571	230 284	230 284	0	57 571
职工工资	221101	0	39 900	159 600	159 600	0	39 900
社会保险费	221102	0	12 751	51 004	51 004	0	12 751
住房公积金	221103	0	4 920	19 680	19 680	0	4 920
应交税费	2221	0	2 300	9 945.61	10 000	0	2 354.39

续表

科目名称	科目代码	初始建账余额		累计借方	累计贷方	期初余额	
		借	贷			借	贷
应交增值税	222101	0	2 009.82	8 379.94	8 641.96	0	2 271.84
应交城市维护建设税	222102	0	140.69	586.60	604.94	0	159.03
应交教育费附加	222103	0	60.29	251.39	259.26	0	68.16
应交地方教育附加	222104	0	40.20	167.60	172.84	0	45.44
应交车船税	222105	0	0	360	120	240	0
应交个人所得税	222106	0	49	200.08	201	0	49.92
实收资本	3001	0	500 000	0	0	0	500 000
本年利润	3103	0	0	0	13 149	0	13 149
利润分配	3104	0	12 000	12 000	0	0	0
未分配利润	310401	0	12 000	12 000	0	0	0
主营业务收入	5001	0	0	517 932.05	517 932.05	0	0
水笔	500101	0	0	10 873.75	10 873.75	0	0
A4打印纸	500102	0	0	246 699.10	246 699.10	0	0
打印机	500103	0	0	48 524.30	48 524.30	0	0
文件夹	500104	0	0	28 543.65	28 543.65	0	0
墨盒	500105	0	0	36 495.10	36 495.10	0	0
考勤机	500106	0	0	146 796.15	146 796.15	0	0
主营业务成本	5401	0	0	260 333.36	260 333.36	0	0
其他业务成本	5402	0	0	0	0	0	0
税金及附加	5403	0	0	1 037.04	1 037.04	0	0
销售费用	5601	0	0	98 820.56	98 820.56	0	0
运输费	560101	0	0	800	800	0	0
折旧费	560102	0	0	2090	2 090	0	0
水电费	560103	0	0	2 133.76	2 133.76	0	0
职工薪酬	560104	0	0	92 728.80	92 728.80	0	0
通信费	560105	0	0	1 068	1 068	0	0
管理费用	5602	0	0	174 761.84	174 761.84	0	0

续表

科目名称	科目代码	初始建账余额		累计借方	累计贷方	期初余额	
		借	贷			借	贷
差旅费	560201	0	0	3 192	3 192	0	0
办公费	560202	0	0	750	750	0	0
折旧费	560203	0	0	3 135	3 135	0	0
水电费	560204	0	0	3 200.64	3 200.64	0	0
通信费	560205	0	0	1 602	1 602	0	0
职工薪酬	560206	0	0	141 955.20	141 955.20	0	0
房租费	560207	0	0	20 000	20 000	0	0
快递费	560208	0	0	927	927	0	0
租赁费	560209	0	0	0	0	0	0
财务费用	5603	0	0	52.50	52.50	0	0
手续费	560301	0	0	52.50	52.50	0	0
利息收入	560302	0	0	0	0	0	0

5月份期初库存商品数量金额明细表见表综-2：

表综-2 **5月份期初库存商品数量金额明细表** 金额单位：元

科目名称	科目代码	初始建账余额		累计借方	累计贷方	期初余额		累计借方数量	累计借方单价	累计贷方数量	累计贷方单价	余额数量	余额单价
		借	贷			借	贷						
库存商品	1405	315 700	0	158 760	204 260	270 200	0	0	0	0	0	0	0
A4打印纸	140501	77 000	0	46 200	61 600	61 600	0	300	154	400	154	400	154
水笔	140502	3 500	0	2 800	2 100	4 200	0	400	7	300	7	600	7
文件夹	140503	8 400	0	8 400	7 980	8 820	0	2 000	4.2	1 900	4.2	2 100	4.2
墨盒	140504	35 280	0	16 800	18 480	33 600	0	100	168	110	168	200	168
考勤机	140505	134 400	0	56 000	78 400	112 000	0	50	1 120	70	1 120	100	1 120
打印机	140506	57 120	0	28 560	35 700	49 980	0	20	1 428	25	1 428	35	1 428

四、5月份经济业务

凭证编号规则：记账凭证的编号顺序参照经济业务顺序，例如，业务1为记字第001号，以此类推。

业务1：2023年5月2日，管理部门员工李志愿报销差旅费，请根据背景单据编制记账凭证。

业务1
报销差旅费参考答案

差旅费报销单

2023年 05 月 02 日　　　　单据及附件共 3 张

所属部门				管理部门	姓名	李志愿	出差事由	市场调研	
出发		到达		起止地点		交通费	住宿费	伙食费	其他
月	日	月	日						
05	01	05	01	北京-大连		250.00	298.00	现金付讫	
05	02	05	02	大连-北京		250.00			
合计	大写金额：柒佰玖拾捌元整			¥798.00	预支旅费	¥0.00		退回金额	¥0.00
								补付金额	¥798.00

总经理：郑妮芳　　财务经理：周建方　　会计：林海峰　　出纳：伊志茂　　部门经理：郑妮芳　　报销人：李志愿

B086321

北京 站　D45次　大连北 站

BeiJing　　DaLianBei

2023年 05 月 01 日　6:55 开　13 车 12F 号

¥250.00 元　网售　二等座

限乘当日当次车

1101021978****0060 李志愿

买票请到12306 发货请到95306
中国铁路祝您旅途愉快

10001001010421C100101 北京售

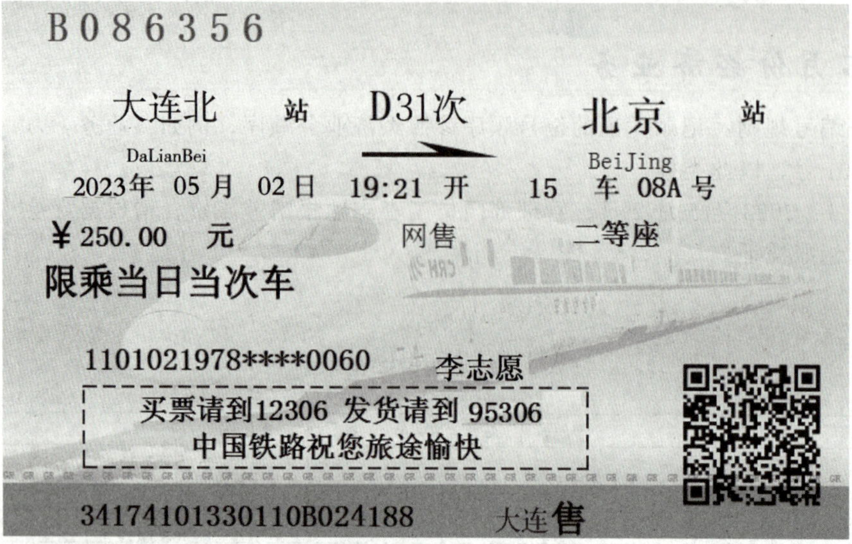
B086356

大连北 站 D31次 北京 站

DaLianBei BeiJing

2023年 05 月 02 日 19:21 开 15 车 08A 号

¥250.00 元 网售 二等座

限乘当日当次车

1101021978****0060 李志愿

买票请到12306 发货请到 95306

中国铁路祝您旅途愉快

34174101330110B024188 大连售

大连增值税电子普通发票

机器编号：661803459163

发票代码：120006265012

发票号码：30961856

开票日期：2023年05月02日

校验码：82465 87756 22282 29101

购买方	名称：北京景新商贸有限公司 纳税人识别号：911101016639759737 地址、电话：北京市东城区新里南区33号 010-45520599 开户行及账号：交通银行北京东城支行 410088994012639122121	密码区	03*3187<4/+8490<+95-59+7<243 4987<0-->>-6>525<693719->7*7 87*3187<4/+8490<+95708681380 9<712/<1+9016>6906++>84>93/-

货物或应税劳务、服务名称	规格型号	单位	数量	单价	金额	税率	税额
*住宿服务*住宿					281.13	6%	16.87
合计					¥281.13		¥16.87
价税合计(大写)	⊗贰佰玖拾捌元整				(小写) ¥298.00		

销售方	名称：大连假日之星连锁酒店 纳税人识别号：911201089090923446 地址、电话：大连市中山区延安路5号 0411-58703566 开户行及账号：交通银行大连延安路支行110353847502235384111	备注	

收款人：黄仁杰 复核：殷晓斌 开票人：沈丽芳 销售方：(章)

业务2

收到前欠货款参考答案

业务2：2023年5月3日，收到前欠货款。请根据背景单据编制记账凭证。

交通银行电子回单凭证

回单编号：828309926454　　回单类型：支付结算　　业务名称：货款
凭证种类：　　凭证号码：　　借贷标志：贷　　回单格式码：
账号：410088994012639122121　　开户行名称：交通银行北京东城支行
户名北京景新商贸有限公司
对方账号：411078031886502551800　　开户行名称：交通银行北京东城支行
对方户名：北京中环有限公司
币种：人民币　　金额：36000.00　　金额大写叁万陆仟元整
兑换信息：　　币种：　　金额：　　牌价：　　币种：　　金额：
摘要：货款
附加信息：货款

交通银行 北京东城支行 会计业务章

打印次数：1次　　记账日期：2023-05-03　　会计流水号：EEZ0000563519357
记账机构：01352003999　　经办柜员：EEZ0000　　记账柜员：EEZ0000　　复核柜员：　　授权柜员：
打印机构：01352010999　　打印柜员：AEZD101　　批次号：

业务 3：2023 年 5 月 4 日，缴纳上月未交增值税税款。请根据背景单据编制记账凭证。

业务 3
缴纳增值税
参考答案

交通银行（北京东城　　）**分行电子缴税付款凭证**
BANK OF COMMUNICATIONS

转账日期：2023年 05月 04日　　凭证字号：02530588

纳税人全称及纳税人识别号：北京景新商贸有限公司　911101016639759737
付款人全称：北京景新商贸有限公司
付款人账号：410088994012639122121　　征收机关名称：国家税务总局北京东城区税务局
付款人开户银行：交通银行北京东城支行　　收款国库(银行)名称：北京市东城区金库
小写（合计）金额：￥2271.84　　缴款书交易流水号：20181204655
大写（合计）金额：人民币贰仟贰佰柒拾壹元捌角肆分　　税票号码：57941131

税（费）种名称	所属日期	实缴金额
增值税	20230401—20230430	2271.84

交通银行 北京东城支行 2023.05.04 转讫 (01)

打印时间：2023年05月04日

第二联 作付款回单（无银行收讫章无效）

A-026-2006-2-2006-苏州市印刷厂

会计流水号：ERFPPT2366　　复核：郑虹　　记账：刘东

业务 4：2023 年 5 月 4 日，北京景新商贸有限公司采购商品一批，并支付运费（备注：运输费直接计入“销售费用”）。请根据背景单据编制记账凭证。

业务 4
采购商品
参考答案

北京增值税电子普通发票

（国家税务总局 北京市税务局 监制章）

发票代码：110006265632
发票号码：98761856
开票日期：2023年05月04日
校 验 码：82465 87756 22282 29102

机器编号：891803459969

购买方	名称：北京景新商贸有限公司 纳税人识别号：911101016639759737 地址、电话：北京市东城区新里南区33号 010-45520599 开户行及账号：交通银行北京东城支行 410088994012639122121	密码区	13*3187<4/+8490<+95-59+7<243 4987<0-->>-6>525<693719->7*7 87*3187<4/+8490<+95708681380 9<712/<1+9016>6906++>84>93/-

货物或应税劳务、服务名称	规格型号	单位	数量	单价	金额	税率	税额
*纸制品*A4打印纸		箱	200	97.34515	19469.03	13%	2530.97
合计					¥19469.03		¥2530.97
价税合计(大写)	⊗贰万贰仟元整				(小写) ¥22000.00		

销售方	名称：北京办公用品制造有限公司 纳税人识别号：911101012951460104 地址、电话：北京市东城区甘泉街澳门路62号 010-64259177 开户行及账号：交通银行北京东城支行 414293183040135680500	备注	（印章：北京办公用品制造有限公司 911101012951460104 发票专用章）

收款人：黄丽婷　　复核：黄洁　　开票人：李奥威　　销售方：(章)

北京增值税电子普通发票

（国家税务总局 北京市税务局 监制章）

发票代码：210006265632
发票号码：71289203
开票日期：2023年05月04日
校 验 码：85632 87756 85236 52322

机器编号：485803459963

购买方	名称：北京景新商贸有限公司 纳税人识别号：911101016639759737 地址、电话：北京市东城区新里南区33号 010-45520599 开户行及账号：交通银行北京东城支行 410088994012639122121	密码区	23*3187<4/+8490<+95-59+7<243 4987<0-->>-6>525<693719->7*7 87*3187<4/+8490<+95708681380 9<712/<1+9016>6906++>84>93/-

货物或应税劳务、服务名称	规格型号	单位	数量	单价	金额	税率	税额
*运输服务*运输费					183.49	9%	16.51
合计					¥183.49		¥16.51
价税合计(大写)	⊗贰佰元整				(小写) ¥200.00		

销售方	名称：北京快顺货运代理有限公司 纳税人识别号：911101082254627029 地址、电话：北京市东城区东城街道35号203室 010-86573459 开户行及账号：交通银行北京东城支行 110078945632876354111	备注	起运地：北京　车种车号：京GXL569 到达地：北京　运输货物：A4打印纸 （印章：北京快顺货运代理有限公司 911101082254627029 发票专用章）

收款人：郭婷婷　　复核：黄劲松　　开票人：李威　　销售方：(章)

交通银行电子回单凭证

回单编号：828301111110　回单类型：支付结算　业务名称：付运输费
凭证种类：　凭证号码：　借贷标志：借　回单格式码：
账号：4100889940126391212121　开户行名称：交通银行北京东城支行
户名北京景新商贸有限公司
对方账号：110078945632876354111　开户行名称：交通银行北京东城支行
对方户名：北京快顺货运代理有限公司
币种：人民币　金额：200.00　金额大写:贰佰元整
兑换信息：　币种：　金额：　牌价：　币种：　金额：
摘要：运输费
附加信息：运输费

交通银行 北京东城支行 会计业务章

打印次数：1次　记账日期：2023-05-04　会计流水号：EEZ0000023511110
记账机构：01352003999　经办柜员：EEZ0000　记账柜员：EEZ0000　复核柜员：　授权柜员：
打印机构：01352010999　打印柜员：AEZD101　批次号：

交通银行电子回单凭证

回单编号：828301111111　回单类型：支付结算　业务名称：付货款
凭证种类：　凭证号码：　借贷标志：借　回单格式码：
账号：41008899401263912121　开户行名称：交通银行北京东城支行
户名北京景新商贸有限公司
对方账号：414293183040135680500　开户行名称：交通银行北京东城支行
对方户名：北京办公用品制造有限公司
币种：人民币　金额：22000.00　金额大写:贰万贰仟元整
兑换信息：　币种：　金额：　牌价：　币种：　金额：
摘要：货款
附加信息：货款

交通银行 北京东城支行 会计业务章

打印次数：1次　记账日期：2023-05-04　会计流水号：EEZ0000023511111
记账机构：01352003999　经办柜员：EEZ0000　记账柜员：EEZ0000　复核柜员：　授权柜员：
打印机构：01352010999　打印柜员：AEZD101　批次号：

收　货　单

物资类别：库存商品　　No. 0028500

2023年05月04日　　连续号113210

收货部门	仓储部			供货单位	北京办公用品制造有限公司				
编号	名称及规格	单位	数量		购进价格		零售价格		进销差价
			交库	实收	单价	金额	单价	金额	
002	A4打印纸	箱	200	200	110.00	22000.00	154.00	30800.00	8800.00
合计						¥22000.00		¥30800.00	¥8800.00

财务部门主管 周建方　记账 林海峰　保管部门主管　验收　单位部门主管　缴库 李志愿

(三)记账联

业务5

销售商品，货款未收（1）参考答案

业务5：2023年5月5日，北京景新商贸有限公司销售一批商品给北京佳圆咨询服务公司，货款未收。请根据背景单据编制记账凭证。

销售单

购货单位：北京佳圆咨询服务公司　　地址和电话：北京市朝阳区双喙街向东路12号 010-35138865　　单据编号：142105

纳税识别号：911101051689954306　　开户行及账号：中国工商银行北京朝阳支行 4125452023146451650　　制单日期：2023-05-05

编码	产品名称	规格	单位	单价	数量	金额	备注
001	水笔		盒	7.00	60	420.00	
004	文件夹		个	4.20	100	420.00	
002	A4打印纸		箱	154.00	100	15400.00	
合计	人民币（大写）：壹万陆仟贰佰肆拾元整				—	¥16240.00	

会计联

销售经理：柳夏昂　　经手人：乔伟健　　会计：林海峰　　签收人：李晓梅

北京增值税电子普通发票

（国家税务总局 北京市税务局）

机器编号：961803456632

发票代码：110001862650

发票号码：30961502

开票日期：2023年05月05日

校验码：03435 76858 43667 53664

购买方	名称：北京佳圆咨询服务公司 纳税人识别号：911101051689954306 地址、电话：北京市朝阳区双喙街向东路12号 010-35138865 开户行及账号：中国工商银行北京朝阳支行 4125452023146451650	密码区	33*3187<4/+8490<+95-59+7<243 4987<0-->>-6>525<693719->7*7 87*3187<4/+8490<+95708681380 9<712/<1+9016>6906++>84>93/-

货物或应税劳务、服务名称	规格型号	单位	数量	单价	金额	税率	税额
*纸制品*A4打印纸		箱	100	149.5146	14951.46	3%	448.54
*文具*文件夹		个	100	4.0777	407.77	3%	12.23
*文具*水笔		盒	60	6.7961	407.77	3%	12.23
合计					¥15767.00		¥473.00
价税合计(大写)	⊗壹万陆仟贰佰肆拾元整				（小写）¥16240.00		

销售方	名称：北京景新商贸有限公司 纳税人识别号：911101016639759737 地址、电话：北京市东城区新里南区33号 010-45520599 开户行及账号：交通银行北京东城支行 410088994012639122121	备注	北京景新商贸有限公司 911101016639759737 发票专用章

收款人：伊志茂　　复核：周建方　　开票人：林海峰　　销售方：(章)

业务6

销售商品，货款未收（2）参考答案

业务6：2023年5月6日，北京景新商贸有限公司销售一批商品给北京雅致软件有限公司，货款未收。请根据背景单据编制记账凭证。

销售单

购货单位：北京雅致软件有限公司　　地址和电话：北京市东城区大吉街北盐路86号 010-54947683　　单据编号：142106

纳税识别号：911101015892169149　　开户行及账号：交通银行北京东城支行 41994796332232117900O　　制单日期：2023-05-06

编码	产品名称	规格	单位	单价	数量	金额	备注
004	文件夹		个	4.20	150	630.00	
005	墨盒		盒	168.00	10	1680.00	
006	考勤机		台	1120.00	8	8960.00	
合计	人民币（大写）：壹万壹仟贰佰柒拾元整				—	¥11270.00	

会计联

销售经理：柳夏昂　　经手人：乔伟健　　会计：林海峰　　签收人：林子阳

机器编号：961096157732

北京增值税电子普通发票

国家税务总局 北京市税务局

发票代码：110001862650

发票号码：30961503

开票日期：2023年05月06日

校 验 码：52235 45447 87685 46400

购买方	
名　　称	北京雅致软件有限公司
纳税人识别号	911101015892169149
地址、电话	北京市东城区大吉衙北盐路86号 010-54947683
开户行及账号	交通银行北京东城支行 419947963322321179000
密码区	43*3187<4/+8490<+95-59+7<243 4987<0—>>-6>525<693719->7*7 87*3187<4/+8490<+95708681380 9<712/<1+9016>6906++>84>93/-

货物或应税劳务、服务名称	规格型号	单位	数量	单价	金额	税率	税额
*计算机配套产品*墨盒		盒	10	163.1068	1631.07	3%	48.93
*文具*文件夹		个	150	4.0777	611.65	3%	18.35
*信息安全产品*考勤机		台	8	1087.3786	8699.03	3%	260.97
合　计					¥10941.75		¥328.25
价税合计(大写)	⊗壹万壹仟贰佰柒拾元整				(小写) ¥11270.00		

销售方	
名　　称	北京景新商贸有限公司
纳税人识别号	911101016639759737
地址、电话	北京市东城区新里南区33号 010-45520599
开户行及账号	交通银行北京东城支行 410088994012639122121
备注	北京景新商贸有限公司 911101016639759737 发票专用章

收款人：伊志茂　　复核：周建方　　开票人：林海峰　　销售方：(章)

业务7：2023年5月8日，北京景新商贸有限公司以银行存款支付前欠北京爱得利有限公司货款。请根据背景单据编制记账凭证。

业务7

支付前欠货款（1）参考答案

交通银行电子回单凭证

回单编号：828301112222　　回单类型：支付结算　　业务名称：付货款

凭证种类：　　凭证号码：　　借贷标志：借　　回单格式码：

账号：410088994012639122121　　开户行名称：交通银行北京东城支行

户名北京景新商贸有限公司

对方账号：418919251072798121000　　开户行名称：交通银行北京东城支行

对方户名：北京爱得利有限公司

币种：人民币　　金额：22456.00　　金额大写:贰万贰仟肆佰伍拾陆元整

兑换信息：　　币种：　　金额：　　牌价：　　币种：　　金额：

摘要：货款

附加信息：货款

交通银行 北京东城支行 会计业务章

打印次数：1次　　记账日期：2023-05-08　　会计流水号：EEZ0000023512222

记账机构：01352003999　　经办柜员：EEZ0000　　记账柜员：EEZ0000　　复核柜员：　　授权柜员：

打印机构：01352010999　　打印柜员：AEZD101　　批次号：

业务8：2023年5月9日，北京景新商贸有限公司销售一批商品给北京天成美居有限公司。请根据背景单据编制记账凭证。

业务8

销售商品，货款已收（1）参考答案

销售单

购货单位：北京天成美居有限公司　地址和电话：北京市朝阳区大猪街北门路36号 010-31230797　单据编号：142107

纳税识别号：911101052531898609　开户行及账号：中国工商银行北京朝阳支行 4132364546413851470　制单日期：2023-05-09

编码	产品名称	规格	单位	单价	数量	金额	备注
003	打印机		台	1428.00	1	1428.00	
合计	人民币（大写）：壹仟肆佰贰拾捌元整				—	¥1428.00	

会计联

销售经理：柳夏昂　经手人：乔伟健　会计：林海峰　签收人：王浩杰

北京增值税电子普通发票

国家税务总局 北京市税务局

机器编号：961598768732

发票代码：110001862650
发票号码：30961504
开票日期：2023年05月09日
校验码：52235 45447 87685 46411

购买方	名称：北京天成美居有限公司 纳税人识别号：911101052531898609 地址、电话：北京市朝阳区大猪街北门路36号 010-31230797 开户行及账号：中国工商银行北京朝阳支行 4132364546413851470	密码区	53*3187<4/+8490<+95-59+7<243 4987<0—>>-6>525<693719->7*7 87*3187<4/+8490<+95708681380 9<712/<1+9016>6906++>84>93/-

货物或应税劳务、服务名称	规格型号	单位	数量	单价	金额	税率	税额
*计算机外部设备*打印机		台	1	1386.4078	1386.41	3%	41.59
合计					¥1386.41		¥41.59
价税合计（大写）	⊗壹仟肆佰贰拾捌元整				（小写）¥1428.00		

销售方	名称：北京景新商贸有限公司 纳税人识别号：911101016639759737 地址、电话：北京市东城区新里南区33号 010-45520599 开户行及账号：交通银行北京东城支行 410088994012639122121	备注	北京景新商贸有限公司 911101016639759737 发票专用章

收款人：伊志茂　复核：周建方　开票人：林海峰　销售方：（章）

交通银行电子回单凭证

回单编号：828301112233　回单类型：支付结算　业务名称：货款

凭证种类：　凭证号码：　借贷标志：贷　回单格式码：

账号：410088994012639122121　开户行名称：交通银行北京东城支行

户名北京景新商贸有限公司

对方账号：4132364546413851470　开户行名称：中国工商银行北京朝阳支行

对方户名：北京天成美居有限公司

币种：人民币　金额：1428.00　金额大写：壹仟肆佰贰拾捌元整

兑换信息：　币种：　金额：　牌价：　币种：　金额：

摘要：货款

附加信息：货款

交通银行 北京东城支行 会计业务章

打印次数：1次　记账日期：2023-05-09　会计流水号：EEZ0000023512233

记账机构：01352003999　经办柜员：EEZ0000　记账柜员：EEZ0000　复核柜员：　授权柜员：

打印机构：01352010999　打印柜员：AEZD101　批次号：

业务 9：2023 年 5 月 10 日，北京景新商贸有限公司支付办公文件快递费。请根据背景单据编制记账凭证。

业务 9
支付快递费
参考答案

机器编号：661803498562

北京增值税电子普通发票

发票代码：110006296369
发票号码：51289222
开票日期：2023年05月10日
校 验 码：22435 45667 87885 46451

购买方	名　　称：北京景新商贸有限公司 纳税人识别号：911101016639759737 地 址、电 话：北京市东城区新里南区33号 010-45520599 开户行及账号：交通银行北京东城支行 410088994012639122121				密码区	63*3187<4/+8490<+95-59+7<243 4987<0—>>-6>525<693719->7*7 87*3187<4/+8490<+95708681380 9<712/<1+9016>6906++>84>93/-	
货物或应税劳务、服务名称	规格型号	单位	数量	单价	金额	税率	税额
*物流辅助服务*快递费					145.75	6%	8.75
合　计					￥145.75		￥8.75
价税合计(大写)	⊗壹佰伍拾肆元伍角整				(小写) ￥154.50		
销售方	名　　称：北京速达快递有限公司 纳税人识别号：911101093551473902 地 址、电 话：北京市朝阳区望海路12号 010-21631111 开户行及账号：交通银行北京朝阳支行 110006009822484234721				备注	起运地：北京 车种车号：京QXL823 到达地：北京 运输货物：办公文件	

收款人：廖永华　　复核：王思夜　　开票人：李奥威　　销售方：(章)

报 销 单

填报日期：2023年05月10日　　单据及附件共1张

姓名 林海峰	所属部门 管理部门	报销形式 现金 支票号码		
报销项目	摘要	金额	备注：	
快递费	现金付讫	154.50		
合计		￥154.50		
金额大写：零拾零万零仟壹佰伍拾肆元伍角零分		原借款：￥0.00元	应退(补)款：￥154.50元	

总经理：郑妮芳　财务经理：周建方　部门经理：郑妮芳　会计：林海峰　出纳：伊志茂　报销人：林海峰

业务 10：2023 年 5 月 10 日，北京景新商贸有限公司支付上月职工工资（备注：社保、公积金记入“其他应收款”）。请根据背景单据编制记账凭证。

业务 10
支付上月工资
参考答案

2023年04月份员工工资明细表

单位：元

部门	姓名	职务	基本工资	岗位工资	津贴	奖金	加班工资	考勤扣款	应发工资	养老保险		医疗保险		失业保险		工伤保险		生育保险		社保合计		住房公积金		税前工资	个人所得税	实发工资	公司总支出
										8%	19%	2%+3	10%	0.2%	0.8%	0%	0.5%	0%	0.8%	个人	公司	12%	12%				
管理部门	郑妮芳	总经理	3000.00	3000.00	0.00	1800.00	0.00	0.00	7800.00	624.00	1482.00	159.00	780.00	15.60	62.40	0.00	39.00	0.00	62.40	798.60	2425.80	936.00	936.00	6065.40	31.96	6033.44	11161.80
	周建方	财务经理	3000.00	2000.00	0.00	1000.00	300.00	100.00	6200.00	496.00	1178.00	127.00	620.00	12.40	49.60	0.00	31.00	0.00	49.60	635.40	1928.20	744.00	744.00	4820.60	0.00	4820.60	8872.20
	林海峰	会计	2000.00	1500.00	0.00	300.00	200.00	0.00	4000.00	320.00	760.00	83.00	400.00	8.00	32.00	0.00	20.00	0.00	32.00	411.00	1244.00	480.00	480.00	3109.00	0.00	3109.00	5724.00
	伊志茂	出纳	2000.00	1000.00	0.00	300.00	100.00	0.00	3400.00	272.00	646.00	71.00	340.00	6.80	27.20	0.00	17.00	0.00	27.20	349.80	1057.40	408.00	408.00	2642.20	0.00	2642.20	4865.40
	李志愿	采购员	2000.00	1200.00	0.00	200.00	0.00	0.00	3400.00	272.00	646.00	71.00	340.00	6.80	27.20	0.00	17.00	0.00	27.20	349.80	1057.40	408.00	408.00	2642.20	0.00	2642.20	4865.40
小计			12000.00	8700.00	0.00	3600.00	600.00	100.00	24800.00	1984.00	4712.00	511.00	2480.00	49.60	198.40	0.00	124.00	0.00	198.40	2544.60	7712.80	2976.00	2976.00	19279.40	31.96	19247.44	35488.80
销售部	柳夏晶	经理	2500.00	2000.00	0.00	2700.00	0.00	0.00	7200.00	576.00	1368.00	147.00	720.00	14.40	57.60	0.00	36.00	0.00	57.60	737.40	2239.20	864.00	864.00	5598.60	17.96	5580.64	10303.20
	姜梅芳	销售员	2000.00	1200.00	300.00	0.00	500.00	0.00	4000.00	320.00	760.00	83.00	400.00	8.00	32.00	0.00	20.00	0.00	32.00	411.00	1244.00	480.00	480.00	3109.00	0.00	3109.00	5724.00
	乔伟健	销售员	2000.00	1200.00	300.00	0.00	400.00	0.00	3900.00	312.00	741.00	81.00	390.00	7.80	31.20	0.00	19.50	0.00	31.20	400.80	1212.90	468.00	468.00	3031.20	0.00	3031.20	5580.90
小计			6500.00	4400.00	600.00	2700.00	900.00	0.00	15100.00	1208.00	2869.00	311.00	1510.00	30.20	120.80	0.00	75.50	0.00	120.80	1549.20	4696.10	1812.00	1812.00	11738.80	17.96	11720.84	21608.10
合计			18500.00	13100.00	600.00	6300.00	1500.00	100.00	39900.00	3192.00	7581.00	822.00	3990.00	79.80	319.20	0.00	199.50	0.00	319.20	4093.80	12408.90	4788.00	4788.00	31018.20	49.92	30968.28	57096.90

交通银行电子回单凭证

回单编号：828309926666　　回单类型：支付结算　　业务名称：支付上月工资

凭证种类：　　凭证号码：　　借贷标志：借　　回单格式码：

账号：4100889940126391221 21　　开户行名称：交通银行北京东城支行

户名北京景新商贸有限公司

对方账号：419081948707119272000　　开户行名称：交通银行北京东城支行

对方户名：北京景新商贸有限公司

币种：人民币　　金额：30968.28　　金额大写:叁万零玖佰陆拾捌元贰角捌分

兑换信息：　　币种：　　金额：　　牌价：　　币种：　　金额：

摘要：支付上月工资

附加信息：支付上月工资

（印章：交通银行 北京东城支行 会计业务章）

打印次数：1次　　记账日期：2023-05-10　　会计流水号：EEZ0000563566357

记账机构：01352003999　　经办柜员：EEZ0000　　记账柜员：EEZ0000　　复核柜员：　　授权柜员：

打印机构：01352010999　　打印柜员：AEZD101　　批次号：

业务11

业务 11：2023 年 5 月 11 日，北京景新商贸有限公司销售一批商品给北京信诺会计师事务所有限公司，货款已收。请根据背景单据编制记账凭证。

销售商品，货款已收（2）参考答案

销售单

购货单位：北京信诺会计师事务所有限公司　　地址和电话：北京市丰台区丰体南站6981号 010-60305023　　单据编号：142108

纳税识别号：911101152250000548　　开户行及账号：交通银行北京丰台支行 6222600100625400121 01　　制单日期：2023-05-11

编码	产品名称	规格	单位	单价	数量	金额	备注
002	A4打印纸		箱	154.00	80	12320.00	
003	打印机		台	1428.00	4	5712.00	
合计	人民币（大写）：壹万捌仟零叁拾贰元整				—	¥18032.00	

会计联

销售经理：柳夏昂　　经手人：乔伟健　　会计：林海峰　　签收人：朱成铭

销售单

购货单位：北京信诺会计师事务所有限公司　　地址和电话：北京市丰台区丰体南站6981号　010-60305023　　单据编号：142109

纳税识别号：911101152250000548　　开户行及账号：交通银行北京丰台支行　6222600100625400121O1　　制单日期：2023-05-11

编码	产品名称	规格	单位	单价	数量	金额	备注
004	文件夹		个	4.20	200	840.00	
005	墨盒		盒	168.00	8	1344.00	
合计	人民币（大写）：贰仟壹佰捌拾肆元整				—	¥2184.00	

会计联

销售经理：柳夏昂　　经手人：乔伟健　　会计：林海峰　　签收人：朱成铭

北京增值税电子普通发票

（印章：全国统一发票监制章 国家税务总局 北京市税务局）

机器编号：962021668732

发票代码：110001862650
发票号码：30961505
开票日期：2023年05月11日
校验码：02445 45667 87685 46457

购买方	
名称	北京信诺会计师事务所有限公司
纳税人识别号	911101152250000548
地址、电话	北京市丰台区丰体南站6981号　010-60305023
开户行及账号	交通银行北京丰台支行　622260010062540012101

密码区：
73*3187<4/+8490<+95-59+7<243
4987<0-->>-6>525<693719->7*7
87*3187<4/+8490<+95708681380
9<712/<1+9016>6906++>84>93/-

货物或应税劳务、服务名称	规格型号	单位	数量	单价	金额	税率	税额
*纸制品*A4打印纸		箱	80	149.5145	11961.17	3%	358.83
*计算机外部设备*打印机		台	4	1386.4078	5545.63	3%	166.37
*文具*文件夹		个	200	4.0777	815.53	3%	24.47
*计算机配套产品*墨盒		盒	8	163.1068	1304.85	3%	39.15
合计					¥19627.18		¥588.82
价税合计(大写)	⊗贰万零贰佰壹拾陆元整				(小写) ¥20216.00		

销售方	
名称	北京景新商贸有限公司
纳税人识别号	911101016639759737
地址、电话	北京市东城区新里南区33号　010-45520599
开户行及账号	交通银行北京东城支行　410088994012639122121

备注：（印章：北京景新商贸有限公司 911101016639759737 发票专用章）

收款人：伊志茂　　复核：周建方　　开票人：林海峰　　销售方：(章)

交通银行电子回单凭证

回单编号：828309926454　　回单类型：支付结算　　业务名称：货款

凭证种类：　　凭证号码：　　借贷标志：贷　　回单格式码：

账号：410088994012639122121　　开户行名称：交通银行北京东城支行

户名：北京景新商贸有限公司

对方账号：622260010062540012101　　开户行名称：交通银行北京丰台支行

对方户名：北京信诺会计师事务所有限公司

币种：人民币　　金额：20216.00　　金额大写：贰万零贰佰壹拾陆元整

兑换信息：　　币种：　　金额：　　牌价：　　币种：　　金额：

摘要：货款

附加信息：货款

（印章：交通银行 北京东城支行 会计业务章）

打印次数：1次　　记账日期：2023-05-11　　会计流水号：EEZ0000563519357

记账机构：01352003999　　经办柜员：EEZ0000　　记账柜员：EEZ0000　　复核柜员：　　授权柜员：

打印机构：01352010999　　打印柜员：AEZD101　　批次号：

业务 12：2023 年 5 月 13 日，北京景新商贸有限公司购买银行凭证，支付手续费和工本费（计入财务费用–手续费）。请根据背景单据编制记账凭证。

业务 12
购买银行凭证
参考答案

交通银行（北京东城支行）付款通知书

日期 2023年05月13日

机构号 301110023456　　交易代码 245661

单位名称 北京景新商贸有限公司	
账号 410088994012639122121	
摘要 手续费：0.50 工本费：10.00	金额合计 ¥10.50
金额合计（大写）	人民币壹拾元伍角整

交通银行
北京东城支行
2023.05.13
转讫
（01）

第二联 回单

QF-001-50X2-50000-2005

注：此付款通知书加盖我行业务公章方有效。

流水号 4568521　　经办 EZ0025

业务 13：2023 年 5 月 14 日，北京景新商贸有限公司销售商品一批，请根据背景单据编制记账凭证。

业务 13
销售商品，
货款已收（3）
参考答案

销售单

购货单位：北京雅致软件有限公司　　地址和电话：北京市东城区大吉街北弦路86号 010-54947683　　单据编号：142110

纳税识别号：911101015892169149　　开户行及账号：交通银行北京东城支行 419947963322321179000　　制单日期：2023-05-14

编码	产品名称	规格	单位	单价	数量	金额	备注
001	水笔		盒	7.00	200	1400.00	
005	墨盒		盒	168.00	6	1008.00	
006	考勤机		台	1120.00	10	11200.00	
合计	人民币（大写）：壹万叁仟陆佰零捌元整				—	¥13608.00	

会计联

销售经理：柳夏昂　　经手人：乐伟健　　会计：林海峰　　签收人：林子阳

北京增值税电子普通发票

机器编号：962021612358

发票代码：110001862650
发票号码：30961506
开票日期：2023年05月14日
校 验 码：07453 46334 37543 54388

购买方	名　　称：北京雅致软件有限公司 纳税人识别号：911101015892169149 地 址、电 话：北京市东城区大吉街北盐路86号 010-54947683 开户行及账号：交通银行北京东城支行 419947963322321179000	密码区	83*3187<4/+8490<+95-59+7<243 4987<0—>>-6>525<693719->7*7 87*3187<4/+8490<+95708681380 9<712/<1+9016>6906++>84>93/-

货物或应税劳务、服务名称	规格型号	单位	数量	单价	金额	税率	税额
*计算机配套产品*墨盒		盒	6	163.1068	978.64	3%	29.36
*文具*水笔		支	200	6.7961	1359.22	3%	40.78
*信息安全产品*考勤机		台	10	1087.3786	10873.79	3%	326.21
合　　计					¥13211.65		¥396.35
价税合计(大写)	⊗壹万叁仟陆佰零捌元整				(小写) ¥13608.00		

销售方	名　　称：北京景新商贸有限公司 纳税人识别号：911101016639759737 地 址、电 话：北京市东城区新里南区33号 010-45520599 开户行及账号：交通银行北京东城支行 410088994012639122121	备注	

收款人：伊志茂　　复核：周建方　　开票人：林海峰　　销售方：(章)

交通银行电子回单凭证

回单编号：828309926423　　回单类型：支付结算　　业务名称：货款
凭证种类：　　凭证号码：　　借贷标志：贷　　回单格式码：
账号：410088994012639122121　　开户行名称：交通银行北京东城支行
户名北京景新商贸有限公司
对方账号：419947963322321179000　　开户行名称：交通银行北京东城支行
对方户名：北京雅致软件有限公司
币种：人民币　　金额：13608.00　　金额大写:壹万叁仟陆佰零捌元整
兑换信息：　　币种：　　金额：　　牌价：　　币种：　　金额：
摘要：货款

附加信息：货款

打印次数：1次　　记账日期：2023-05-14　　会计流水号：EEZ0000596519358
记账机构：01352003999　　经办柜员：EEZ0000　　记账柜员：EEZ0000　　复核柜员：　　授权柜员：
打印机构：01352010999　　打印柜员：AEZD101　　批次号：

业务 14：2023 年 5 月 15 日，北京景新商贸有限公司缴纳上月税费。请根据背景单据编制记账凭证。

业务 14
缴纳上月税费
参考答案

交通银行 BANK OF COMMUNICATIONS（北京东城 ）分行电子缴税付款凭证

转账日期：2023 年 05 月 15 日　　　凭证字号：02530609

纳税人全称及纳税人识别号：北京景新商贸有限公司 911101016639759737

付款人全称：北京景新商贸有限公司
付款人账号：410088994012639122121　　　征收机关名称：国家税务总局北京东城区税务局
付款人开户银行：交通银行北京东城支行　　　收款国库（银行）名称：北京市东城区金库
小写（合计）金额：￥272.63　　　缴款书交易流水号：20181215655
大写（合计）金额：人民币贰佰柒拾贰元陆角叁分　　　税票号码：64579920

税（费）种名称	所属日期	实缴金额
城市维护建设税	20230401-20230430	159.03
教育费附加	20230401-20230430	68.16
地方教育附加	20230401-20230430	45.44

交通银行北京东城支行 2023.05.15 转讫（01）

打印时间：2023年05月15日

第二联 作付款回单（无银行收讫章无效）

A-026-2000-2-2006-苏州市印刷厂

会计流水号：ERFPPT2378　　　复核：郑虹　　　记账：刘东

交通银行 BANK OF COMMUNICATIONS（北京东城 ）分行电子缴税付款凭证

转账日期：2023 年 05 月 15 日　　　凭证字号：02530610

纳税人全称及纳税人识别号：北京景新商贸有限公司 911101016639759737

付款人全称：北京景新商贸有限公司
付款人账号：410088994012639122121　　　征收机关名称：国家税务总局北京东城区税务局
付款人开户银行：交通银行北京东城支行　　　收款国库（银行）名称：北京市东城区金库
小写（合计）金额：￥49.92　　　缴款书交易流水号：20181215101
大写（合计）金额：人民币肆拾玖元玖角贰分　　　税票号码：64579920

税（费）种名称	所属日期	实缴金额
个人所得税	20230401-20230430	49.92

交通银行北京东城支行 2023.05.15 转讫（01）

打印时间：2023年05月15日

第二联 作付款回单（无银行收讫章无效）

A-026-2000-2-2006-苏州市印刷厂

会计流水号：ERFPPT2378　　　复核：郑虹　　　记账：刘东

业务 15

缴纳员工社保费参考答案

业务 15：2023 年 5 月 15 日，北京景新商贸有限公司缴纳员工社保。请根据背景单据编制记账凭证。

社保、公积金明细表

2023年5月

单位：元

部门	姓名	养老保险		医疗保险		失业保险		工伤保险		生育保险		社保合计		住房公积金	
		8%	19%	2%+3	10%	0.2%	0.8%	0%	0.5%	0%	0.8%	个人	公司	12%	12%
管理部门	郑妮芳	624.00	1482.00	159.00	780.00	15.60	62.40	0.00	39.00	0.00	62.40	798.60	2425.80	936.00	936.00
	周建方	496.00	1178.00	127.00	620.00	12.40	49.60	0.00	31.00	0.00	49.60	635.40	1928.20	744.00	744.00
	林海峰	320.00	760.00	83.00	400.00	8.00	32.00	0.00	20.00	0.00	32.00	411.00	1244.00	480.00	480.00
	伊志茂	272.00	646.00	71.00	340.00	6.80	27.20	0.00	17.00	0.00	27.20	349.80	1057.40	408.00	408.00
	李志愿	272.00	646.00	71.00	340.00	6.80	27.20	0.00	17.00	0.00	27.20	349.80	1057.40	408.00	408.00
小计		1984.00	4712.00	511.00	2480.00	49.60	198.40	0.00	124.00	0.00	198.40	2544.60	7712.80	2976.00	2976.00
销售部	柳夏昂	576.00	1368.00	147.00	720.00	14.40	57.60	0.00	36.00	0.00	57.60	737.40	2239.20	864.00	864.00
	姜梅芳	344.00	817.00	89.00	430.00	8.60	34.40	0.00	21.50	0.00	34.40	441.60	1337.30	516.00	516.00
	乔伟健	376.00	893.00	97.00	470.00	9.40	37.60	0.00	23.50	0.00	37.60	482.40	1461.70	564.00	564.00
小计		1296.00	3078.00	333.00	1620.00	32.40	129.60	0.00	81.00	0.00	129.60	1661.40	5038.20	1944.00	1944.00
合计		3280.00	7790.00	844.00	4100.00	82.00	328.00	0.00	205.00	0.00	328.00	4206.00	12751.00	4920.00	4920.00

交通银行 BANK OF COMMUNICATIONS （北京东城　　　）分行电子缴税付款凭证

转账日期：2023年 05月 15日　　　凭证字号：02530677

纳税人全称及纳税人识别号：北京景新商贸有限公司　911101016639759737

付款人全称：北京景新商贸有限公司

付款人账号：410088994012639122121　　　征收机关名称：国家税务总局北京东城区税务局

付款人开户银行：交通银行北京东城支行　　　收款国库（银行）名称：北京市东城区金库

小写（合计）金额：￥16957.00　　　缴款书交易流水号：20181215643

大写（合计）金额：人民币壹万陆仟玖佰伍拾柒元整　　　税票号码：57941131

税（费）种名称	所属日期	实缴金额
养老保险费	20230501-20230531	11070.00
医疗保险费	20230501-20230531	4944.00
失业保险费	20230501-20230531	410.00
工伤保险费	20230501-20230531	205.00
生育保险费	20230501-20230531	328.00

交通银行 北京东城支行 2023.05.15 转讫 （01）

打印时间：2023年05月15日

会计流水号：ERFPPT2805　　　复核：郑虹　　　记账：刘东

A-026-2000-2-2006-苏州市用直印刷厂

第二联 作付款回单（无银行收讫章无效）

业务 16

缴纳员工住房公积金参考答案

业务 16：2023 年 5 月 15 日，北京景新商贸有限公司缴纳员工住房公积金。请根据背景单据编制记账凭证。

社保、公积金明细表

2023年5月

单位：元

部门	姓名	养老保险		医疗保险		失业保险		工伤保险		生育保险		社保合计		住房公积金	
		8%	19%	2%+3	10%	0.2%	0.8%	0%	0.5%	0%	0.8%	个人	公司	12%	12%
管理部门	郑妮芳	624.00	1482.00	159.00	780.00	15.60	62.40	0.00	39.00	0.00	62.40	798.60	2425.80	936.00	936.00
	周建方	496.00	1178.00	127.00	620.00	12.40	49.60	0.00	31.00	0.00	49.60	635.40	1928.20	744.00	744.00
	林海峰	320.00	760.00	83.00	400.00	8.00	32.00	0.00	20.00	0.00	32.00	411.00	1244.00	480.00	480.00
	伊志茂	272.00	646.00	71.00	340.00	6.80	27.20	0.00	17.00	0.00	27.20	349.80	1057.40	408.00	408.00
	李志愿	272.00	646.00	71.00	340.00	6.80	27.20	0.00	17.00	0.00	27.20	349.80	1057.40	408.00	408.00
小计		1984.00	4712.00	511.00	2480.00	49.60	198.40	0.00	124.00	0.00	198.40	2544.60	7712.80	2976.00	2976.00
销售部	柳夏昂	576.00	1368.00	147.00	720.00	14.40	57.60	0.00	36.00	0.00	57.60	737.40	2239.20	864.00	864.00
	姜梅芳	344.00	817.00	89.00	430.00	8.60	34.40	0.00	21.50	0.00	34.40	441.60	1337.30	516.00	516.00
	乔伟健	376.00	893.00	97.00	470.00	9.40	37.60	0.00	23.50	0.00	37.60	482.40	1461.70	564.00	564.00
小计		1296.00	3078.00	333.00	1620.00	32.40	129.60	0.00	81.00	0.00	129.60	1661.40	5038.20	1944.00	1944.00
合计		3280.00	7790.00	844.00	4100.00	82.00	328.00	0.00	205.00	0.00	328.00	4206.00	12751.00	4920.00	4920.00

住房公积金汇（补）缴书 No

2023 年 05 月 15 日　　附：缴存变更清册　　页

缴款单位	单位名称	北京景新商贸有限公司	收款单位	单位名称	北京景新商贸有限公司
	单位账号	410088994012639122121		公积金账号	418403212611941678000
	开户银行	交通银行北京东城支行		开户银行	交通银行北京东城支行
缴款类型	☑汇缴　☐补缴		补缴原因		
缴款人数	8	缴款时间	2023 年 05 月至 2023 年 05 月	月数	1
缴款方式	☐现金　☑转账			百十万千百十元角分	
金额(大写)	人民币玖仟捌佰肆拾元整			¥ 9 8 4 0 0 0	

上次汇缴		本次增加汇缴		本次减少汇缴		本次汇（补）缴	
人数	金额	人数	金额	人数	金额	人数	金额
						8	¥9840.00

上述款项已划转至市住房公积金管理中心住房公积金存款户内。（银行盖章）

复核：　　经办：　　2023 年 05 月 15 日

（印章：交通银行 北京东城支行 2023.05.15 业务受理章 (02)）

第一联：缴款单位开户行给缴款单位的回单

交通银行
转账支票存根
30109810
00023328

附加信息

出票日期：2023 年 05 月 15 日

收款人：	北京景新商贸有限公司
金　额：	¥9840.00
用　途：	缴纳公积金

单位主管　　会计

上海金达证券印制有限公司·2011年印制

业务 17：2023 年 5 月 15 日，北京景新商贸有限公司汇总确认 1—15 日未开票销售收入。请根据背景单据编制记账凭证。

业务 17
销售商品，货款已收（4）参考答案

共计单据56份

北京景新商贸有限公司

工号 1 机号 101 单号 120101

品名	数量	单价	金额
文件夹	18	4.20	75.60

种数:1 件数:1 应收75.60

现金:80.00 回找:4.40

请保留好小票,如有疑问三日内来店处理,
凭此单一个月内开具发票

2023/05/01 09:27 电话:010-45520599

1—15日销售明细汇总表

2023年05月 单位：元

货物名称	销售数量	销售金额
水笔	20	140.00
A4打印纸	50	7700.00
打印机	1	1428.00
文件夹	100	420.00
墨盒	2	336.00
考勤机	6	6720.00
合计	—	￥16,744.00

交通银行现金交款单

账别： 2023 年 05 月 15 日

交款单位	北京景新商贸有限公司					收款单位	北京景新商贸有限公司					
款项来源	零售款					账号	41008899401	开户银行	交通银行北京东城支行			
大写金额	(人民币)：壹万陆仟柒佰肆拾肆元整						十亿千百十万千百十元角分	¥ 1 6 7 4 4 0 0				
券别	100	50	10	5	1		合计金额	科目（贷）：				
整把券	100	120	70	8	4		16744.00	对方科目（借）：				
零张券												

复核： 记账： 收款复核： 经办：林晓燕

第二联：贷方凭证

交通银行
北京东城支行
2023.05.15
转讫
(01)

业务 18：2023 年 5 月 17 日，北京景新商贸有限公司支付杂志费。请根据背景单据编制记账凭证。

业务 18
支付办公杂志费
参考答案

机器编号：785803459960

北京增值税电子普通发票

发票代码：110006264130
发票号码：51289222
开票日期：2023年05月17日
校验码：05453 25334 34543 55366

购买方	名称：北京景新商贸有限公司 纳税人识别号：911101016639759737 地址、电话：北京市东城区新里南区33号 010-45520599 开户行及账号：交通银行北京东城支行 41008899401263912212l	密码区	93*3187<4/+8490<+95-59+7<243 4987<0—>>-6>525<693719->7*7 87*3187<4/+8490<+95708681380 9<712/<1+9016>6906++>84>93/-

货物或应税劳务、服务名称	规格型号	单位	数量	单价	金额	税率	税额
*印刷品*报刊费					137.62	9%	12.38
合计					¥137.62		¥12.38
价税合计(大写)	⊗壹佰伍拾元整				(小写) ¥150.00		

销售方	名称：北京大通日报社 纳税人识别号：911101088232215543 地址、电话：北京市海淀区安达街吉祥路21号 010-68798445 开户行及账号：中国建设银行北京海淀支行 37001665985514669841	备注	北京大通日报社 911101088232215543 发票专用章

收款人：李婷　　复核：黄丽婷　　开票人：李奥威　　销售方：(章)

交通银行电子回单凭证

回单编号：828301189653　　回单类型：支付结算　　业务名称：付报刊费
凭证种类：　　凭证号码：　　借贷标志：借　　回单格式码：
账号：41008899401263912212l　　开户行名称：交通银行北京东城支行
户名:北京景新商贸有限公司
对方账号：37001665985514669841　　开户行名称：中国建设银行北京海淀支行
对方户名：北京大通日报社
币种：人民币　　金额：150.00　　金额大写:壹佰伍拾元整
兑换信息：　　币种：　　金额：　　牌价：　　币种：　　金额：
摘要：报刊费
附加信息：报刊费

交通银行 北京东城支行 会计业务章

打印次数：1次　　记账日期：2023-05-17　　会计流水号：EEZ1230023596365
记账机构：01352003999　　经办柜员：EEZ0000　　记账柜员：EEZ0000　　复核柜员：　　授权柜员：
打印机构：01352010999　　打印柜员：AEZD101　　批次号：

业务 19：2023 年 5 月 18 日，北京景新商贸有限公司收回前欠货款。请根据背景单据编制记账凭证。

业务 19
收回前欠货款
参考答案

交通银行电子回单凭证

回单编号：828309926450　回单类型：支付结算　业务名称：货款
凭证种类：　凭证号码：　借贷标志：贷　回单格式码：
账号：410088994012639122121　开户行名称：交通银行北京东城支行
户名北京景新商贸有限公司
对方账号：419947963322321179000　开户行名称：交通银行北京东城支行
对方户名：北京雅致软件有限公司
币种：人民币　金额：11270.00　金额大写:壹万壹仟贰佰柒拾元整
兑换信息：　币种：　金额：　牌价：　币种：　金额：
摘要：货款

附加信息：货款

交通银行 北京东城支行 会计业务章

打印次数：1次　记账日期：2023-05-18　会计流水号：EEZ0000563500357
记账机构：01352003999　经办柜员：EEZ0000　记账柜员：EEZ0000　复核柜员：　授权柜员：
打印机构：01352010999　打印柜员：AEZD101　批次号：

业务20

提现参考答案

业务 20：2023 年 5 月 19 日，北京景新商贸有限公司从银行提取现金备用。请根据背景单据编制记账凭证。

交通银行
现金支票存根
30109810
00246201

附加信息

出票日期　2023年 05月 19日

收款人：	北京景新商贸有限公司
金　额：	￥3000.00
用　途：	备用金

单位主管　会计

业务21

预付货款
参考答案

业务 21：2023 年 5 月 21 日，北京景新商贸有限公司预付北京办公用品制造有限公司货款。请根据背景单据编制记账凭证。

交通银行电子回单凭证

回单编号：828301113364　　回单类型：支付结算　　业务名称：预付货款

凭证种类：　　凭证号码：　　借贷标志：借　　回单格式码：

账号：410088994012639122121　　开户行名称：交通银行北京东城支行

户名北京景新商贸有限公司

对方账号：414293183040135680500　　开户行名称：交通银行北京东城支行

对方户名：北京办公用品制造有限公司

币种：人民币　　金额：18000.00　　金额大写:壹万捌仟元整

兑换信息：　　币种：　　金额：　　牌价：　　币种：　　金额：

摘要：预付货款

附加信息：预付货款

交通银行 北京东城支行 会计业务章

打印次数：1次　　记账日期：2023-05-21　　会计流水号：EEZ0000023533362

记账机构：01352003999　　经办柜员：EEZ0000　　记账柜员：EEZ0000　　复核柜员：　　授权柜员：

打印机构：01352010999　　打印柜员：AEZD101　　批次号：

业务22：2023 年 5 月 21 日，北京景新商贸有限公司收到银行存款利息。请根据背景单据编制记账凭证。

业务22

利息收入
参考答案

交通银行（北京东城）计付存款利息清单　（收款通知）

2023 年 05 月 21 日

单位名称：北京景新商贸有限公司					
结算账号：410088994012639122121			存款账号：410088994012639122121		
编号	计息类型	计息起讫日期	计息积数	利率	利息金额
CKLX521	储蓄存款	2023.02.18–2023.05.20	4230341.00	0.35%	41.13
摘要：				金额合计	￥41.13
金额合计（大写）人民币肆拾壹元壹角叁分					

交通银行 北京东城支行 2023.05.21 转讫 (01)

复核　　记账

业务23：2023 年 5 月 23 日，北京景新商贸有限公司向北京爱得利有限公司采购商品一批。请根据背景单据编制记账凭证。

业务23

采购商品，
货款未付（1）
参考答案

物资类别：库存商品

收　货　单

No. 0028501

2023年05月23日　　连续号113211

收货部门	仓储部				供货单位	北京爱得利有限公司			
编号	名称及规格	单位	数量		购进价格		零售价格		进销差价
			交库	实收	单价	金额	单价	金额	
001	水笔	盒	1000	1000	5.00	5000.00	7.00	7000.00	2000.00
合　计						￥5000.00		￥7000.00	￥2000.00

（三）记账联

财务部门主管 周建方　　记账 林海峰　　保管部门主管　　验收　　单位部门主管　　缴库 李志愿

北京增值税电子普通发票

国家税务总局 北京市税务局

机器编号：961803456448

发票代码：110001862413
发票号码：72370346
开票日期：2023年05月23日
校验码：06453 45224 34543 45455

购买方	名称：北京景新商贸有限公司 纳税人识别号：911101016639759737 地址、电话：北京市东城区新里南区33号 010-45520599 开户行及账号：交通银行北京东城支行 410088994012639122121	密码区	04*3187<4/+8490<+95-59+7<243 4987<0—>>-6>525<693719->7*7 87*3187<4/+8490<+95708681380 9<712/<1+9016>6906++>84>93/-

货物或应税劳务、服务名称	规格型号	单位	数量	单价	金额	税率	税额
*文具*水笔		盒	1000	4.42478	4424.78	13%	575.22
合计					¥4424.78		¥575.22
价税合计(大写)	⊗伍仟元整				(小写) ¥5000.00		

销售方	名称：北京爱得利有限公司 纳税人识别号：911101011597562905 地址、电话：北京市东城区幸溪街北中路85号 010-41361844 开户行及账号：交通银行北京东城支行 418919251072798121000	备注	北京爱得利有限公司 911101011597562905 发票专用章

收款人：林欣 复核：林一平 开票人：李奥威 销售方：(章)

业务24

支付前欠货款（2）参考答案

业务 24：2023 年 5 月 25 日，北京景新商贸有限公司以银行存款支付前欠北京爱得利有限公司货款。请根据背景单据编制记账凭证。

交通银行电子回单凭证

回单编号：828301119632　回单类型：支付结算　业务名称：付货款
凭证种类：　凭证号码：　借贷标志：借　回单格式码：
账号：410088994012639122121　开户行名称：交通银行北京东城支行
户名北京景新商贸有限公司
对方账号：418919251072798121000　开户行名称：交通银行北京东城支行
对方户名：北京爱得利有限公司
币种：人民币　金额：5000.00　金额大写伍仟元整
兑换信息：　币种：　金额：　牌价：　币种：　金额：
摘要：货款

附加信息：货款

交通银行 北京东城支行 会计业务章

打印次数：1次　记账日期：2023-05-25　会计流水号：EEZ000002351932
记账机构：01352003999　经办柜员：EEZ0000　记账柜员：EEZ0000　复核柜员：　授权柜员：
打印机构：01352010999　打印柜员：AEZD101　批次号：

业务25

支付水电费参考答案

业务 25：2023 年 5 月 25 日，北京景新商贸有限公司支付本月水电费。请根据背景单据编制记账凭证。

北京增值税电子普通发票

机器编号：891666329969

发票代码：110006265632
发票号码：63480326
开票日期：2023年05月25日
校验码：07553 65334 34543 45366

购买方	名　　称：北京景新商贸有限公司 纳税人识别号：911101016639759737 地址、电话：北京市东城区新里南区33号 010-45520599 开户行及账号：交通银行北京东城支行 410088994012639122121	密码区	05*3187<4/+8490<+95-59+7<243 4987<0—>>-6>525<693719->7*7 87*3187<4/+8490<+95708681380 9<712/<1+9016>6906++>84>93/-

货物或应税劳务、服务名称	规格型号	单位	数量	单价	金额	税率	税额
*水冰雪*水费		立方米	50.4575	4.00	201.83	9%	18.17
合　计					¥201.83		¥18.17
价税合计(大写)	⊗贰佰贰拾元整				(小写) ¥220.00		

销售方	名　　称：北京自来水集团有限公司 纳税人识别号：911101015678886653 地址、电话：北京市东城区朝阳门北大街769号 010-74115912 开户行及账号：中国建设银行北京东城支行 31001004576058777211	备注	北京自来水集团有限公司 911101015678886653 发票专用章

收款人：宦功鸥　　复核：林丹丹　　开票人：王楚伟　　销售方：(章)

北京增值税电子普通发票

机器编号：891666329333

发票代码：110006289876
发票号码：83421583
开票日期：2023年05月25日
校验码：07453 44634 34543 65322

购买方	名　　称：北京景新商贸有限公司 纳税人识别号：911101016639759737 地址、电话：北京市东城区新里南区33号 010-45520599 开户行及账号：交通银行北京东城支行 410088994012639122121	密码区	06*3187<4/+8490<+95-59+7<243 4987<0—>>-6>525<693719->7*7 87*3187<4/+8490<+95708681380 9<712/<1+9016>6906++>84>93/-

货物或应税劳务、服务名称	规格型号	单位	数量	单价	金额	税率	税额
*供电*售电		千瓦时	1231.862	0.80	985.49	13%	128.11
合　计					¥985.49		¥128.11
价税合计(大写)	⊗壹仟壹佰壹拾叁元陆角整				(小写) ¥1113.60		

销售方	名　　称：北京电力有限公司 纳税人识别号：911101017988566788 地址、电话：北京市东城区朝阳门北大街103号 010-91812447 开户行及账号：中国建设银行北京东城支行 31001004576897776511	备注	北京电力有限公司 911101017988566788 发票专用章

收款人：蔡英俊　　复核：陈秀玉　　开票人：郑国敏　　销售方：(章)

水电费分配表

制表日期：2023年05月25日　　单位：元

部门	水电费总金额	比例	分配金额
管理部门	—	60%	800.16
销售部门	—	40%	533.44
合计	¥1,333.60	—	¥1,333.60

报销申请单

填报日期：2023 年 05 月 25 日

姓名	李志愿	所属部门	管理部门	
报销项目	摘要	金额		备注：
水电费	水电费	1333.60		管理部门及销售部门水电费
合计		¥1333.60		
金额大写：零拾零万壹仟叁佰叁拾叁元陆角零分				

现金付讫

报销人：李志愿　部门审核：郑妮芳　财务审核：周建方　审批：郑妮芳

业务26

支付电话费参考答案

业务 26：2023 年 5 月 25 日，北京景新商贸有限公司支付本月办公电话费。请根据背景单据编制记账凭证。

北京增值税电子普通发票

发票代码：110006289801

发票号码：43480126

开票日期：2023年05月25日

校验码：08453 45664 37543 45322

机器编号：891666329513

购买方	名称：北京景新商贸有限公司 纳税人识别号：911101016639759737 地址、电话：北京市东城区新里南区33号 010-45520599 开户行及账号：交通银行北京东城支行 410088994012639122121	密码区	07*3187<4/+8490<+95-59+7<243 4987<0—>>-6>525<693719->7*7 87*3187<4/+8490<+95708681380 9<712/<1+9016>6906++>84>93/-

货物或应税劳务、服务名称	规格型号	单位	数量	单价	金额	税率	税额
*电信服务*基础业务（话费）					489.91	9%	44.09
合计					¥489.91		¥44.09
价税合计（大写）	⊗伍佰叁拾肆元整				（小写）¥534.00		

销售方	名称：中国电信北京分公司 纳税人识别号：911101060978665557 地址、电话：北京市大兴区榆恒路156号 010-86783479 开户行及账号：交通银行北京大兴支行 110060581007786756111	备注	中国电信北京分公司 911101060978665557 发票专用章

收款人：慕婷婷　复核：郝白　开票人：杭虎　销售方：（章）

交通银行电子回单凭证

回单编号：328301198220	回单类型：支付结算		业务名称：付话费
凭证种类：	凭证号码：	借贷标志：借	回单格式码：
账号：410088994012639122121	开户行名称：交通银行北京东城支行		
户名北京景新商贸有限公司			
对方账号：110060581007786756111	开户行名称：交通银行北京大兴支行		
对方户名：中国电信北京分公司			
币种：人民币	金额：534.00	金额大写:伍佰叁拾肆元整	
兑换信息：	币种：　金额：	牌价：	币种：　金额：
摘要：话费			
附加信息：话费			
打印次数：1次	记账日期：2023-05-25	会计流水号：EEZ11008830200	
记账机构：01352003999	经办柜员：EEZ0000	记账柜员：EEZ0000	复核柜员：　授权柜员：
打印机构：01352010999	打印柜员：AEZD101		批次号：

（印章：交通银行 北京东城支行 会计业务章）

通信费分配表

制表日期：2023年05月25日　　　　单位：元

部门	通信费总金额	比例	分配金额
管理部门	—	60%	320.40
销售部门	—	40%	213.60
合计	￥534.00	—	￥534.00

业务 27：2023 年 5 月 27 日，北京景新商贸有限公司支付租赁费。请根据背景单据编制记账凭证。

业务 27
支付房租
参考答案

北京增值税电子普通发票

机器编号：691666329514

发票代码：110006289991
发票号码：83421555
开票日期：2023年05月27日
校 验 码：08453 45664 37543 45322

购买方	名　称：北京景新商贸有限公司 纳税人识别号：911101016639759737 地 址、电 话：北京市东城区新罗南区33号 010-45520599 开户行及账号：交通银行北京东城支行 410088994012639122121				密码区	83*3187<4/+8490<+95-59+7<243 4987<0-->>-6>525<693719->7*7 87*3187<4/+8490<+95708681380 9<712/<1+9016>6906++>84>93/-	
货物或应税劳务、服务名称	规格型号	单位	数量	单价	金额	税率	税额
*经营租赁*房屋租赁费					4587.16	9%	412.84
合　计					￥4587.16		￥412.84
价税合计(大写)	⊗伍仟元整				(小写) ￥5000.00		
销售方	名　称：北京建达房产有限公司 纳税人识别号：913101679872346287 地 址、电 话：北京市东城区殷乡镇沿涌街22号 010-81415556 开户行及账号：交通银行北京东城支行 140200010019200124321				备注	地址：北京市东城区新罗南区35号	

（印章：北京建达房产有限公司 913101679872346287 发票专用章）

收款人：蔡婷　　复核：郝晨　　开票人：郑秀　　销售方：(章)

交通银行电子回单凭证

回单编号：328301198363　回单类型：支付结算　业务名称：支付房租
凭证种类：　凭证号码：　借贷标志：借　回单格式码：
账号：410088994012639122121　开户行名称：交通银行北京东城支行
户名北京景新商贸有限公司
对方账号：140200010019200124321　开户行名称：交通银行北京东城支行
对方户名：北京建达房产有限公司
币种：人民币　金额：5000.00　金额大写伍仟元整
兑换信息：　币种：　金额：　牌价：　币种：　金额：
摘要：支付房租
附加信息：支付房租
打印次数：1次　记账日期：2023-05-27　会计流水号：EEZ1008834545
记账机构：01352003999　经办柜员：EEZ0000　记账柜员：EEZ0000　复核柜员：　授权柜员：
打印机构：01352010999　打印柜员：AEZD101　批次号：

（印章：交通银行 北京东城支行 会计业务章）

业务28

采购商品，货款未付（2）参考答案

业务28： 2023年5月29日，北京景新商贸有限公司采购商品一批。请根据背景单据编制记账凭证。

收货单

物资类别：库存商品　　No. 0028502
2023年05月29日　　连续号113212

收货部门：仓储部　　供货单位：北京爱得利有限公司

编号	名称及规格	单位	数量		购进价格		零售价格		进销差价
			交库	实收	单价	金额	单价	金额	
004	文件夹	个	1000	1000	3.00	3000.00	4.20	4200.00	1200.00
	合计					¥3000.00		¥4200.00	¥1200.00

财务部门主管　周建方　记账　林海峰　保管部门主管　验收　单位部门主管　缴库　李志愿

（三）记账联

北京增值税电子普通发票

机器编号：961803456632
发票代码：110001862650
发票号码：30961502
开票日期：2023年05月29日
校验码：33435 45667 87685 45644

购买方
名称：北京景新商贸有限公司
纳税人识别号：911101016639759737
地址、电话：北京市东城区新里南区33号 010-45520599
开户行及账号：交通银行北京东城支行 410088994012639122121

密码区
09*3187<4/+8490<+95-59+7<243
4987<0-->>-6>525<693719->7*7
87*3187<4/+8490<+95708681380
9<712/<1+9016>6906++>84>93/-

货物或应税劳务、服务名称	规格型号	单位	数量	单价	金额	税率	税额
*文具*文件夹		个	1000	2.65487	2654.87	13%	345.13
合计					¥2654.87		¥345.13

价税合计（大写）：⊗叁仟元整　（小写）¥3000.00

销售方
名称：北京爱得利有限公司
纳税人识别号：911101011597562905
地址、电话：北京市东城区丰溪街北中路85号 010-41361844
开户行及账号：交通银行北京东城支行 418919251072798121000

备注

（印章：北京爱得利有限公司 911101011597562905 发票专用章）

收款人：林欣　复核：林一平　开票人：李奥成　销售方：（章）

业务 29：2023 年 5 月 31 日，北京景新商贸有限公司汇总确认 16—31 日未开票销售收入。请根据背景单据编制记账凭证。

业务 29
销售商品，货款已收（5）参考答案

共计单据45份

北京景新商贸有限公司

工号 1　机号 101　单号 16121601

品名	数量	单价	金额
墨盒	1	168.00	168.00

种数:1　件数:1　应收168.00

现金:168.00　回找:0.00

请保留好小票,如有疑问三日内来店处理,
凭此单一个月内开具发票

2023/05/16　11:45　电话:010-45520599

16—31日销售明细汇总表

2023年05月　单位：元

货物名称	销售数量	销售金额
水笔	40	280.00
A4打印纸	100	15400.00
打印机	1	1428.00
文件夹	600	2520.00
墨盒	25	4200.00
考勤机	3	3360.00
合计	—	￥27,188.00

交通银行现金交款单

账别：　2023年 05 月 31 日

交款单位	北京景新商贸有限公司			收款单位	北京景新商贸有限公司		
款项来源	零售款	账号	41008899401	开户银行	交通银行北京东城支行		
大写金额	（人民币）：贰万柒仟壹佰捌拾捌元整				十亿千百十万千百十元角分：¥2718800		
券别	100	50	10	5	1	合计金额	科目（贷）：
整把券	171	200	8	1	3	27188.00	对方科目（借）：
零张券							

第二联：贷方凭证

交通银行北京东城支行 2023.05.31 转讫（01）

复核：　记账：　收款复核：　经办：林晓燕

业务 30：2023 年 5 月 31 日，北京景新商贸有限公司计提折旧。请根据背景单据编制记账凭证。

业务 30

计提本月折旧
参考答案

折旧费分配表

制表日期 2023年05月31日　　单位：元

部门	折旧费总金额	比例	分配金额
管理部门	—	60%	783.75
销售部门	—	40%	522.50
合计	￥1,306.25	—	￥1,306.25

折旧计算表

制表日期：2023年05月31日　　单位：元

类别	名称	原值	始用时间	残值率	预计使用年限	月折旧额
运输设备	面包车	53000.00	2022年8月	5%	5	839.17
办公设备	电脑	15000.00	2022年8月	5%	3	395.83
办公设备	打印机	1200.00	2022年8月	5%	3	31.67
办公设备	传真机	1500.00	2022年8月	5%	3	39.58
合计	—	70700.00	—	—	—	1306.25

业务 31

计提职工薪酬
参考答案

业务 31：2023 年 5 月 31 日，北京景新商贸有限公司计提本月应付职工薪酬。请根据背景单据编制记账凭证。

2023年05月份员工工资明细表

单位：元

部门	姓名	职务	基本工资	岗位工资	津贴	奖金	加班工资	考勤扣款	应发工资	养老保险		医疗保险		失业保险		工伤保险		生育保险		社保合计		住房公积金		税前工资	个人所得税	实发工资	公司总支出
										8%	19%	2%+3	10%	0.2%	0.8%	0%	0.5%	0%	0.8%	个人	公司	12%	12%				
管理部门	郑妮芳	总经理	3000.00	3000.00	0.00	1800.00	0.00	0.00	7800.00	624.00	1482.00	159.00	780.00	15.60	62.40	0.00	39.00	0.00	62.40	798.60	2425.80	936.00	936.00	6065.40	31.96	6033.44	11161.80
	周建方	财务经理	3000.00	2000.00	0.00	1000.00	300.00	100.00	6200.00	496.00	1178.00	127.00	620.00	12.40	49.60	0.00	31.00	0.00	49.60	635.40	1928.20	744.00	744.00	4820.60	0.00	4820.60	8872.20
	林海峰	会计	2000.00	1500.00	0.00	300.00	200.00	0.00	4000.00	320.00	760.00	83.00	400.00	8.00	32.00	0.00	20.00	0.00	32.00	411.00	1244.00	480.00	480.00	3109.00	0.00	3109.00	5724.00
	伊志茂	出纳	2000.00	1000.00	0.00	300.00	100.00	0.00	3400.00	272.00	646.00	71.00	340.00	6.80	27.20	0.00	17.00	0.00	27.20	349.80	1057.40	408.00	408.00	2642.20	0.00	2642.20	4865.40
	李志愿	采购员	2000.00	1200.00	0.00	200.00	0.00	0.00	3400.00	272.00	646.00	71.00	340.00	6.80	27.20	0.00	17.00	0.00	27.20	349.80	1057.40	408.00	408.00	2642.20	0.00	2642.20	4865.40
	小计		12000.00	8700.00	0.00	3600.00	600.00	100.00	24800.00	1984.00	4712.00	499.00	2480.00	49.60	198.40	0.00	124.00	0.00	198.40	2544.60	7712.80	2976.00	2976.00	19279.40	31.96	19247.44	35488.80
销售部	柳夏昂	经理	2500.00	2000.00	0.00	2700.00	0.00	0.00	7200.00	576.00	1368.00	147.00	720.00	14.40	57.60	0.00	36.00	0.00	57.60	737.40	2239.20	864.00	864.00	5598.60	0.00	5598.60	10303.20
	姜梅芳	销售员	2000.00	1200.00	300.00	0.00	800.00	0.00	4300.00	344.00	817.00	89.00	430.00	8.60	34.40	0.00	21.50	0.00	34.40	441.60	1337.30	516.00	516.00	3342.40	0.00	3342.40	6153.30
	乔伟健	销售员	2000.00	1200.00	300.00	0.00	1200.00	0.00	4700.00	376.00	893.00	97.00	470.00	9.40	37.60	0.00	23.50	0.00	37.60	482.40	1461.70	564.00	564.00	3653.60	0.00	3653.60	6725.70
	小计		6500.00	4400.00	600.00	2700.00	2000.00	0.00	16200.00	1296.00	3078.00	327.00	1620.00	32.40	129.60	0.00	81.00	0.00	129.60	1661.40	5038.20	1944.00	1944.00	12594.60	0.00	12594.60	23182.20
	合计		18500.00	13100.00	600.00	6300.00	2600.00	100.00	41000.00	3280.00	7790.00	826.00	4100.00	82.00	328.00	0.00	205.00	0.00	328.00	4206.00	12751.00	4920.00	4920.00	31874.00	31.96	31842.04	58671.00

业务 32

结转销售
商品成本
参考答案

业务 32：2023 年 5 月 31 日，北京景新商贸有限公司结转本月销售商品的成本。请根据背景单据编制记账凭证。

销售成本及进销差价计算表

制表日期：2023年05月31日　　单位：元

期初库存金额	期初进销差价	本期入库金额	本期入库进销差价	本期出库金额	进销差价率	本期出库进销差价
270200.00	108852.00	42000.00	12000.00	106694.00	39%	41610.66

销售商品明细表

2023年05月31日　　单位：元

商品	数量	本月销售额
文件夹	1150	4830.00
A4打印纸	330	50820.00
水笔	320	2240.00
墨盒	51	8568.00
考勤机	27	30240.00
打印机	7	9996.00

业务 33

计提税金及附加
参考答案

业务 33：2023 年 5 月 31 日，北京景新商贸有限公司计提本月税金及附加。请根据背景单据编制记账凭证。

附加税计提表

制表日期：2023年05月31日　　单位：元

项目	计税基数	比例	计提金额
城市维护建设税	3107.58	7%	217.53
教育费附加	3107.58	3%	93.23
地方教育附加	3107.58	2%	62.15
合计	---	---	￥372.91

业务34：2023年5月31日，北京景新商贸有限公司摊销本月应分摊的车船税。请根据背景单据编制记账凭证。

业务34

摊销税费
参考答案

车船税摊销计算表

制表日期：2023年05月31日　　单位：元

项目	数量	年应纳税额	月应纳税额
面包车	1	360.00	30.00

业务35：2023年5月31日，北京景新商贸有限公司结转本月损益。请编制记账凭证。

业务35

结转损益
参考答案

月末科目余额表
参考答案

资产负债表
参考答案

利润表
参考答案

现金流量表
参考答案

记账凭证样图

主要参考文献

[1] 财政部. 企业会计准则 [M]. 上海：立信会计出版社，2024.

[2] 财政部. 企业会计准则——应用指南 [M]. 上海：立信会计出版社，2024.

[3] 戴重光，陈玲霞. 商品流通企业会计 [M]. 6版. 北京：中国财政经济出版社，2010.

[4] 财政部会计司. 企业会计准则讲解 [M]. 北京：人民出版社，2010.

[5] 黄晓榕. 财务会计 [M]. 2版. 北京：高等教育出版社，2008.

[6] 郑建志. 商品流通企业会计 [M]. 3版. 北京：中国财政经济出版社，2015.

[7] 王国生. 商品流通企业会计 [M]. 3版. 北京：首都经济贸易大学出版社，2017.

[8] 丁元霖. 商品流通企业会计 [M]. 12版. 上海：立信会计出版社，2021.

[9] 史玉光，孙雯，曲少磊. 新会计准则下商品流通企业会计实务 [M]. 7版. 北京：电子工业出版社，2020.